英語助動詞システムの諸相

統語論・意味論インターフェース研究

英語助動詞システムの諸相

統語論・意味論インターフェース研究

金子義明【著】

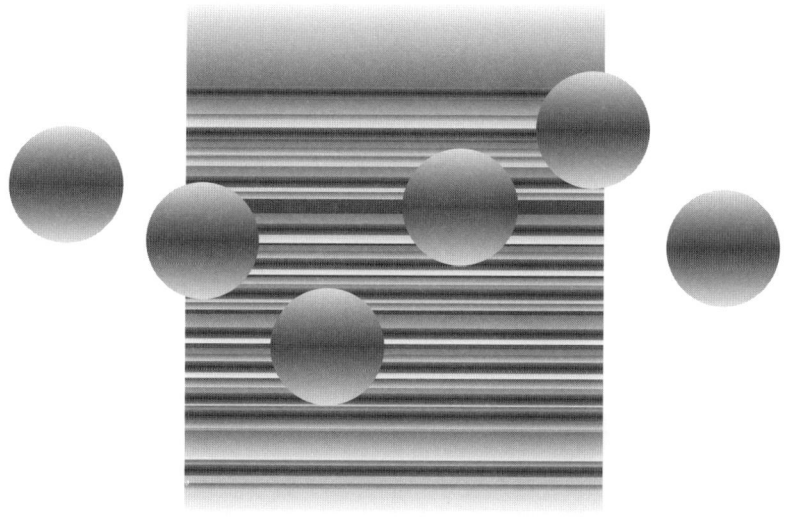

開拓社

まえがき

　本書は，2007 年に東北大学大学院文学研究科に提出された博士学位論文『英語助動詞システムの統語論・意味論インターフェース研究』に改訂を施したものである．

　本書の目的は，生成文法の枠組みで，英語の時制，相，法助動詞等々の助動詞システムに関わるインターフェース現象を分析することにある．英語の助動詞システムは，統語論，意味論，語用論，形態論，音韻論等々の諸分野が関わる多数の興味深い言語現象が観察される領域である．本書では，特に，統語論，意味論，および語用論が関わるインターフェース現象が論じられている．

　個人的には，修士論文で時制解釈をテーマとして以来，英語の助動詞システムには一貫して関心があった．しかし，時制の問題に改めて目を向ける契機となったのは，三原 (1992) の書評（金子 (1993)）を手がけたことである．同書は，原理とパラメータ (principles-and-parameters) モデル以降の生成文法の枠組みで，時制分析を見直すきっかけとなった．生成文法が統率・束縛 (Government-Binding) 理論から極小主義プログラム (Minimalist Program) へと進展する際に，時制，助動詞，モダリティ (modality)，否定等々の機能範疇の研究が数多く発表され，またインターフェースに関わる研究が注目され始めたことは，本書の研究遂行にとって大いに刺激となった．

　本書をまとめるにあたり，多くの方々の助力をいただいている．恩師である中村捷先生には，修士課程の学生時代から今日に至るまで，研究面は言うに及ばず，様々な側面で絶えず有益な御助言と厳しくも温かなお心遣いを頂いている．心より感謝申し上げる．

筆者が東北大学文学部に赴任して以来，英語学研究室歴代の助手・助教であった竹森（旧姓千葉）その子，島越郎，小川芳樹，三好暢博，ダナ・ルプシャの各氏には，研究資料の入手・整理で支援頂くとともに，折に触れての議論や論文へのコメントで有益な示唆を頂いた．特に，三好暢博氏には，筆者がMITに客員研究員として滞在していた折に，第5章の原型となる論文にとりかかるきっかけとなる重要な示唆を頂いた．また，遠藤喜雄氏と鈴木達也氏には第4章の原型となる論文執筆の際にお世話になった．

本書の出版・編集にあたっては，開拓社の川田賢氏より種々の助力・助言を頂いている．また，校正の際には，島越郎氏と大学院生の中村太一氏の協力を頂いている．

これらの方々の御厚意に対し，厚く御礼申し上げる．ただし，本書にいたらぬ点があるとすれば，すべて筆者の責任であることをお断りしておく．

最後に，本書の研究が英語学研究の進展に多少なりとも貢献できれば，これに優る喜びはない．

2008年12月

金子　義明

目　次

まえがき

序 ·· 1

第1章　理論的枠組みと節構造の概観 ······························· 5

1.1.　はじめに ··· 5
1.2.　理論的枠組み ·· 5
　1.2.1.　文法の枠組み ··· 5
　1.2.2.　句構造 ·· 7
1.3.　節構造概観 ··· 13
　1.3.1.　節の構造 ·· 13
　1.3.2.　接辞形態素の融合 ·· 15
　1.3.3.　Tへの繰り上げ ··· 17
　1.3.4.　文否定とDo支持 ··· 22
　1.3.5.　命令文の構造 ·· 31
　1.3.6.　仮定法現在節の構造 ·· 35
1.4.　まとめ ·· 41

第2章　英語の時制解釈における統語論・意味論のインターフェース ·· 43

2.1.　はじめに ··· 43
2.2.　時制解釈の基本的枠組み ·· 43
　2.2.1.　Reichenbach理論の概観 ··· 43
　2.2.2.　時制構造の形成 ·· 45
　　2.2.2.1.　現在時制, 過去時制, 完了形 ······························· 46
　　2.2.2.2.　時の付加詞表現 ··· 50
　　2.2.2.3.　未来表現 ·· 51
　　2.2.2.4.　進行形 ··· 58

2.3. 時の解釈における統語的特性 ……………………………… 60
　　　2.3.1. 時の付加詞と統語構造 ……………………………… 60
　　　2.3.2. 付加詞の特定性と統語構造 ………………………… 67
　　2.4. まとめ …………………………………………………………… 78

第3章　補文と非直説法節の時制解釈 …………………………… 79

　　3.1. はじめに ………………………………………………………… 79
　　3.2. 不定詞補文の時制解釈 ……………………………………… 79
　　　3.2.1. 不定詞補文の時制解釈における制限 …………… 79
　　　3.2.2. 主節述語による時制解釈制限 …………………… 81
　　　3.2.3. 助動詞 have と再順序づけ規則 …………………… 85
　　　3.2.4. 不定詞補文の現在形未来表現 …………………… 95
　　3.3. 定形補文の時制の一致 ……………………………………… 104
　　　3.3.1. 時制の一致と関連現象 …………………………… 104
　　　3.3.2. 時制の一致現象に関わる三つの要因 …………… 106
　　　3.3.3. SOT 現象の分析 …………………………………… 111
　　　3.3.4. 二重接触現象の分析 ……………………………… 117
　　3.4. 命令文・仮定法現在節・仮定法過去節の時制解釈 ……… 119
　　　3.4.1. 命令文の時制解釈 ………………………………… 119
　　　3.4.2. 仮定法現在節の時制解釈 ………………………… 121
　　　3.4.3. 仮定法過去節の時制解釈 ………………………… 125
　　3.5. まとめ …………………………………………………………… 141

第4章　英語法助動詞の統語論と意味解釈 ……………………… 143

　　4.1. はじめに ………………………………………………………… 143
　　4.2. 生成文法による伝統的分析 ………………………………… 144
　　4.3. 根源的法助動詞の繰り上げ述語としての特性 …………… 146
　　　4.3.1. 態中立性 …………………………………………… 146
　　　4.3.2. 虚辞主語 …………………………………………… 150
　　　4.3.3. イディオム主語 …………………………………… 151
　　　4.3.4. 等位接続と全域的抜き出し ……………………… 151
　　　4.3.5. 4.3節のまとめ ……………………………………… 153
　　4.4. 根源的法助動詞による「主題標示」の語用論的性格 …… 154
　　　4.4.1. 根源的法助動詞の「主題役割」の非語彙意味的性格 …… 154
　　　4.4.2. 義務発話行為 ……………………………………… 155

4.4.3.	個体型解釈の優位性 …………………………………	157
4.4.4.	根源的法助動詞と θ 基準 …………………………	160
4.4.5.	4.4 節のまとめ ………………………………………	161
4.5. 英語法助動詞の非多義的分析 …………………………………		161
4.5.1.	英語法助動詞の多義的分析の問題点 …………………	162
4.5.2.	法助動詞の単一的意味論 ………………………………	163
4.5.3.	4.5 節のまとめ ………………………………………	168
4.6. 法助動詞と LF 構造 ………………………………………		168
4.6.1.	二つのタイプの LF 構造 ………………………………	169
4.6.2.	態感応性 ………………………………………………	171
4.6.3.	法助動詞と量化主語 ……………………………………	172
4.6.4.	法助動詞と定記述表現の不透明性 ……………………	175
4.6.5.	法助動詞と無冠詞複数形主語 …………………………	177
4.6.6.	4.6 節のまとめ ………………………………………	188
4.7. まとめ ………………………………………………………		188

第 5 章　法助動詞と条件の if 節 ……………………………… 189

5.1. はじめに ……………………………………………………		189
5.2. von Fintel and Iatridou (2001) の分析の概要 ………………		190
5.3. 条件の if 節と ECP ………………………………………		195
5.3.1.	認識様態の条件節と因果関係の条件節 ………………	196
5.3.2.	遂行法助動詞を制限する認識様態の if 節 ……………	201
5.3.3.	PfmP 内要素としての認識様態の if 節の帰結 ………	208
5.3.3.1.	von Fintel and Iatridou の三つの問題点の解消 ………	209
5.3.3.2.	Because 節の分析への帰結 ……………………………	211
5.3.3.3.	If 節の未来指示性の例外的現象への帰結 ……………	216
5.3.3.4.	総称法助動詞と every の量化特性への帰結 …………	222
5.3.4.	5.3 節のまとめ ………………………………………	224
5.4. ECP の妥当性再考 …………………………………………		225
5.5. まとめ ………………………………………………………		231

参考文献 ………………………………………………………… 233

索　引 …………………………………………………………… 247

序

　本書の目的は，生成文法（generative grammar）理論の枠組みで，英語の時制（tense），相（aspect），法助動詞（modal auxiliary），叙法（mood）等々の機能範疇（functional category）に関わる言語現象の分析を通して，統語論・意味論のインターフェースの解明に寄与することにある．

　これらの範疇は，広い意味で助動詞（auxiliary＝Aux）の範疇に属する要素として，生成文法初期の時代から統語的分析の対象となってきた．特に，時制要素，法助動詞，完了助動詞，進行助動詞の統語的分布特性に対するChomsky (1957) の分析は，一見無関係に見える多くの現象を統一的に捉えることを可能にするいわば模範的統語分析として，今日でもしばしば言及されている（cf. Lasnik (2000)）．1970年代までは，この古典的分析をいかに精緻化するかという問題は生成文法の主要な論点の一つであり，Akmajian, Steele and Wasow (1979) をはじめとして数多くの研究が発表された．しかし，1980年代の統率・束縛（Government-Binding）理論期には，移動現象や束縛現象に関心が集中したため，助動詞現象を主たるテーマとした研究は，Zagona (1988) 等を例外として，比較的少数であった．

　生成文法理論が，1980年代末に統率・束縛理論から極小主義プログラム（Minimalist Program）へ移行し始めると，機能範疇が主要な論点の一つとなった．それに伴って，時制，助動詞，否定等々の範疇が注目されるようになり，助動詞現象は再び活発な研究の対象となっている．また，極小主義プログラムでは，統語的計算システムと意味および音声とのインターフェースが重要な研究領域と位置づけられている．それを反映して，それまで比較的手薄であった助動詞現象に関わるインターフェース研究も本格化してきている．

このような研究状況を背景として，本書では，時制と法助動詞を中心として，助動詞システムを構成する機能範疇に関わる統語論と意味論のインターフェース現象を分析する．

各章は以下のように構成されている．

第1章では，議論の基盤となる理論的枠組みを概観するとともに，機能範疇の分布の観点から，第2章以降の分析で仮定する節の基本構造を提示する．

第2章と第3章は時制解釈の問題を論ずる．第2章では，定形直説法 (finite indicative) 節を分析対象として，Reichenbach (1947) の時制理論を修正した時制解釈の基本システムを提示する．このシステムでは，時制解釈に関わるいくつかの機能範疇主要部の語彙情報を合成することにより，時制解釈が統語的派生に連動して得られることを論ずるとともに，時の付加詞の解釈に関して，統語構造がどのような影響を及ぼすのかを論ずる．

第3章では，不定詞補文，定形補文，命令文，仮定法現在節，仮定法過去節の時制解釈を分析する．第2章で提示した時制解釈システムと機能範疇主要部の内在的語彙情報が連動して，これらの節の時制解釈が適切に行われることを示す．あわせて，現在形が未来の事象に言及する現象を説明する解釈規則と，助動詞 have が過去時制の代用となる現象を説明する解釈規則，および時制の一致現象に関わる解釈規則を提案する．

第4章では，英語の法助動詞の解釈をめぐる，統語論・意味論・語用論のインターフェースを論ずる．従来，個々の法助動詞は，語彙的多義性をもち，根源的解釈をもつ場合と認識様態の解釈をもつ場合では，それぞれ異なる統語構造に生起すると分析されてきた．それに対して，語彙的多義性は存在せず，どちらの解釈でも同一の統語構造に生起することを示す．さらに，多様な解釈は，統語論，意味論，および語用論の要因が相互に作用する結果として得られるものであることを論ずる．

第5章は，TP の内部に生起する法助動詞に加えて，TP の外部に遂行節 (performative clause) の機能を担う機能範疇が存在し，その機能範疇の主

要部に生起する抽象的法助動詞が存在することを主張する．ある種の if 節は，主節の付加詞ではなく，この抽象的法助動詞の制限要素となることを論ずる．

第1章

理論的枠組みと節構造の概観

1.1. はじめに

本章では，本書の議論が立脚する理論的枠組みを概観するとともに，第2章以降の議論で仮定する英語の節構造を提示する．

1.2. 理論的枠組み

本研究は，生成文法理論の「原理とパラメータ (principles-and-parameters) モデル (cf. Chomsky and Lasnik (1993))」の枠組みに基づいて行われる．より具体的には，Chomsky (1993, 1995, 1998) 以降の極小主義プログラム (Minimalist Program = MP) の枠組みとその諸概念を用いて分析を行う．ここでは，第2章以降の議論で前提とする文法の枠組みと句構造理論を概観する．

1.2.1. 文法の枠組み

極小主義プログラム (MP) に先立つ統率・束縛 (Government-Binding = GB) 理論では，D構造 (D-structure)，S構造 (S-structure)，LF (論理形

5

式（logical form）），PF（音声形式（phonetic form））の四つの表示レベルが存在すると考えられ，(1) が示すように，統語表示である D 構造，S 構造，LF を変形規則である移動規則（α 移動（Move-α））が結びつけていた．

(1)　GB 理論の文法モデル

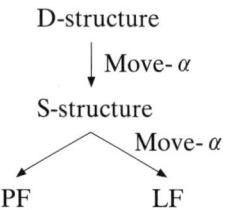

これに対して，MP では，言語機能と言語運用システムのインターフェースで解釈される表示レベルだけが認められる．すなわち調音・知覚 (articulatory-perceptual) インターフェースで解釈される PF，および概念・意思 (conceptual-intentional) インターフェースで解釈される LF のみが認められ，統語理論内にのみ動機づけをもつ D 構造と S 構造は破棄される．統語構造は，語彙目録 (lexicon) から選択された語彙項目 (lexical item = LI) の集合である計算列 (numeration = N) に対して，併合操作 (Merge) を繰り返し適用することにより派生される．派生のある段階で，統語構造が含む音声情報を PF に転送し音声解釈を受ける．これを排出 (Spell-Out) と呼ぶ．音声情報を除かれ，意味解釈情報のみを含む表示が LF となる (cf. Chomsky (1993, 1995))．

(2)　MP の派生モデル

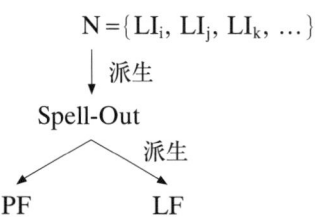

このモデルでは，排出が行われる時点は派生の一段階にすぎず，表示レベルではない．したがって，この段階に特定の規則・原理・制約が適用されることはない．

排出までの派生の結果は PF に反映され可視的であるので，顕在（overt）部門と呼ばれる．一方，排出から LF に到る派生の結果は PF に反映されず，可視的ではないので非顕在（covert）部門と呼ばれる．

(2) が MP におけるいわば標準的派生モデルである．この他に，非顕在的部門を認めず，LF が音声解釈への排出レベルとなるモデル (cf. Groat and O'Neil (1996))，派生の複数の時点で音声解釈と意味解釈への排出を行う多重排出（multiple Spell-Out）モデル (cf. Uriagereka (1999))，すべての派生段階で音声解釈と意味解釈への排出を行うモデル (cf. Epstein and Seely (2002))，フェイズ（phase）と呼ばれる領域を派生単位とするモデル (cf. Chomsky (2001a, 2001b, 2008)) が提案されている．本書では，暫定的に (2) の派生モデルを仮定する．

1.2.2. 句構造

句構造に関しては，Chomsky (1995) で導入された最小句構造（bare phrase structure = BPS）理論に従う．この理論によれば，統語対象（syntactic object）は，二つの要素を結びつけて標示（label）付きの集合（set）を形成する併合操作 Merge によって派生される．併合には，二つの独立した要素 A と B を結びつける外的併合（external Merge）と，すでに存在する統語対象 A とその内部要素 B とを結びつける内的併合（internal Merge）が存在する (cf. Chomsky (2001b))．

(3) 外的併合

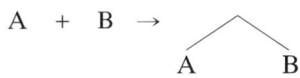

(4) 内的併合

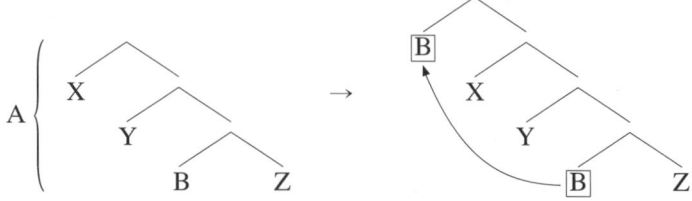

(4) では，すでに存在する統語対象 A 内の要素 B とその統語対象 A が併合されて，新たな統語対象が派生されている．内的併合は従来の移動操作に相当しており，要素 B が当該の統語対象内で移動するのと同じ帰結が得られる．以下，内的併合を移動と呼ぶ．

統語対象を構成するどの要素が主要部 (head) となるかは，従来の句構造理論では範疇記号を標示とすることによって示されていた．しかし，BPS 理論では，主要部となる語彙項目自体を標示として使用する．

また，従来の X′ 理論に見られた投射レベルを示すバー記号やプライム記号も使用しない．これは，統語的派生の過程で，計算列 N 内の語彙項目が内在的に含む素性以外の要素を持ち込むことを禁ずる包括性条件 (Inclusiveness Condition) によるものである．

(5) 包括性条件

> Any structure formed by the computation is constituted of elements already present in the lexical items selected for N; no new objects are added in the course of the computation apart from the rearrangement of the lexical properties.
>
> (Chomsky (1995: 228))

投射のレベルは，語彙項目そのものが最小投射 (minimal projection)，それ以上投射してない範疇が最大投射 (maximal projection)，それ以外が中間投射 (intermediate projection) として相対的に定義される．

最大投射について絶対的規定はなされないので，必要があれば中間投射がいくつあっても許される．一方，併合は二つの要素を結びつける操作であるので，投射は必ず二叉枝分かれ (binary branching) の形をとり，三叉枝分かれや枝分かれのない投射は許されない．

以上を具体例で示すと，従来の X′ 理論による the boy の句構造 (6a) は，BPS 理論では (6b) のように表記される．

(6) a. X′ 理論による the boy の句構造

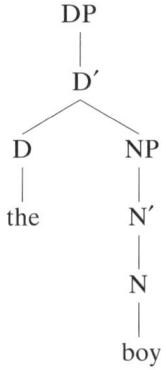

b. BPS 理論による the boy の句構造

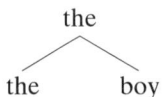

本書はこの BPS 理論を採用するが，説明の便宜上，標示は範疇記号を用いることにし，XP やプライム記号など，投射レベルを区別する表記を用いることにする．

二つの要素 A と B の併合によって形成される統語対象は，A と B を要素とする集合 {A, B} である．これは無順序 (unordered) 集合であるので，A と B の順序関係は指定されない．したがって，BPS 理論の句構造は階層関係のみが指定され，語順は指定されない．語順は統語部門では役割を果たさず，音韻部門で決定される特性と考えられている．

語順を決定するメカニズムとしては，Kayne (1994) の線形対応公理 (Linear Correspondence Axiom = LCA) が提案されている．Kayne (1994) の定式化は煩雑であるので，ここでは Hornstein et al. (2005) の定式化をあげる．

(7) Linear Correspondence Axiom
A lexical item α precedes a lexical item β iff
(i) α asymmetrically c-commands β or
(ii) an XP dominating α asymmetrically c-commands β.

(Hornstein et al. (2005: 227))

この定義に見るように，LCA は，語順（線形順序 (linear ordering)）の形式的特性である非対称性 (asymmetry) を，統語的階層構造における非対称的構成素統御 (asymmetric c-command) に基づいて決定する．

LCA は，すべての言語が指定部―主要部―補部の基底語順をもつと予測するなど，経験的に極めて強力な予測力をもつ理論である．Chomsky (1995) も，語順決定のメカニズムとして LCA の基本的アイディアを受け入れている．しかし，本論では，以下にあげる三つの理由で，(7) の LCA を採用しない．

第一に，LCA では，語順のもつ非対称性を，内在的に非対称的な構造特性から導き出しているわけではない．というのは，構成素統御自体は内在的に非対称的関係ではなく，相互構成素統御 (mutual c-command) 関係も許容される．(7) の二つの条項のいずれにおいても，「非対称的に構成素統御する (asymmetrically c-commands)」と規定する必要があるのはこのためである．

第二に，統語構造に基づいて語順を規定しているのは，統率・束縛理論における語順のパラメータによるアプローチと同じであり，それ自体で概念的に優れているわけではない．

第三に，Ernst (2002) 等で論じられているように，予測に反する語順を

処理するために余分な機能範疇を導入する必要がある等々の点で，システムを機能させるためのコストが高すぎる．

　以上から，語順は，非対称的構成素統御ではなく，併合操作における標示の決定に基づいて定義されると考える (cf. Kaneko (1999a, b))．二つの要素 α，β の併合によって形成された統語対象の標示 γ は，α，β のいずれか一方であり，α と β の共通集合 (intersection)，あるいは和集合 (union) が γ となることはない (Chomsky (1995: 244))．併合操作における投射に内在するこの特性に基づいて，語順は (8) のように決定されるものとする．

(8) 投射に基づく語順決定
　　二つの要素 α と β を併合して，α が投射する（すなわち γ = α である）場合，α と β の先行関係は，(i) または (ii) である．
　(i)　β が α に先行する

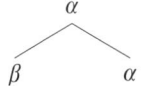

　(ii)　α が β に先行する

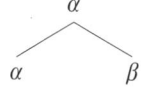

　英語では，主要部と補部の併合には (8ii) が用いられ，指定部の併合には (8i) が用いられる．したがって，英語は (9) のように「指定部―主要部―補部」の語順が基本語順となる．

(9) 英語の基本語順

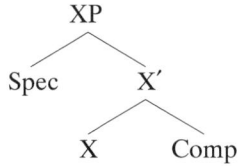

付加操作においては，(8i), (8ii) のいずれを用いてもよいが，どちらを用いるかは知覚や音韻的要因等によって選択される (cf. Ernst (2002)).[1]

(10)　a.　B を A に左付加

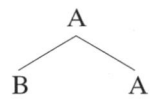

　　　b.　B を A に右付加

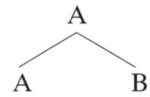

これに対して，日本語ではすべての投射において (8i) が用いられ，「指定部―補部―主要部」の語順が基本語順となる．

(11)　日本語の基本語順

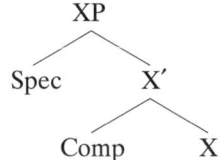

このように，語順は投射に関わるパラメータによって決定されるものと考える．[2]

---

1. ここでは，Chomsky (2001b) に従い，補部および指定部を形成する集合併合 (Set Merge)（従来の代入 (substitution)）と，付加構造を形成する対併合 (Pair Merge)（従来の付加 (adjunction)）を区別することを前提としている．α と β を集合併合して派生される統語対象は，$\{\gamma, \{\alpha, \beta\}\}$ と表記され，α を β に付加して派生される統語対象は，$\{\gamma, \langle\alpha, \beta\rangle\}$ と表記される（いずれも γ は標示）．付加構造の統語対象を順序対 (ordered pair) で表示するのは，「α を β に付加する」操作における α と β の間の非対称的関係を捉えるためである (Chomsky (2001b))．

2. 極小主義プログラムにおける語順および主要部パラメータに関わる議論としては，Saito and Fukui (1998) を参照．

以上の理論的枠組みを仮定して，次に節の基本構造について概観する．

1.3. 節構造概観

ここでは，第2章以降の議論の基盤となる節構造について，主として機能範疇の分布およびその内在特性の観点から概観する．

1.3.1. 節の構造

MPモデルで一般的に仮定される節の基本構造は (12) である．

(12) 節の基本構造

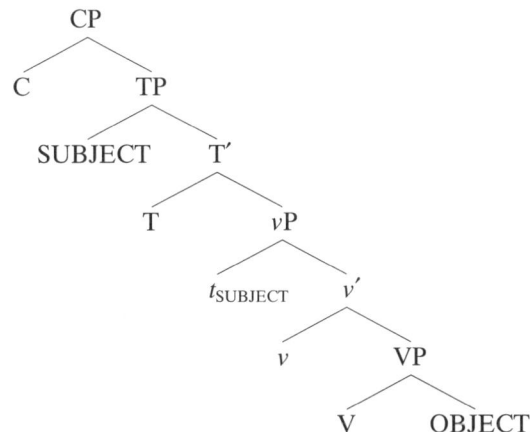

主語は，動詞句内に基底生成され，Tの拡大投射原理 (Extended Projection Principle = EPP) 特性を満たすため，TPの指定部位置に移動される．動詞句は，Chomsky (1995) 以降の分析に従い，機能範疇的動詞主要部 v の投射 vP と，語彙的動詞主要部Vの投射VPからなり，主語は vP の指定部に基底生成されるものとする．また，Vは v へ繰り上げられ付加される．

TPの主要部Tは，定形節 (finite clause) では，主語との一致 (agreement) に関わる ϕ 素性と時制 (tense) に関わる素性を含む．時制に関わる

素性としては, 時制解釈に関わる時制素性 ([+Pres(ent)], または [+Past]) と, 動詞の語形を決定する接辞形態素 (現在形形態素 PRES または過去形形態素 PAST) を含むものとする. 直説法 (indicative mood) の場合, {[+Pres], PRES} および {[+Past], PAST} の組み合わせで生起する. 不定詞節 (infinitival clause) の場合, T は to として具現化される.

TP と vP の間に, 種々の機能範疇が生起する. 以下に, 第2章以降の議論に関わるものを示す.

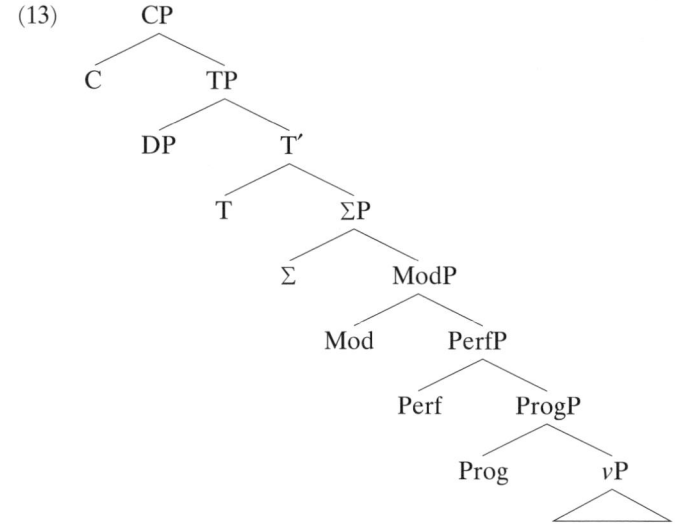

機能範疇 Σ は, 文が肯定 (affirmative) か否定 (negative) かを決定する範疇である (cf. Laka (1990)). 肯定文では素性 [+Aff(irmative)] を含み, 否定文では [+Neg(ative)] を含む. 素性 [+Neg] を含む Σ の語彙的具現形は否定辞 not である.

機能範疇 Mod は, will, must, can 等々の法助動詞 (modal auxiliary) の範疇である. 命令文や仮定法現在節で生起する音形を伴わない抽象的法助動詞も存在する (1.3.5節および1.3.6節を参照).

機能範疇 Perf は, 節が完了相 (perfect aspect) か非完了相かを決定する

範疇である．素性 [＋Perf(ect)] を持つ場合，助動詞 have として具現化される．また，後続する動詞要素と結びついて過去分詞を形成する接辞形態素 EN を伴う．素性 [－Perf] は，音声的には具現化されず，意味解釈にのみ関与する．また，後続する動詞要素の形を決定する接辞形態素も伴わない．

機能範疇 Prog は，文が進行相 (progressive aspect) である場合に生起し，助動詞 be として具現化される．後続する動詞要素と結びついて現在分詞を形成する接辞形態素 ING を伴う．

上記 (13) で新たに導入した機能範疇の中で，文が肯定文か否定文かを決定するΣと，完了形か非完了形かを決定する Perf は義務的要素である．第2章で見るように，Perf は時制解釈において不可欠な役割を演ずる．一方，Mod と Prog は随意的要素である．（ただし，1.3.5 節と 1.3.6 節で述べるように，命令文と仮定法現在節では Mod が義務的に生起する．）

1.3.2. 接辞形態素の融合

前節で見たように，TP の主要部 T，[＋Perf] の Perf (＝have)，および Prog (＝be) の三つの機能主要部は，接辞形態素を伴う．T は現在形形態素 PRES または過去形形態素 PAST を，Perf [＋Perf] (＝have) は過去分詞形態素 EN を，Prog (＝be) は現在分詞形態素 ING を伴う．接辞は，形態的に独立した要素ではないので，音声内容を持つ独立した形態素と結合し，形態的融合 (morphological merger) をしなければならない (cf. Lasnik (1981))．

(14) 接辞の融合制約
接辞は，音声内容をもつ独立形態素と形態的に融合しなければならない．

特に，上記の PRES / PAST, EN, ING は動詞要素と融合する接尾辞 (suffix) であることを指定されているものとする．

PRES / PAST, EN, ING が動詞要素と融合するためには，動詞要素と

結合しなければならない．結合操作として，Chomsky (1957) 以来の接辞移動 (affix hopping) 分析が最も一般的である．[3] しかし，ここでは，接辞が移動するのではなく，以下の隣接条件のもとで，PF で結合され，形態的に融合されるものとする (cf. Bobaljik (2002)，金子・遠藤 (2001))．

(15) 時制・相の接辞形態素結合の隣接条件
時制・相の接辞形態素 M は，M を含む主要部 H と H が構成素統御 (c-command) する動詞要素 A との間に音声内容をもつ要素 Z が介在しない場合，A と結合される．ただし，Z が付加詞である場合は無視される．[4]
... [_H ... M] ... Z ... A ...

例えば，(16) の構造を見よう．

(16)

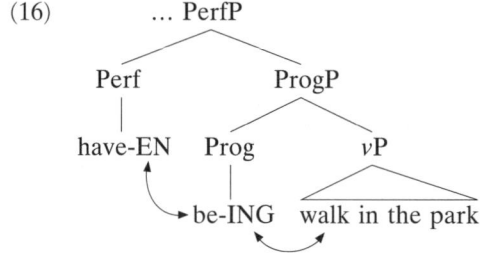

この構造では，接辞形態素 EN は，Prog の主要部 be と結合して融合され，過去分詞 been が形成される．接辞形態素 ING は動詞 walk と結合して融合され，現在分詞 walking が形成される．しかし，EN と walk の間には，音声内容を持つ be (-ING) が介在するので，EN と walk は結合しない．

このように，接辞形態素は，PF における隣接条件のもとで，後続する動

---

3. 接辞移動に関する諸分析の検討については Lasnik (2000) を参照．
4. この隣接条件に関する付加詞の例外的振る舞いの説明は今後の課題とする．説明の試みの一つとしては島 (1999) がある．

詞要素と結合され，形態的に融合される．

1.3.3. T への繰り上げ

英語において，語彙範疇としての一般動詞と機能範疇としての助動詞 (Aux) を区別する根拠の一つとして，定形節において助動詞のみが T への繰り上げを受ける特性を有する点をあげることができる (cf. Emonds (1978), Akmajian, Steele and Wasow (1979), Akmajian and Wasow (1975), Pollock (1989, 1997), Roberts (1998)).

(17) T への助動詞繰り上げ
    定形節の T に素性 [+Aux] を含む主要部 (助動詞) が後続する場合，その主要部は T に繰り上げられて付加される．

ここで，素性 [+Aux] を含む主要部は，法助動詞 Mod, [+Perf] をもつ PerfP の主要部 have, ProgP の主要部 be, 受動態の be, および繋辞 (copula) の be である．[5]

---

5. 接辞形態素を伴う have, be が T への繰り上げを受ける場合，接辞形態素を元位置に残して移動することが許されるのかが問題となるかもしれない．一つの解決案としては，これらは，付随すると考えられてきた接辞形態素を主要部とする句を補部として選択すると考えることができる．すなわち，完了相の have は，En を主要部とする EnP を選択し，進行相の be は Ing を主要部とする IngP を選択する．例えば IngP の場合，(i) のような構造となる．

(i)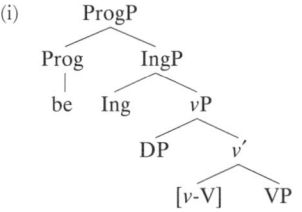

さらに，それぞれの接辞形態素は，選択する補部の主要部と結合し，融合される．この場合，補部主要部の接辞主要部への移動を介して結合する可能性もある．この分析の可能性の検討は，今後の課題とする．

(17) の特性がどのように説明されるかはここでは扱わず，記述上の一般化として (17) が成り立つものとする．T に複数の助動詞が後続する場合，先頭の助動詞が繰り上げられる．[6]

(18) [$_{TP}$ T[+finite] [$_{AuxP1}$ Aux$_1$ [$_{AuxP2}$ Aux$_2$ [$_{vP}$ ...]]]]

これは，助動詞繰り上げを含む移動操作一般が，概略 (19) のように述べられる最短移動 (shortest movement) の制約に従うためである．[7]

(19) 最短移動の制約
   移動の候補が複数ある場合，移動先により近いものが移動される．

上記 (18) では，T に二つの Aux が後続しているが，Aux$_2$ よりも Aux$_1$ のほうが T に近いので，Aux$_1$ が繰り上げられて T に付加される．この制約により，以下のような文法性の相違が説明される．

(20) a. John will have left Japan by tomorrow.
   b. [$_{TP}$ John [$_T$ will T] [$_{ModP}$ t_{will} [$_{PerfP}$ have-EN [$_{vP}$ leave Japan by tomorrow]]]]

(21) a. *John has will {leave / left} Japan by tomorrow.
   b. [$_{TP}$ John [$_T$ have T] [$_{ModP}$ will [$_{PerfP}$ t_{have} [$_{vP}$ leave Japan by tomorrow]]]]

---

 6. MP における助動詞繰り上げの議論としては，Chomsky (1991), Bouchard (1995), Roberts (1998), Lasnik (1995, 2000), Adger (2003), Radford (2004) 等を参照．

 7. この制約は，Chomsky (1995) では最小リンク条件 (Minimal Link Condition) として定式化されている．

  (i) 最小リンク条件
    K attracts α only if there is no β, β closer than α, such that K attracts β.
                 (Chomsky (1995: 311))

非文法的な (21) では，T により近い will を飛び越えて have が移動されているので，最短移動の制約に違反している．[8]

助動詞の T への繰り上げによって説明される現象の一つに，probably のような文副詞との語順に関する助動詞と一般動詞の相違をあげることができる．

(22) a. Joe's friends probably send letters to him.

(Baker (1995: 353))

b. *Joe's friends send probably letters to him. (ibid.)

c. George {probably will / will probably} lose his mind.

(Jackendoff (1972: 75))

d. George {probably has / has probably} read the book.

(ibid.)

e. George {probably is / is probably} finishing his carrots.

(ibid.)

文副詞は，(22a, b) が示すように，一般動詞に後続して生起することはない．一方，(22c-e) が示すように，文副詞は助動詞に先行することも後続することもできる．[9]

一般動詞と助動詞のこの相違は，T への繰り上げに関する一般動詞と助動

---

8. (20b) において，ModP の主要部 will は，ΣP の主要部 Σ [+Aff] を飛び越えて T に繰り上げられている．

(i) [$_{TP}$ John [$_T$ will T] [$_{\Sigma P}$ Σ [$_{ModP}$ t_{will} [$_{PerfP}$ have-EN [$_{vP}$ leave Japan by tomorrow]]]]]

これは，主要部から主要部への厳密に局所的な移動のみを認める主要部移動制約 (Head Movement Constraint) (cf. Travis (1984)) に違反している．しかし，ここでは主要部移動も当該の素性について相対化されているものと考えることにする．したがって，素性 [+Aux] をもたない Σ は，T への助動詞繰り上げにとって潜在的移動候補とはならない．

9. ただし，Baker (1995: 354-355) によれば，助動詞は，文副詞に先行する場合，強勢をもたず，文副詞に後続する場合，強勢をもつという相違がある．

詞の相違の帰結として説明される．まず，probably の類の文副詞（以下，S-Adv）は，Potsdam (1998: 107) に従い，TP, T′, あるいは T の補部となる句 XP に付加されるものとする．ここでは，上記 (13) の構造を仮定するので，XP = ΣP とする．

(23)
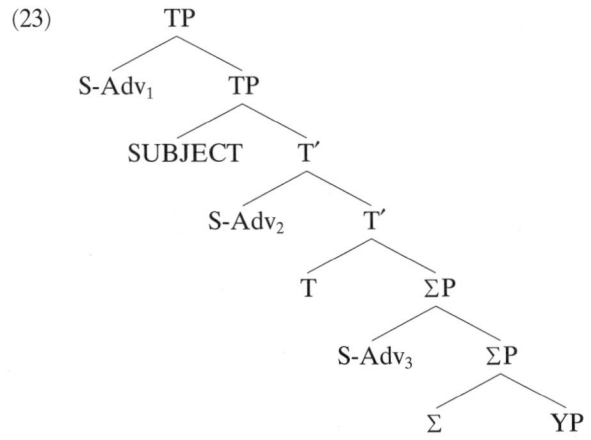

ここで，YP が助動詞の投射である場合，T へ繰り上げられるので，(24) に見るように，表面上，助動詞は S-Adv$_2$ と S-Adv$_3$ の間に生起する．

(24)
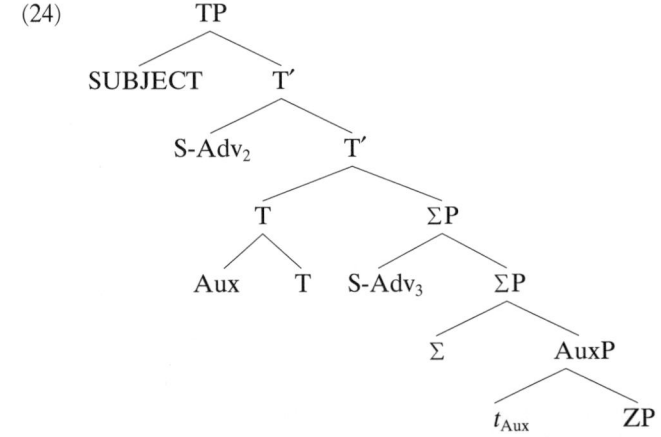

第 1 章　理論的枠組みと節構造の概観

たとえば，(25a) のように文副詞が S-Adv$_2$ の位置に生起すると助動詞に先行し，(25b) のように S-Adv$_3$ の位置に生起すると助動詞に後続する．[10]

(25) a. George probably will lose his mind. (S-Adv$_2$)
[$_{TP}$ George [$_{T'}$ probably [$_{T'}$ will-T [$_{\Sigma P}$ Σ [$_{ModP}$ t_{will} [$_{PerfP}$ [$_{vP}$ lose his mind]]]]]]]]

b. George will probably lose his mind. (S-Adv$_3$)
[$_{TP}$ George [$_{T'}$ will-T [$_{\Sigma P}$ probably [$_{\Sigma P}$ Σ [$_{ModP}$ t_{will} [$_{PerfP}$ [$_{vP}$ lose his mind]]]]]]]]

T に付加された助動詞は，その位置で T に含まれる時制接辞形態素と融合される．例えば，(25a, b) では，法助動詞 will は T の現在形形態素 PRES と融合される．

これに対して，一般動詞 V は，v へ繰り上げられて付加され，そのまま vP 内にとどまり T へ繰り上げられることはない．このため，(26) に示すように，文副詞が S-Adv$_2$ あるいは S-Adv$_3$ のいずれの位置に生起しても，文副詞はつねに一般動詞に先行する．

---

10. なお，probably のような文副詞は，下記 (id) が示すように，複数の助動詞の後に生起する場合もある．

(i) a. Probably, they could have gone a long way before stopping.
　　　　　　　　　　　　　　　　　　　　　　　　　　　(Ernst (2002: 45))
　 b. They probably could have gone a long way before stopping.　(ibid.)
　 c. They could probably have gone a long way before stopping.　(ibid.)
　 d. They could have probably gone a long way before stopping.　(ibid.)

したがって，probably の類の文副詞の認可領域は，vP より上の TP までの機能範疇すべてを含むと考えるべきかも知れない．文副詞の分布に関する詳細な研究には，Ernst (2002), Nilsen (2003) 等を参照．

(26)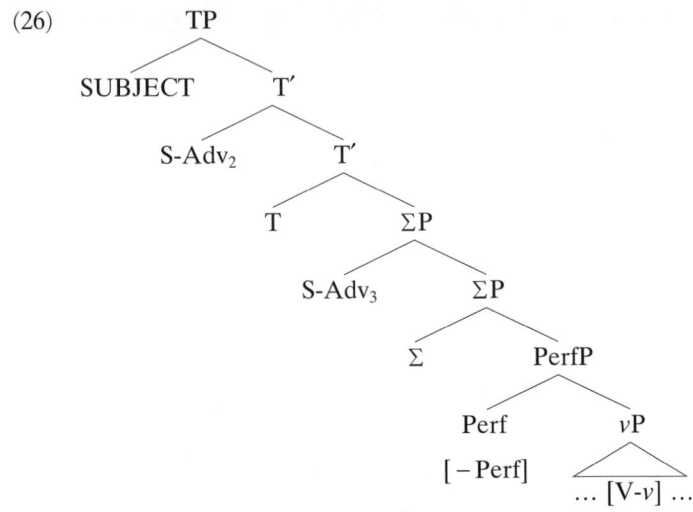

(27) a. Joe's friends probably send letters to him.
b. *Joe's friends send probably letters to him.

上記 (26) の構造で，(v へ繰り上げられた) V と T の間に S-Adv$_3$ が介在する場合も，S-Adv$_3$ は付加詞であるので隣接条件に関して無視される．例えば，(27a) では，T の現在形形態素 PRES と send の間に介在する probably は無視され，PRES と send が結合されて，形態的に融合される．

1.3.4. 文否定と Do 支持

助動詞と一般動詞の範疇上の区別をするもう一つの根拠とされてきた現象として，文否定 (sentence negation) の否定辞 not との共起関係をあげることができる．

(28) a. *John {not left / left not} for Tokyo.
b. John did not leave for Tokyo.
(29) John {will not / *not will} leave for Tokyo.
(30) John {has not / *not has} left for Tokyo.

(31) John {is not / *not is} walking.

　一般動詞単独では，(28a) が示すように文否定の not と共起することができず，(28b) のように形式助動詞 do を必要とする．一方，(29) から (31) が示すように，助動詞は do を必要とせず，not に先行して生ずる．

　ここで，節構造で文否定に関わる部分である (32) に立ち戻ろう．

(32)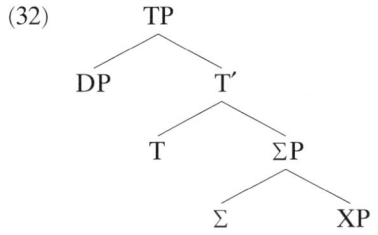

　1.3.1 節で述べたように，機能範疇 Σ は，文が肯定か否定かを決定する範疇であり，肯定文では素性 [+Aff(irmative)] を含み，否定文では [+Neg(ative)] を含む．以下，説明の便宜上，肯定文の Σ を Aff，否定文の Σ を Neg と呼ぶことにする．否定辞 not は主要部 Neg の語彙的具現形と考えることにする．

　まず，(28b) を例として，Neg の補部が非完了形の PerfP であり，Perf の補部が vP である場合を見よう．この場合，(33) に示されるように，素性 [+Aux] をもつ助動詞は生起していない．

(33)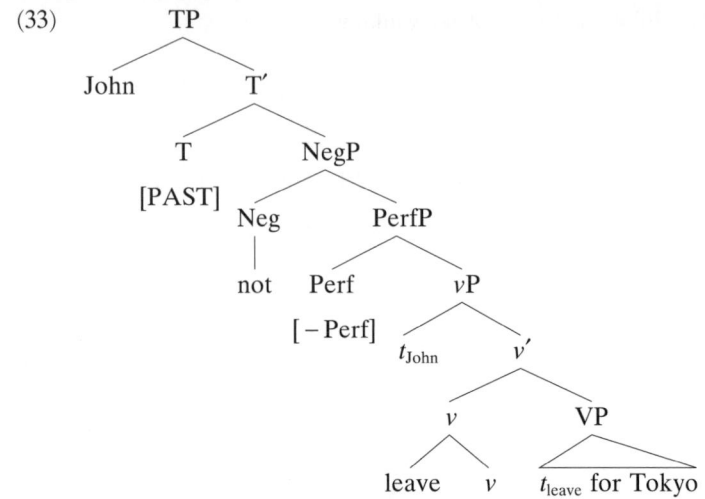

　この構造で，Tの時制接辞形態素 PAST は，音声内容をもつ動詞あるいは助動詞と融合しなければならない．しかし，Tと leave の間には，音声内容をもつ否定辞 not が介在している．このため，隣接条件により，PAST と leave の結合は阻止される．
　したがって，(33) の時制接辞形態素 PAST は，このままでは接辞の融合制約 (14) に違反する．このため，PF における最後の手段 (last resort) として形式助動詞の do が挿入される．これが do 支持 (*do*-support) と呼ばれる操作である．

(34)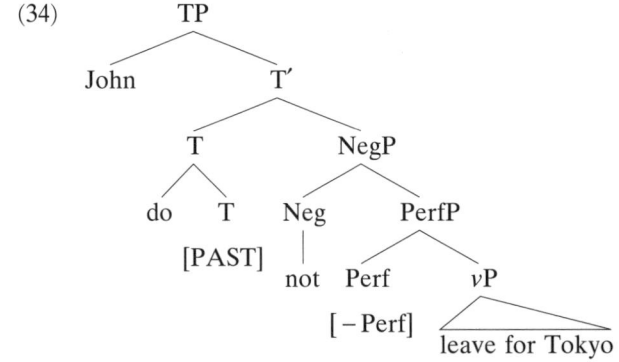

挿入された do は，過去形接辞形態素 PAST と結合され，融合形の did として具現化される．

次に，上記 (29) を例として，Neg の補部が助動詞を主要部とする句である場合を見よう．(29) の構造は (35) である．

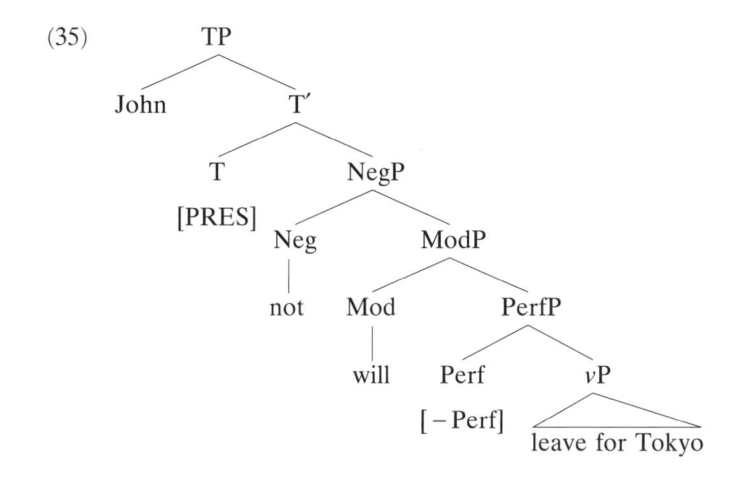

(35)
```
        TP
       /  \
    John   T'
          /  \
         T   NegP
       [PRES] /  \
            Neg   ModP
             |    /  \
            not  Mod  PerfP
                  |   /   \
                 will Perf  vP
                    [-Perf]  |
                          leave for Tokyo
```

法助動詞 will は素性 [+Aux] を含む要素であるので，T へ繰り上げられる．

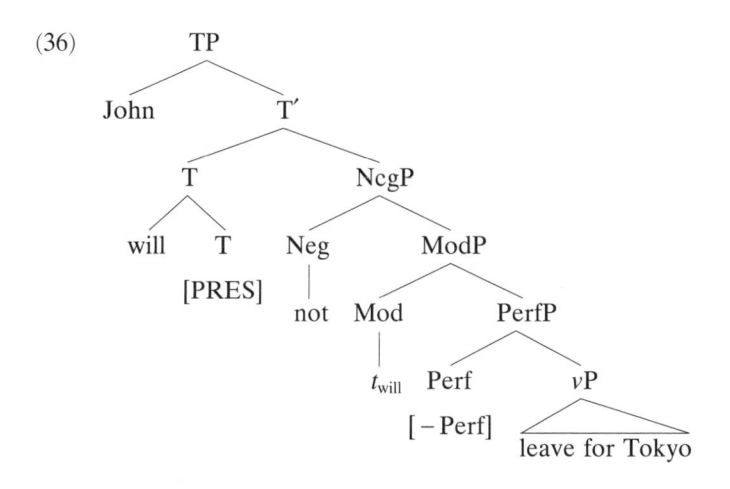

(36)
```
        TP
       /  \
    John   T'
          /  \
         T   NegP
        / \   /  \
     will  T Neg  ModP
        [PRES] |   /  \
              not Mod  PerfP
                   |   /   \
                  t_will Perf  vP
                       [-Perf]  |
                            leave for Tokyo
```

PF において，will と PRES は隣接条件を満たすので結合され，融合形の

will が形成される．

このように，定形節の助動詞要素は，統語部門において not を飛び越えて T へ繰り上げられるので，PF においては not に先行する．また付加された構造で T と隣接しているので，T の時制接辞形態素と結合され，融合される．したがって，助動詞が生起している場合，do 支持によって do を挿入する必要はない．

(37) John {will not / *not will} leave for Tokyo.
(38) *John {will do not / do will not / do not will} leave for Tokyo.
(39) John {has not / *not has} left for Tokyo.
(40) *John does {has not / have not / not has / not have} left for Tokyo.
(41) John {is not / *not is} walking.
(42) *John does {is not / be not / not is / not be} walking.

ただし，否定文であっても，Neg 主要部が音声的に具現化されない場合は，助動詞を含まない場合でも do 支持の必要はない．例えば，(43a) では，NegP の主要部に not が生起していない．

(43) a. Joe's friends {never send / *send never} letters to him.
 b. [$_{TP}$ Joe's friends [$_T$ PRES] [$_{NegP}$ Neg [$_{PerfP}$ [$_{vP}$ never [$_{vP}$ send letters to him]]]]]

否定の副詞 never は，vP の付加詞であり，send に後続することはなく，結合に対する隣接条件においては無視される．このため，現在形接辞形態素 [PRES] は動詞 send と結合する．したがって，do 支持は適用されない．

逆に，肯定文であっても，do 支持が適用される場合がある．(スモール・キャピタルは強勢を表す．)

(44) Jon DOES cycle to work every day!　　　　(Aarts (2001: 41))

この文では，Aff 主要部が肯定を強調する素性 [+Emph(asis)] を含む．この素性は PF において強勢 (stress) として具現化されるので，否定文の not と同様に，時制接辞形態素と一般動詞との結合を妨げる．このため，do 支持が適用される．

(45) [TP Jon [T PRES] [AffP Aff[+Emph] [PerfP [vP cycle to work every day]]]] ↑
　　　　　　　　　　　　　　　　　　　　　　　　　　　　　do

この場合も，助動詞が生起している場合は，助動詞が T に繰り上げられているので，[+Emph] をもつ Aff が助動詞と時制接辞形態素の結合を妨げることはない．このため，do 支持は適用されない．

(46) a. Jon WILL cycle to work every day!　　　(Aarts (2001: 41))
　　　b. Jon IS cycling to work every day!　　　　　(ibid.)
　　　c. Jon HAS cycled to work every day!　　　　(ibid.)

なお，否定辞 not は NegP の主要部として生起する場合に加えて，付加詞として助動詞句や動詞句に付加される場合もある．この場合，not は文全体を否定するのではなく，付加された構成素のみを否定する（構成素否定 (constituent negation)）．このため，文全体は肯定文となる．例えば，(47) では，not は vP に付加されて vP の内容のみを否定する．

(47) a. Charley would have not seen the money.
　　　b. [TP Charley [T will [T PAST]] [AffP [ModP t_{will} [PerfP [have-EN] [vP not [vP see the money]]]]]]

この not は付加詞であるので，過去分詞形態素 EN と see の結合を妨げることはない．

NegP 主要部としての not と付加詞としての not には，対応する縮約形 n't が存在するか否かでも相違が見られる．すなわち，縮約形 n't が許され

るのは NegP 主要部としての not だけであり，付加詞としての not には縮約形が許されない．

 (48) a. I have not seen Mary in five weeks. (Bouchard (1995: 403))
    b. I haven't seen Mary in five weeks.   (ibid.)
 (49) a. I will have not seen Mary in five weeks.   (ibid.)
    b. *I will haven't seen Mary in five weeks.   (ibid.)

この相違は，not は T に付加される場合にのみ n't に縮約可能であると考えると，主要部への付加を主要部要素に限定する主要部付加の制約によって説明される (cf. Chomsky (1986a: 73), Chomsky (1995: 339–340))．

 (50) 主要部付加の制約
    主要部 X に付加することができるのは，主要部 Y に限られる．

この制約により，文否定の NegP の主要部としての not を主要部 T に付加することは許されるが，付加詞としての not を T に付加することは許されない．このため，n't に縮約できるのは，NegP 主要部としての not だけであり，付加詞の not を縮約することはできない．
 次の例では，NegP 主要部の n't に加えて，付加詞の not も生起している．

 (51) You can't not invite your boss.   (Aarts (2001: 262))

この文は，「上司を招かないわけにはいかない」という意味である (Aarts (2001: 262))．二番目の not は vP を否定している付加詞の not である．また，次の例では，文否定の n't を伴う否定文において，肯定の vP と not で否定された vP が等位接続されている．

 (52) You can't kiss her and not touch her. (Aarts (2001: 262))

この文は，「彼女にキスして触れずにおくわけにはいかない」という意味であり，文否定で否定されているのは，[kiss her and not touch her] の部分

である (Aarts (2001: 262)). 等位接続は同じ範疇の構成素に限られるので，vP の [kiss her] と等位接続されている [not touch her] は vP であり，not は付加詞として vP 内にあると考えられる．

(53) [TP you [T can't] [NegP t_{not} [ModP t_{can} [PerfP [[vP kiss her] and [vP not [vP touch her]]]]]]]

このように，NegP 主要部の not と，付加詞の not を区別する十分な根拠があると考えられる．[11]

主語・助動詞倒置（Subject-Aux Inversion＝SAI）の環境でも do 支持が適用される．SAI は，疑問文の補文標識 C が T を引きつけることによって生ずる現象と考えられている．

(54) 疑問文の C [+Q] の特性
　　　主節の C [+Q] は，TP の主要部 T を引きつける．

助動詞を含む文では，T が C に引きつけられるのに先だって，助動詞が T へ繰り上げられ，T に付加されている．そのため，T が C に引きつけられる際，T と共に C へ移動される．

(55) a. Will John fix the car?
　　 b. [CP [C [T will-T] C[+Q]] [TP John t_T [AffP [ModP t_{will} [PerfP [vP fix the car]]]]]]

助動詞は，PF で T と隣接しているので，T の時制接辞形態素と結合される．
一方，助動詞を含まない文では，T が C に引きつけられると，主語が T

---

11. このほか，文否定の not と構成素否定の not の区別に関する議論については，Iatridou (1990) と Bouchard (1995) を参照．また，文否定に関する研究としては，Acquaviva (1997), Baker (1991), Bouchard (1997), Ernst (1992), Haegeman (1995), Kaneko (1998), Ouhala (1990), Potsdam (1997), Zanuttini (1991, 1996) がある．

と一般動詞の間に介在する構造が派生される．例えば，(56) では，C に付加された T と動詞 fix の間に主語の John が介在している．

(56) a. Did John fix the car?
b. [$_{CP}$ [$_{C}$ [$_T$ PAST] C[+Q]] [$_{TP}$ John t_T [$_{AffP}$ [$_{PerfP}$ [$_{vP}$ fix the car]]]]]

この構造には，接辞の融合制約違反を回避するために，PF における最後の手段として do 支持が適用される．

次に否定疑問文における SAI を見よう．まず，NegP の主要部 not が T に付加されて縮約された場合，縮約形 n't は T および助動詞とともに C に移動される．助動詞が生起していない場合は do 支持が適用される．

(57) [$_{CP}$ [$_{C}$ [$_T$ Aux / do-T-n't] C[+Q]] [$_{TP}$ SUBJECT t_T [$_{NegP}$ t_{Neg} [$_{AuxP}$ t_{Aux} [$_{XP}$ …]]]]]

(58) a. Won't he smoke?
b. Hasn't he smoked?
c. Doesn't he smoke?

(59) a. Couldn't she find it? / *Could she n't find it?
b. Doesn't she find it? / *Does she n't find it?

縮約形 n't は拘束形態素であるので，(59a, b) が示すように，T の移動に伴って義務的に移動される．

これに対して，not が Neg 主要部にとどまり T に付加されていない場合，T と not は構成素を成していないので，SAI によって主語の前に移動することはない．

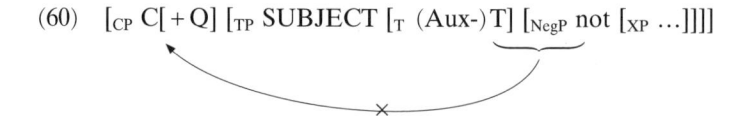

(60) [$_{CP}$ C[+Q] [$_{TP}$ SUBJECT [$_T$ (Aux-)T] [$_{NegP}$ not [$_{XP}$ …]]]]

(61) a. Will she not survive? / *Will not she survive?
　　 b. Does she not smoke? / *Does not she smoke?

　以上のように，T への繰り上げに関する助動詞と一般動詞の相違は，否定文や疑問文における do 支持適用の相違に関する直接的要因となる．

1.3.5. 命令文の構造

　本節では，命令文の統語構造を概観する．命令文は命令法 (imperative mood) が用いられる文形式である．命令文の節構造は，直説法の節構造と基本的に同一であると考える (cf. Davies (1986), Potsdam (1998))．直説法の節と命令文の相違は，C と T の特性の相違によって説明される．
　まず，C には節のムードを区別する素性が存在するものとする．直説法の C (以下，C_{Ind} とする) には素性 [Ind(icative)] が含まれ，C_{Ind} は直説法の T_{Ind} を主要部とする TP を選択する．

(62) 直説法節

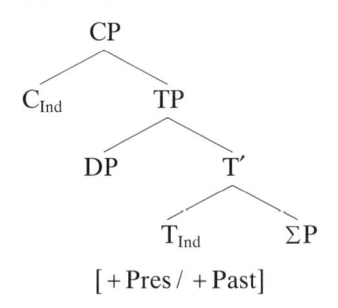

```
            CP
           /  \
        C_Ind   TP
               /  \
              DP   T'
                  /  \
               T_Ind  ΣP
              [+Pres/+Past]
```

　一方，命令文の C (以下，C_{Imp} とする) には素性 [Imp(erative)] が含まれ，C_{Imp} は命令法の T_{Imp} を主要部とする TP を選択する．主要部 T_{Imp} は，直説法の T_{Ind} と異なり，[+Pres/+Past] の対立をもたない時制素性 [Tns_{Imp}] を含む．また，命令文には，音形をもたない法助動詞 Mod_{Imp} が義務的に生ずるものとする．

(63) 命令文

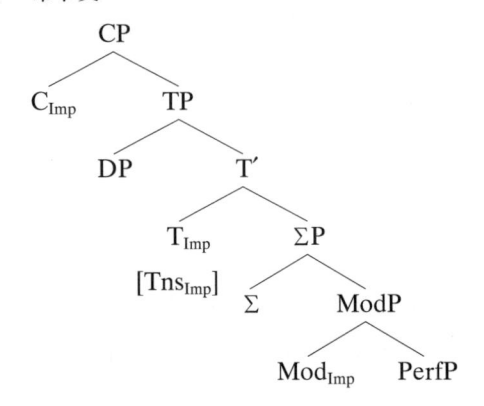

```
         CP
        /  \
     C_Imp  TP
           /  \
          DP   T'
              /  \
           T_Imp  ΣP
          [Tns_Imp] / \
                  Σ   ModP
                     /    \
                  Mod_Imp  PerfP
```

また，命令文の主語は，義務的に顕在化する必要がない．

(64) a. Hoist the sails!　　　　　　　　(Potsdam (1998: 6))
　　　b. Mind your business!　　　　　　　(ibid.)
　　　c. Be happy!　　　　　　　　　　　(ibid.)

(65) a. You sit down.　　　　　　　　　(Baker (1995: 471))
　　　b. Someone call a doctor.　　　　　(ibid.)

顕在化されない場合，音形をもたない代名詞 *pro* が生起しているものと考える．

(66) [$_{TP}$ *pro* T$_{Imp}$ [$_{AffP}$ [$_{ModP}$ Mod$_{Imp}$ [$_{PerfP}$ [$_{vP}$ t_{pro} mind your business]]]]]

以上を仮定して，命令文の統語的特性を概観する．まず，命令文の T$_{Imp}$ の時制素性 [Tns$_{Imp}$] は，[+Pres] と [+Past] の対立を示さないので，付随する接辞形態素も音形をもたない抽象的形態素 Ø である．

(67) [$_{TP}$ *pro* [$_{T}$ [Tns$_{Imp}$], Ø] [$_{AffP}$ [$_{ModP}$ Mod$_{Imp}$ [$_{PerfP}$ [$_{vP}$ ... V ...]]]]]

ここで，Tns$_{Imp}$ も定形時制の一種と考える．したがって，素性 [+Aux] を

もつ Mod_{Imp} は，T に繰り上げられて付加される．

(68) [$_{\text{TP}}$ pro [$_{\text{T}}$ Mod_{Imp} [$_{\text{T}}$ Ø]] [$_{\text{AffP}}$ [$_{\text{ModP}}$ t_{Mod} [$_{\text{PerfP}}$ [$_{v\text{P}}$ ... V ...]]]]]

PF で，形態素 Ø は音形をもつ動詞要素と結合しなければならない．Mod_{Imp} は音形をもたないので，結合対象としては不適切である．しかし，後続する動詞との間には，音形をもつ要素が介在していないので，隣接条件を満たし，結合することができる．したがって，命令文では，動詞は音形をもたない時制接辞 Ø と結合するため，現在形と過去形の対立を示さない．

(69) a. Mind your business!
    b. Someone call a doctor.

同様に，完了助動詞の have，進行助動詞の be，受動態の be，および繋辞の be も，T_{Imp} の接辞形態素 Ø と結合される．

(70) a. Have waited at least an hour before going swimming.

(Potsdam (1998: 9))

    b. [$_{\text{TP}}$ pro [$_{\text{T}}$ Mod_{Imp} [$_{\text{T}}$ Ø]] [$_{\text{AffP}}$ [$_{\text{ModP}}$ t_{Mod} [$_{\text{PerfP}}$ have-EN [$_{v\text{P}}$ wait ...]]]]]

(71) a. Be waiting for me at the door! (ibid.)
    b. [$_{\text{TP}}$ pro [$_{\text{T}}$ Mod_{Imp} [$_{\text{T}}$ Ø]] [$_{\text{AffP}}$ [$_{\text{ModP}}$ t_{Mod} [$_{\text{PerfP}}$ [$_{\text{ProgP}}$ be-ING [$_{v\text{P}}$ wait ...]]]]]]

(72) a. When you work on those exercises, be warned that you may not be able to come up with completely satisfactory answers.

(Irene Heim and Angelika Kratzer, *Semantics in Generative Grammar*, Blackwell (1998), p. 152)

    b. [$_{\text{TP}}$ pro [$_{\text{T}}$ Mod_{Imp} [$_{\text{T}}$ Ø]] [$_{\text{AffP}}$ [$_{\text{ModP}}$ t_{Mod} [$_{\text{PerfP}}$ [$_{\text{PassP}}$ be [$_{v\text{P}}$ warned ...]]]]]]　　(PassP = Passive Phrase)

(73) a. Before committing to InDesign, be aware of its steep system requirement.
(*News about Information Systems throughout MIT*, Vol. 16, Number 1 (2000), p. 3)
   b. [$_{TP}$ *pro* [$_T$ Mod$_{Imp}$ [$_T$ Ø]] [$_{AffP}$ [$_{ModP}$ t_{Mod} [$_{PerfP}$ [$_{CopP}$ be [$_{AP}$ aware …]]]]]]　　　　　(CopP = Copular Phrase)

次に，否定の命令文を見よう．NegP の主要部に not が生起するか，あるいは T$_{Imp}$ に縮約された n't が付加された場合，PF において時制接辞 Ø と動詞が隣接しなくなる．

(74) [$_{TP}$ *pro* [$_T$ Mod$_{Imp}$ [$_T$ Ø] (-n't)] [$_{NegP}$ not [$_{ModP}$ t_{Mod} [$_{PerfP}$ [$_{vP}$ … V …]]]]]]

上述のように，Mod$_{Imp}$ は音形をもたないので，時制形態素 Ø が融合する対象とならない．したがって，PF における最後の手段として do 支持が適用される．

(75) a. Don't touch that glass.　　　　(Potsdam (1998: 131))
   b. *Touch {n't / not} that glass.　　　　　　(ibid.)

完了助動詞の have や種々の be 動詞の場合も，否定命令文では do 支持が適用される．命令文には法助動詞 Mod$_{Imp}$ が義務的に存在し，最短移動の制約により，優先的に T$_{Imp}$ へ繰り上げられる．そのため，完了助動詞 have や種々の be 動詞は T$_{Imp}$ へ繰り上げられない．その結果，not や n't が生起すると，PF において時制形態素 Ø と have や be は隣接しなくなる．

(76) [$_{TP}$ *pro* [$_T$ Mod$_{Imp}$ [$_T$ Ø] (-n't)] [$_{NegP}$ not [$_{ModP}$ t_{Mod} [have / be […]]]]]

したがって，否定の命令文では，完了助動詞 have，進行助動詞の be，受動態の be，および繋辞の be に対しても do 支持が適用される．

(77) a. Don't be so foolish.　　　　　　　(Potsdam (1998: 6))
　　 b. Don't be messing around when the bell rings.
　　　　　　　　　　　　　　　　　　　(Potsdam (1998: 315))
　　 c. Don't have eaten everything before the guests arrive!
　　　　　　　　　　　　　　　　　　　　　　　　　(ibid.)

同様に，肯定の Aff が強調素性 [+Emph] をもつ場合，一般動詞だけでなく，完了助動詞 have や種々の be 動詞に対して do 支持が適用される．

(78) a. Do try some of the dandelion salad!　(Potsdam (1998: 6))
　　 b. [$_{TP}$ pro [$_T$ Mod$_{Imp}$ [$_T$ Ø]] [$_{AffP}$ [+Emph] [$_{ModP}$ t_{Mod} [$_{PerfP}$ [$_{vP}$ … try …]]]]]
(79) a. Do have reached a decision regarding the matter!　(ibid.)
　　 b. [$_{TP}$ pro [$_T$ Mod$_{Imp}$ [$_T$ Ø]] [$_{AffP}$ [+Emph] [$_{ModP}$ t_{Mod} [$_{PerfP}$ have [$_{vP}$ …]]]]]
(80) a. Do be more careful!　　　　　　　　　　　　(ibid.)
　　 b. [$_{TP}$ pro [$_T$ Mod$_{Imp}$ [$_T$ Ø]] [$_{AffP}$ [+Emph] [$_{ModP}$ t_{Mod} [$_{PerfP}$ [$_{CopP}$ be [$_{AP}$ …]]]]]]

以上のように，命令文が，do 支持に関して直説法節と異なる振る舞いを示すのは，命令文に法助動詞 Mod$_{Imp}$ が義務的に存在するので，完了助動詞 have や be 動詞が T$_{Imp}$ へ繰り上げられないことの帰結として説明される．[12]

1.3.6. 仮定法現在節の構造

最後に，仮定法現在節の構造を概観する．仮定法現在 (present subjunctive) は，demand, insist, suggest, (be) imperative, (be) necessary 等

---

12. この他の命令文の統語特性については，Davies (1986), Potsdam (1998), Han (1998), Flagg (2001), Rupp (2003), 金子・遠藤 (2001) を参照．

の述語の補文に生ずるムードであり，主節の主語や話者の，提案・示唆・要求等々を述べるのに用いられる．

(81) a. I {demand / urge / insist} that he be there.

(Haegeman and Guéron (1999: 328))

b. He suggests that you be more receptive.

(Potsdam (1998: 137))

c. The rules require that the executives be polite.

(Baker (1995: 98))

d. It is {vital / essential / important} that he be there.

(Haegeman and Guéron (1999: 328))

e. It is necessary that the foundation be inspected before we proceed. (Potsdam (1998: 64))

仮定法現在節のC（以下，C_{Subj} とする）には仮定法現在節を導くことを示す素性 [Subj(unctive)] が含まれ，C_{Subj}（= $that_{Subj}$）は仮定法現在の T_{Subj} を主要部とするTPを選択する．主要部 T_{Subj} は，命令文の T_{Imp} と同様に，[+Pres / +Past] の対立をもたない時制素性 [Tns_{Subj}] を含む．また，仮定法現在節には，音形をもたない法助動詞 Mod_{Subj} が義務的に生ずるものとする．すなわち，仮定法現在節は (82) に示す構造をもつ．

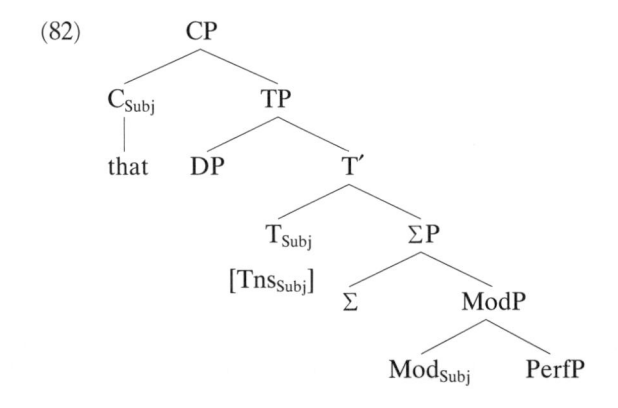

(82)
```
         CP
        /  \
    C_Subj  TP
      |    /  \
    that  DP   T'
              /  \
         T_Subj   ΣP
        [Tns_Subj] / \
                  Σ   ModP
                      /  \
                 Mod_Subj  PerfP
```

仮定法現在節を導く that$_{Subj}$ と，直説法の補文を導く that$_{Ind}$ を区別する根拠として，主節動詞に後続する that$_{Ind}$ は省略可能であるのに対して，that$_{Subj}$ は省略できないという事実をあげることができる．[13]

(83)　a.　I demand *(that$_{Subj}$) he see the president now.

(Haegeman and Guéron (1999: 107))

　　　b.　I think (that$_{Ind}$) he works in a hospital.　　　　　(ibid.)

仮定法現在節の T$_{Subj}$ の時制素性 [Tns$_{Imp}$] は，命令法の時制素性 [Tns$_{Imp}$] と同様に，[+Pres] と [+Past] の対立を示さない．しかし，T$_{Subj}$ は，命令法の T$_{Imp}$ と異なり，接辞形態素を伴わないと考えよう．したがって，直説

13.　ただし，Chomsky and Lasnik (1977) が指摘するように，仮定法現在節の that の省略については，それを許容する話者も存在する (Chiba (1987) も参照)．例えば，以下の例では，同一の話者が仮定法現在節の that を省略しない形式とともに that を省略した形式も用いており，この話者には仮定法現在節の that の省略が可能である．(下線は筆者．)

(i)　Assume, reasonably, that the 'constrained by the world' argument requires that the things and events of such a world be understood at least in part by those who are constrained by it.
(James McGilvray, *Chomsky: Language, Mind, and Politics*, Polity Press (1999), p. 45)

(ii)　He suggested that one think of approaches to language in terms of the kinds of domain a theory or account of language is committed to dealing with.
(James McGilvray, *Chomsky: Language, Mind, and Politics*, Polity Press (1999), p. 98)

(iii)　In *LGB* (p. 27) Chomsky suggested it be seen projected from a lexical item of a particular category, where projection takes the features of a lexical item with it to higher levels of processing.
(James McGilvray, *Chomsky: Language, Mind, and Politics*, Polity Press (1999), p. 138)

三つの例のうち，(i) と (ii) では that が顕在的に生起しているが，(iii) では that が省略されている．これに対して，直説法節の that の省略可能性には，このような話者間のばらつきは存在しない．したがって，(iii) のような例が存在しても，直説法節の that と仮定法現在節の that に省略可能性に関わる相違が存在することは否定できない．

法の T_{Ind},命令法の T_{Imp},仮定法現在の T_{Subj} が含む時制素性と接辞形態素の組み合わせは以下のようになる.

(84)　Tの時制素性と接辞形態素の組み合わせ

		時制素性	接辞形態素
a.	直説法 T_{Ind}	[+Pres]	PRES
		[+Past]	PAST
b.	命令法 T_{Imp}	[Tns_{Imp}]	Ø
c.	仮定法現在 T_{Subj}	[Tns_{Subj}]	なし

以上を仮定して,仮定法現在節の統語特性を概観しよう.

　まず,仮定法現在節の動詞は,原形が用いられる.

(85)　I demand that he {go / *goes} there.

これは,仮定法現在の T_{Subj} が接辞形態素を伴わないためである.

　次に,仮定法現在節に義務的に生起する Mod_{Subj} は,イギリス英語で should として具現化される場合を除けば,音形をもたない抽象的法助動詞であるので,顕在的法助動詞が生起することはない.

(86)　I demand that he should go there.（イギリス英語）

(87)　a.　*He demanded that the successful candidates can speak German.　　　　　　　　　　(Potsdam (1998: 138))

　　　b.　He demanded that the successful candidates be able to speak German.　　　　　　　　　　　　　　(ibid.)

　　　c.　*The police require that the spectators must stand behind the barricade.　　　　　　　　　　　　　　(ibid.)

　　　d.　The police require that the spectators stand behind the barricade.　　　　　　　　　　　　　　(ibid.)

ここまでは,仮定法現在節の振る舞いと,命令文の振る舞いは同じである.

しかし，仮定法現在節と命令文は，do 支持の適用に関して著しい相違を示す．すなわち，命令文では，一般動詞のみならず，完了助動詞 have や種々の be 動詞に対しても do 支持が適用されたが，仮定法現在節では do 支持が一切適用されない．

(88) a. *Who suggested that he {do not / don't} act so aloof if he hopes to find a wife.　　　　　　　　　(Potsdam (1998: 65))

　　 b. Who suggested that he not act so aloof if he hopes to find a wife?　　　　　　　　　　　　　　　　　(ibid.)

(89) a. *Jack asks that we {do not / don't} cut down his bean stalk just yet.　　　　　　　　　　　　　　　(ibid.)

　　 b. Jack asks that we not cut down his bean stalk just yet.
　　　　　　　　　　　　　　　　　　　　　　　　　　　(ibid.)

これらの例が示すように，否定の環境でも do 支持が適用されない．下記の例が示すように，肯定の強調の do 支持も適用されない．

(90) a.?*Contrary to what the polls say, we suggest that Jimmy do run for re-election.　　　　　　　　(Potsdam (1998: 64))

　　 b.?*I request that she do be more assertive as she is quite competent.　　　　　　　　　　　　　　　　(ibid.)

これは，仮定法現在の T_{Subj} が接辞形態素を伴わないためである．接辞形態素を伴わないので，接辞の融合制約が適用されない．そのため，接辞の融合制約を回避する最後の手段としての do 支持は適用されない．

否定の仮定法現在節に完了助動詞 have や be 動詞が生起する場合，否定辞の not が have や be 動詞に先行する．

(91) a. The workers requested that I not have ruined their new sidewalk before it even dries.　　　(Potsdam (1998: 141))

b. The sign requested that one not be loitering during curfew hours.　　　　　　　　　　　　　　　　　　　(ibid.)

c. The queen desires that you not be inattentive.　(ibid.)

これは，仮定法現在節には法助動詞 Mod_{Subj} が義務的に生起し，最短移動の制約により，T_{Subj} に優先的に繰り上げられるためである．完了助動詞 have や be 動詞は，Mod_{Subj} を飛び越えて T_{Subj} に移動することはできない．そのため，NegP 主要部の not に先行することもできない．

(92)　$[_{TP}$ DP $[_T$ Mod_{Subj} $T_{Subj}]$ $[_{NegP}$ not $[_{ModP}$ t_{Mod} [have / be [...]]]]]

下記のように，not が完了助動詞の have に後続する事例も見られるが，この not は文否定の not ではなく，構成素否定の not である (cf. Fiengo (1980: 80))．

(93)　I demand that he have not left before I return.

(92) に示されるように，仮定法現在節の T_{Subj} 内には音声内容をもつ助動詞要素が存在せず，また do 支持も適用されない．そのため，否定辞の not が縮約されて T_{Subj} に付加されても，n't が付加すべき音声内容をもつ助動詞要素が存在しない．したがって，仮定法現在節では not の縮約形は生起できない．

(94)　a. *This sign requests that one {don't be / ben't} loitering during curfew hours.　　　(Potsdam (1998: 142))

b. *The queen desires that you {don't be / ben't} inattentive.
　　　　　　　　　　　　　　　　　　　　　　　　(ibid.)

c. *The workers requested that I {don't have / haven't} ruined their new sidewalk before it even dries.　(ibid.)

以上のように，仮定法現在節の振る舞いは，T_{Subj} が接辞形態素を伴わな

いことと，法助動詞 Mod_{Subj} が義務的に生起することの帰結として説明される．[14]

1.4. まとめ

以上，本章では，第2章以降の議論で仮定する理論的枠組みを概観するとともに，第2章以降の具体的分析の対象となる節の構造について，主として節を構成する機能範疇の分布とその内在特性の観点から概観し，いくつかの文法現象が，それらの機能範疇の相互作用によって説明されることを見た．なお，第2章以降では，議論に直接関係のない機能範疇は省略して表記することにする．

---

14. 仮定法現在節の分析としては，Potsdam (1998) のほかに，Chiba (1987)，千葉 (2000)，James (1986) がある．

第 2 章

英語の時制解釈における統語論・意味論のインターフェース*

2.1. はじめに

本章では，英語の時制解釈に関わる基本的システムを提案する．その提案に基づいて，時制解釈や時の付加詞の解釈に，統語構造がどのように関与するかを考察する．また，本章で提案される時制解釈システムは，第 3 章における議論の基盤的枠組みとなる．

2.2. 時制解釈の基本的枠組み

本節では，定形節の時制現象を考察対象として，時制解釈にとって必要となる基本的な枠組みを提案する．

2.2.1. Reichenbach 理論の概観

時制解釈表示のためのモデルとして，ここでは Reichenbach (1947) で

---

* 本章の内容は，Kaneko (2004) および金子 (2006) に大幅に改訂を加えたものである．

提示され，Hornstein (1977, 1981, 1990)，Smith (1976a, 1978, 1981a, 1991, 2003, 2004)，Kaneko (1981, 1982, 1983, 2004)，金子 (2005, 2006, 2007)，金子・遠藤 (2001)，Ogihara (1996)，Stowell (1993, 1995, 1996)，Thompson (1995a, 1995b, 1996, 1999, 2005) 等で修正・展開されてきたモデルを採用する．

Reichenbach (1947) は，時制解釈を，発話時 (speech time = ST)，指示時 (reference time = RT)，事象時 (event time = ET) の組み合わせによって表示するモデルを提示した．発話時 ST は，文を発話する時点であり，通例，現在時と一致する．事象時 ET は，文で記述される出来事・状態が生起する時間である．指示時 RT は，話者の視点が置かれる時であり，文は，この RT について叙述する．

Reichenbach 理論で最も重要な主張は，発話時 ST と事象時 ET は直接結びつけられるのではなく，指示時 RT を介して結びつけられる点である．例えば，次の文を見よう．

(1) a. Mary is pregnant.
    b. Mary was pregnant.

現在時制の文 (1a) では，指示時 RT は，発話時 ST と同時である．事象時 ET も指示時 RT と同時であるので，結果的に，ST, RT, ET は同時と解釈される．過去時制の文 (1b) では，指示時 RT は発話時 ST より以前，すなわち過去時であり，事象時 ET は過去時である RT と同時である．これらの解釈は，下記のような時制構造により表示される．('A,B' は A と B が同時であることを示し，'A___B' は，A が B より以前であることを示す．)

(2) a. (1a) の時制構造： ST,RT,ET
    b. (1b) の時制構造： ET,RT___ST

上記の例を見る限り，指示時 RT を導入すべき必要はなく，発話時 ST と事象時 ET を直接関係づければよいように見える．Reichenbach が指示時

RT を導入した最大の根拠は，過去時制の文と現在完了形の文の相違を捉える点にある．

(3) a. Bill bought a house.
    b. Bill has bought a house.

これらの二つの文は，どちらも，過去のある時点で Bill が家を購入するという出来事が生起したことを記述している．したがって，どちらの場合も事象時 ET は過去時である．単純過去形の文 (3a) は，過去のある時点について叙述しており，その過去の時点で家の購入が行われたことが述べられている．これに対して，現在完了形の (3b) は，現在についての文であり，過去の時点で生起した家の購入が，何らかの点で現在に関係づけられていることが述べられている．この相違は，単純過去形の (3a) では，指示時 RT と事象時 ET が過去の同一の時点に位置づけられるのに対して，現在完了形の (3b) では，指示時 RT が発話時 ST と同時であり，事象時 ET が指示時 RT よりも以前の時点，すなわち過去時であると分析することによって捉えることができる．

(4) a. (3a) の時制構造： ET,RT___ST
    b. (3b) の時制構造： ET___RT,ST

それぞれの表示は，(3a) と (3b) の解釈上の相違を，指示時 RT の位置によって明示的に捉えている．[1]

2.2.2. 時制構造の形成

上記のように，本論では Reichenbach (1947) の基本的枠組みを採用す

---

1. 指示時 RT の存在を支持する議論としては，Reichenbach (1947) のほかに，Kamp and Reyle (1993), Smith (1991, 2003) 等を参照．また，批判的検討としては Julien (2001) を参照．

るが，英語の時制現象を言語学的観点から説明するためには，いくつかの修正が必要である．さらに，時制解釈の表示としての時制構造をどのように形成するかを明らかにしなければならない．本節では，統語構造から得られる情報に基づいて時制構造がどのように決定されるのかを見る．

2.2.2.1. 現在時制，過去時制，完了形

時制構造において関係を指定される要素は，統語構造に素性として表示されるものと仮定しよう (Zagona (1988), Thompson (1996))．具体的には，TP の主要部 T は，素性として評価時 EvT (evaluation time) を含むものとしよう．評価時 EvT は，時制解釈の基点となるものであり，直説法の節では，CP の主要部 C [Ind(icative)] により，発話時 ST と同時と指定されるものとしよう．[2]

(5) C [Ind]: 評価時 EvT は発話時 ST と同時　(EvT,ST)

以下，C [Ind] によって発話時 ST と同定される評価時 EvT を，説明の便宜上，EvT_{ST} と表記する．

完了句 PerfP (perfect phrase) の主要部 Perf は，指示時 RT を含む．1.3 節で述べたように，Perf は，[+Perf(ect)] の場合，助動詞 have が生起して完了形となり，[−Perf(ect)] の場合，語彙的助動詞は生起せず，非完了形となる．動詞句の主要部 V は事象時 ET を含む．以下は，文構造で時制解釈に関与する部分を示したものである．

---

2. ただし，評価時 EvT が発話時 ST と同時であることを指定するのは，遂行節 (performative clause) に関わる主要部であるかもしれない．この点については，第 5 章の注 8 を参照．

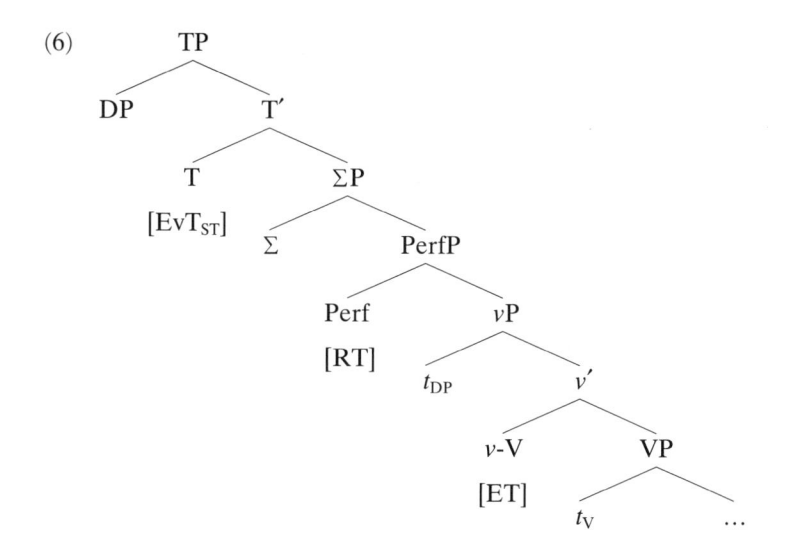

(6)
```
           TP
          /  \
        DP    T'
             /  \
            T    ΣP
         [EvT_ST]/  \
               Σ    PerfP
                   /    \
                 Perf    vP
                 [RT]   /  \
                      t_DP  v'
                           /  \
                         v-V   VP
                         [ET]  / \
                             t_V  …
```

時制構造は，TP の主要部 T，PerfP の主要部 Perf の意味情報を合成することにより形成される (Kaneko (1981, 1982, 1983, 2004)，金子 (2005, 2006, 2007)，金子・遠藤 (2001)，Hornstein (1990)，Giorgi and Pianesi (1997)，Demirdache and Uribe-Etxebarria (2000))．

(7) a. T [+Pres(ent)]:　EvT と RT は同時[3]　(RT, EvT)
　　b. T [+Past]:　RT は，EvT より前　(RT<EvT)
　　　　　　　　　(Reichenbach 流の表記 'RT___EvT' と等価である)
(8) a. Perf [−Perf(ect)]:　RT と ET は同時　(ET, RT)
　　b. Perf [+Perf(ect)] (=have):　ET は RT より前　(ET<RT)

時間要素 EvT，RT，ET の関係づけは，Pesetsky (1989) の早期適用の原理 (Earliness Principle) に従い，二つの要素の関係づけに関する情報が

---

3. 「A と B が同時 (A is simultaneous with B)」は，概略，「時 A と時 B に重なりがある (A overlaps B)」を意味するものとする．あるいは，Hale (1984) の意味での「中心部の一致 (central coincidence)」によって定義すべきかもしれない．後者を支持する議論としては，Demirdache and Uribe-Etxebarria (2000, 2004) を参照．

得られた時点で速やかに行われるものとする．したがって，時制構造は，統語的派生の終了後に一括して行われるのではなく，必要な情報が得られた時点で徐々に構築されていくものと考える．

　現在完了形の (9) を具体例として，時制構造の形成過程を見よう．まず，派生が (10) の段階に至ったとしよう．

　(9)　Bill has bought a house.

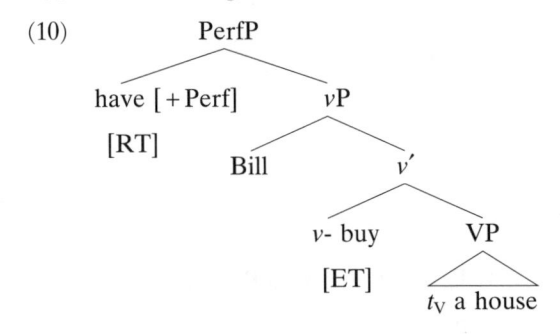

(10)
```
              PerfP
           /        \
    have [+Perf]     vP
        [RT]       /    \
                 Bill    v'
                       /    \
                    v- buy   VP
                    [ET]    /  \
                           tv   a house
```

完了助動詞 have は，事象の限定的 (bounded) な相特性を焦点化するのに加えて，時制構造に関する情報 (ET＜RT) (= (8b)) を指定する (cf. Comrie (1976), Kamp and Reyle (1993), Huddleston (1995b))．したがって，完了助動詞 have が導入された (10) の段階で，事象時 ET と指示時 RT の関係は，ET が RT より以前である (= (ET＜RT)) ことが指定される．

　さらに，ΣP の導入を経て時制 T が導入されると，(11) が派生される．

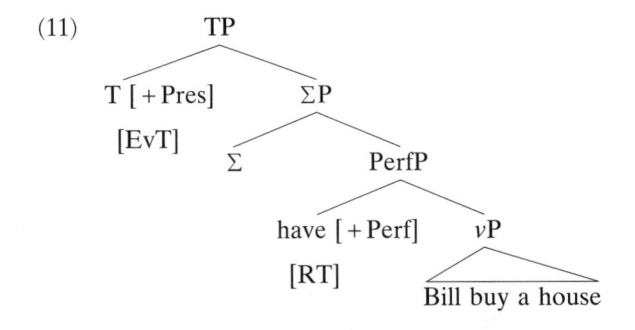

(11)
```
              TP
           /      \
    T [+Pres]      ΣP
      [EvT]      /    \
                Σ      PerfP
                      /      \
                have [+Perf]   vP
                   [RT]       / \
                          Bill buy a house
```

第 2 章　英語の時制解釈における統語論・意味論のインターフェース　　49

現在時制素性 [+Pres] により，評価時 EvT (ST と同時) と指示時 RT が同時であることが決定される．帰結として，現在完了形の文 (9) は，(12a) の時制構造を持つ．

(12)　a.　(9) の時制構造: (RT, EvT_{ST}) & $(ET<RT)$
　　　b.　ET＿＿RT, EvT_{ST}

時制構造 (12a) は，Reichenbach 流の表記の (12b) と等価である情報を表している．

　本章の分析では，(12a) のような時制構造を (12b) のような Reichenbach 流の表記に書き換える操作が必要であるとは考えない．しかし，Reichenbach 流の表記には，時間の流れを視覚的に示す効果があるので，補助的手段として，Reichenbach 流の表記を援用することにする．以下に，現在形，過去形，現在完了形，過去完了形の時制構造と，対応する Reichenbach 流の表記を列記する．

(13)　　　　時制形式　　　　　　時制構造　　　　　　Reichenbach 流表示
　　a.　Present Tense:　(RT, EvT_{ST}) & (ET, RT)　　ET, RT, EvT_{ST}
　　　　　　　　　　　　　　⇑　　　　　　⇑
　　　　　　　　　　　　[+Pres]　　　[−Perf]
　　b.　Past Tense:　　$(RT<EvT_{ST})$ & (ET, RT)　　ET, RT＿＿EvT_{ST}
　　　　　　　　　　　　　　⇑　　　　　　⇑
　　　　　　　　　　　　[+Past]　　　[−Perf]
　　c.　Present Perfect: (RT, EvT_{ST}) & $(ET<RT)$　　ET＿＿RT, EvT_{ST}
　　　　　　　　　　　　　　⇑　　　　　　⇑
　　　　　　　　　　　　[+Pres]　　　[+Perf]
　　d.　Past Perfect:　　$(RT<EvT_{ST})$ & $(ET<RT)$　　ET＿＿RT＿＿EvT_{ST}
　　　　　　　　　　　　　　⇑　　　　　　⇑
　　　　　　　　　　　　[+Past]　　　[+Perf]

2.2.2.2. 時の付加詞表現

ここで，時制構造における時の付加詞表現の扱いを見ておく．

(14) a. John bought a book {yesterday / *now}.
　　 b. Mary is pregnant {now / *yesterday}.
　　 c. John left at five.
　　 d. Now I have eaten enough.　(Giorgi and Pianesi (1997: 88))

yesterday, now 等の直示的 (deictic) 表現は，意味上，指示する時点・期間に関する制限が課されている．

(15) a. yesterday: 発話時より前の時を指す
　　 b. now: 発話時を指す

これに対して，前置詞句 at five のような表現には，この種の制限は課せられていない．

これらの付加詞表現は，時制構造上の RT または ET を修飾する (cf. Hornstein (1990), Demirdache and Uribe-Etxebarria (2004)). すなわち，RT または ET と結びつけられて，それぞれの時を特定化する．ただし，時の付加詞表現による修飾には，(16) の制約が課される．

(16) 評価時 EvT の特定化制約
　　　時の付加詞は評価時 EvT を特定化することはできない．

以上を仮定して，具体例を見よう．まず，単純過去形の文 (14a) の時制構造は (17) である．

(17)　ET,RT_____EvT$_{ST}$
　　　 ↑　　　　 ↑
　　　yesterday　*now

この時制構造において，yesterday は過去時の RT (およびそれと同時の

ET) と結びつけられている．これに対して，now は発話時を指示するので，過去時にある RT あるいは ET のいずれとも結びつけることができない．さらに，(16) の制約により，EvT_{ST} を修飾することもできない．[4]

単純現在時制の文 (14b) の時制構造は (18a)，単純過去時制の文 (14c) の時制構造は (18b)，現在完了形の文 (14d) の時制構造は (18c) である．

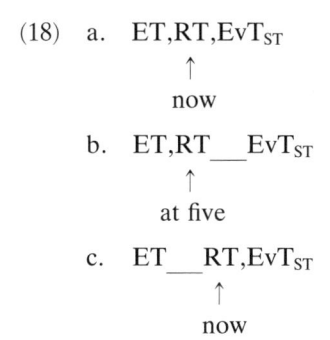

(18) a. ET,RT,EvT_{ST}
           ↑
           now

     b. ET,RT___EvT_{ST}
           ↑
           at five

     c. ET___RT,EvT_{ST}
              ↑
              now

まず，(18a) では，now が発話時と同時である RT（および ET）に結びつけられている．(18b) では at five が過去時にある RT（および ET）を修飾し，(18c) では now が発話時と同時である RT を修飾している．

このように，時の付加詞表現は，RT または ET と適切に結びついた場合，その構造は適格となる．

2.2.2.3. 未来表現

次に，will を含む未来表現の時制構造の決定の問題に移ろう．

---

4. 直示的意味ではなく，「今や，その時」の意味の now は過去時制の文と共起することができる．

 (i) Mary sat down at the desk.　Now she was ready to start work.
                                         (Smith (2003: 101, fn. 5))

Smith (2003) によれば，このような事例では，now は話者の視点ではなく，主語の視点と結びついている．

(19) John will leave for Tokyo.

このような文の未来性は，未来時制ではなく，法助動詞 will の語彙特性に由来するものと考える (cf. Kaneko (1981, 1982), Huddleston (1995a), Enç (1996), Smith (2003: 100, fn. 4), Werner (2003)). 法助動詞 will は，内在要素として指示時 RT を含むものとする．この指示時 RT は，will のモダリティ，すなわち，未来時に関する予測の基点となる時を表すものである．換言すると，いつから見た未来なのかを表すものである．なお，以下，will が含む RT を RT_{will}，PerfP の主要部 Perf が含む RT を RT_{Perf} として区別する．法助動詞 will は，語彙情報として (20) の指定をもつ．

(20) WILL: RT_{Perf} は RT_{will} より後 ($RT_{will} < RT_{Perf}$)

では，(19) の時制構造がどのように決定されるかを見よう．まず，(19) の派生が，(21) の段階に至ったとしよう．

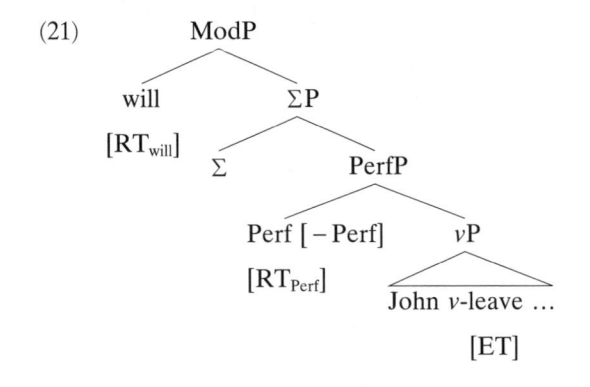

(21)
```
        ModP
       /    \
    will     ΣP
  [RT_will] /  \
           Σ    PerfP
               /    \
        Perf[−Perf]  vP
        [RT_Perf]   /  \
                John v-leave …
                    [ET]
```

RT_{Perf} と ET の関係は，素性 [−Perf] を持つ Perf が vP と融合した時点で，(RT_{Perf}, ET) と決定されている．(21) の段階では，will の持つ語彙情報 (20) により，RT_{will} と RT_{Perf} の関係は ($RT_{will} < RT_{Perf}$) と決定される．

次の派生段階で，T が ModP と融合し，(22) の構造が派生される．

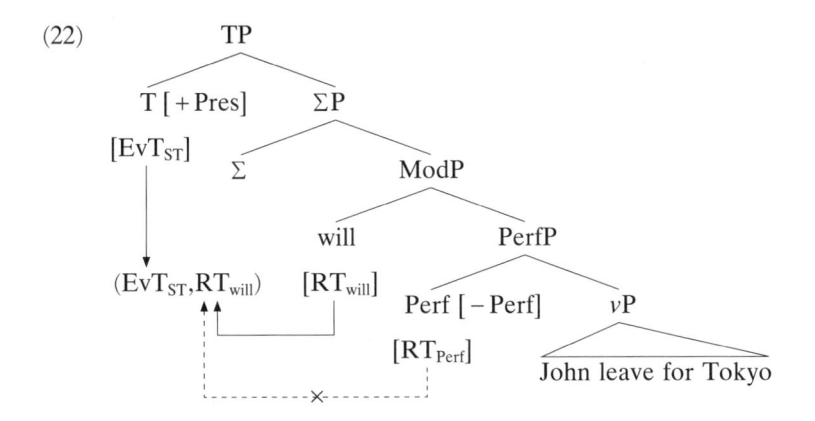

(22)
```
                TP
           /         \
      T[+Pres]        ΣP
      [EvT_ST]      /    \
                   Σ      ModP
                        /      \
                      will      PerfP
            (EvT_ST,RT_will)  [RT_will]   /      \
                                     Perf[-Perf]  vP
                                     [RT_Perf]   John leave for Tokyo
```

この段階で，T の素性 [+Pres] は，RT と EvT$_{ST}$ が同時であることを指定する．しかし，(22) の構造には二つの RT，すなわち RT$_{will}$ と RT$_{Perf}$ が存在している．ここで，二つの時の関係指定は以下の局所性条件に従うものとする．

(23) 時の関係指定に対する局所性条件
　　　主要部 α 内の時 A と，主要部 β 内の時 B は，時 C を含む主要部 γ が α と β の間に介在していない場合に限り，関係指定が可能である．

上記 (22) の構造では，RT$_{will}$ を含む主要部 will が，EvT$_{ST}$ を含む主要部 T と RT$_{Perf}$ を含む主要部 Perf の間に介在している．したがって，局所性条件により，RT$_{Perf}$ と EvT$_{ST}$ が素性 [+Pres] による関係指定を受けることはできない．一方，T と will の間には，問題となる主要部が介在しないので，素性 [+Pres] により，EvT$_{ST}$ と RT$_{will}$ の関係が (RT$_{will}$,EvT$_{ST}$) と指定される．この結果，未来表現 (19) は，(24) の時制構造を持つことが決定される．(24) が表す情報は，Reichenbach 流の表記 (25) が表す情報と等価である．

(24)　(RT$_{will}$,EvT$_{ST}$) & (RT$_{will}$<RT$_{Perf}$) & (RT$_{Perf}$,ET)
(25)　EvT$_{ST}$,RT$_{will}$＿＿＿＿RT$_{Perf}$,ET

このように，will を含む未来表現には，will に含まれる指示時 RT$_{will}$ が関与すると考えるが，そのように考えるべき根拠として，次のような文の存

在をあげることができる.

 (26) a. Now we will have no money at the end of the month.

               (Huddleston (1969: 789))

   b. Now we shan't know the result until Monday.

               (Huddleston (1974: 219))

   c. Now, Mary will invite Thelma at the end of the month.

            (Haegeman and Guéron (1999: 522))

これらの例の文末にある at the end of the month, および until Monday は, 未来時を指している. これに対して, 文頭の now は発話時を指している. 上述のように, 評価時 EvT_{ST} は, 時の付加詞による修飾を受けない. 文頭の now は法助動詞 will の指示時 RT_{will} を修飾し, 文末の付加詞は RT_{Perf} (および ET) を修飾している.

 (27) EvT_{ST}, RT_{will} _____ RT_{Perf}, ET
      ↑   ↑
     now   at ... / until ...

ここで, will を法助動詞と考える分析とは異なり, will は未来時制であると考えてみよう. そうすると, 現在時制および過去時制と同様に, 未来時制 will は, それ自体の指示時 RT_{will} を含むのではなく, 評価時 EvT (=ST) を含み, Perf に含まれる指示時 RT が評価時 EvT より後であることを指定することになる.

 (28) T [+Future]: 指示時 RT は評価時 EvT より後 (EvT＜RT)

このように考えると, (26a-c) の文では, 文頭の now は EvT_{ST} を修飾し, 文末の付加詞は事象時 ET を修飾することになる.

 (29) EvT_{ST} _____ RT, ET
     ↑   ↑
     now   at ... / until ...

しかし,(29)の構造を設定することは,上述の制約(16)((30)として再掲)が存在しないと主張することになり,(31)のように過去時制と発話時を指す付加詞が共起するのを阻止することができない.

(30) 評価時 EvT の特定化制約
時の付加詞は評価時 EvT を特定化することはできない.

(31) a. *John bought a book now.
b. ET,RT_____EvT$_{ST}$
　　　　　　　　　↑
　　　　　　　　　now

したがって,will を未来時制と考えると,(26a-c)の例を説明するためには,それらの時制構造は(32)であると考える必要がある.

(32) EvT$_{ST}$,RT_____ET
　　　　↑　　　　　　　↑
　　　now　　　　at ... / until ...

この構造では,文頭の now が指示時 RT を修飾し,文末の付加詞が事象時 ET を修飾すると分析することができる.

しかし,(32)の構造による説明には次のような問題点がある.第一に,この構造がどのようにして構築されるのか不明である.仮に,未来時制によって(32)の構造が直接指定されると分析するならば,二つの時の要素の関係を決定する現在時制と過去時制の場合と異なり,未来時制のみが EvT,RT,ET の三つの要素の関係を一度に指定すると考える必要がある.

第二に,未来完了形の文に適切な時制構造を与えることができない.

(33) John will have finished his manuscript by tomorrow.

完了助動詞 have は,(ET<RT),すなわち事象時 ET が指示時 RT より以前であることを指定する.will を含む未来表現の構造を(32)であると考えると,指示時 RT は評価時 EvT$_{ST}$ と同時であるので,(33)には(34)の構

造が与えられる．

(34)　ET＿＿＿RT,EvT$_{ST}$＿＿＿？
　　　　　　　　　　　↑
　　　　　　　　　by tomorrow

この構造では，草稿を書き終えるのは発話時以前であることになる．しかし，(33) の自然な解釈では，草稿を書き終えるのは，発話時から明日の間のある時点である．(34) はこの解釈を捉えることができない．完了助動詞 have の語彙指定に関する一貫性を保持するなら，have によって事象時 ET と関連づけられる指示時 RT は，発話時以降の未来の時点になければならない．しかし，(32) のように，未来時制では（唯一の）指示時 RT が発話時と同時であると考えると，そのような構造を派生するのは不可能となる．

　これに対して，本章の分析では，(33) には，(35) の統語構造に基づいて (36) の時制構造が与えられる．

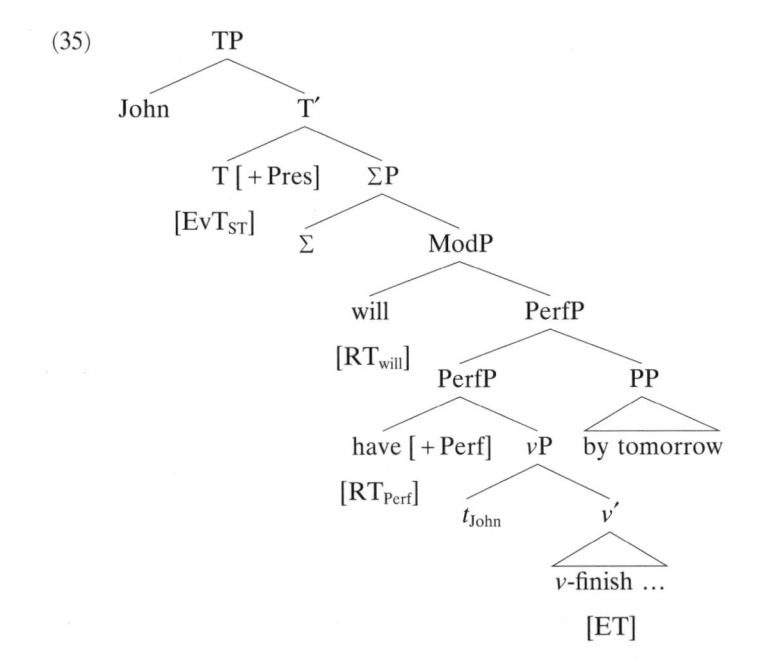

(35)
```
            TP
           /  \
        John   T'
              /  \
         T[+Pres]  ΣP
         [EvT_ST]  / \
                  Σ   ModP
                      /  \
                   will   PerfP
                  [RT_will] / \
                         PerfP  PP
                         /  \    |
                 have[+Perf] vP  by tomorrow
                 [RT_Perf]  /  \
                        t_John  v'
                               / \
                           v-finish ...
                              [ET]
```

(36)　EvT$_{ST}$,RT$_{will}$_____ET_____RT$_{Perf}$
　　　　　　　　　　　　　　　↑
　　　　　　　　　　　　by tomorrow

このように，Now we will have no money at the end of the month. のような文と，John will have finished his manuscript by tomorrow. のような未来完了形を，未来法助動詞 will と完了助動詞 have に関する語彙情報の一貫性を保ちながら扱うためには，未来表現には，will の指示時 RT$_{will}$ と，Perf の指示時 RT$_{Perf}$ の二つの指示時が含まれると考える必要がある．

　ここで，未来完了形の時制構造に関して，述べておくべきことがある．上記 (35) の統語構造から，現在時制によって (EvT$_{ST}$,RT$_{will}$) が，法助動詞 will によって RT$_{will}$＜RT$_{Perf}$ が，完了助動詞 have によって (ET＜RT$_{Perf}$) が指定される．

(37)　(EvT$_{ST}$,RT$_{will}$) & (RT$_{will}$＜RT$_{Perf}$) & (ET＜RT$_{Perf}$)

この構造では，事象時 ET と，評価時 EvT$_{ST}$ および will の指示時 RT$_{will}$ との関係は指定されていない．したがって，(37) の構造は，上記 (36)(＝(38a)) に加えて，下記 (38b) と (38c) に対応する解釈が存在する可能性があることを予測する．

(38)　a.　EvT$_{ST}$,RT$_{will}$___ET___RT$_{Perf}$：事象時 ET は発話時 ST と未来のある時点の間にある
　　　b.　EvT$_{ST}$,RT$_{will}$,ET___RT$_{Perf}$：事象時 ET は発話時 ST と同時
　　　c.　ET___EvT$_{ST}$,RT$_{will}$___RT$_{Perf}$：事象時 ET は発話時 ST より以前

ここで，(38b) は発話時に草稿が完成されるところであることを表し，(38c) は発話時においてすでに草稿が完成されていることを示している．しかし，未来完了形の文は，(38a) の解釈で用いられるのが通例である．

　このことは，未来完了形の時制構造が，事象時 ET が常に発話時と未来の

ある時点の間で生起することを指定する必要があることを示しているわけではない．Comrie (1985) は，未来完了形が (38a) の解釈で用いられるのが通例であることを，語用論上の要因に基づいて説明している (Comrie (1985: 69-74))．未来完了形は，原理上は (38a, b, c) のいずれの状況にも対応する可能性がある．しかし，(38b) の状況は現在進行形 (39a) で表すのが紛れがなく，(38c) の状況は現在完了形 (39b) で表すのが紛れがない．

(39) a. John is finishing his manuscript.
b. John has finished his manuscript.

これに対して，(38a) の状況は，未来完了形を用いないと表すことができない．このため，未来完了形は，通例，(38a) の解釈で用いられる．

Comrie の所見によると，文脈によっては，未来完了形が (38c) の解釈で用いられることも可能である．例えば，以下の (40) を見よう．

(40) If it rains tomorrow, we'll have worked in vain yesterday.
(Comrie (1985:73))

この文脈では，主節で叙述される状況を，未来完了形を用いずに，現在完了形や単純過去形で表すことは不可能である．

このように，未来完了形の典型的解釈が (38a) であるのは，語用論上の要因によるものと思われる．したがって，未来完了形の時制構造の表示としては，(37) の表示のように，事象時 ET と発話時との関係が無指定であるのが妥当であると言うことができる．

2.2.2.4. 進行形

ここまで，下記 (41) のような進行形の時制構造については触れてこなかった．

(41) a. John is walking in the garden now.
b. John was walking in the garden yesterday.

c. John will be walking in the garden tomorrow.

進行形の時制構造に関して，例えば Hornstein (1977) は，事象時 ET の上に矢印を置くことにより，単純時制形と区別している．

(42) a. ST,RT,$\overrightarrow{\text{ET}}$
b. $\overrightarrow{\text{ET}}$,RT_____ST
c. ST_____$\overrightarrow{\text{ET}}$,RT

しかし，時制構造の点で，単純時制形と進行形を区別すべき経験的根拠は見当たらない．そこで，進行形が表しているのは，時制構造に関わる情報ではなく，動詞句が表す事象の相（aspect）特性であると考える．したがって，進行形に固有の時制構造は与えない．

進行形が表す相特性に関しては，Smith (2003) に従い，進行形は，動詞句が表す事象を非限定的（unbounded）なものとして焦点化するものであると考える．例えば，単純過去形の (43) では，事象 e (event) は限定的（bounded）である．この場合，事象 e は事象時 ET 内に完全に包含されている．

(43) Lee built a sandcastle. $e \subseteq \text{ET}$

これに対して，進行形の (44) では事象 e は非限定的である．この場合，事象 e は事象時 ET と重複し（=$e\ O\ \text{ET}$），その事象 e は事象時 ET を包含するある期間に渡って持続する（Smith (2003: 102-103))．

(44) Mary is working. $e\ O\ \text{ET}$

換言すると，事象時 ET の表す期間のどの時点をとってもその事象 e は進行状態にある．[5]

---

5. Smith (2003) は，本章の事象時 ET に相当するものを状況時（situation time = SitT）と呼んでいる．Smith の分析における，非限定的事象 e が事象時 ET と「重複する

このように，進行形は動詞句の表す事象の相特性に関わる情報を指定するものであり，時制構造に関わる情報を指定しない．この点で，事象の限定的相特性を焦点化するのに加えて，時制構造に関する情報を指定する完了形とは異なっている．以下では，単純時制形と進行形は，時制構造の点では同等なものとして扱うことにする．

2.3. 時の解釈における統語的特性

前節で提示した時制解釈システムでは，時制構造を構成する時の要素である EvT, RT_{Perf}, RT_{will}, ET は統語構造に表示されている．本節では，時の要素の統語的位置と密接に関わる時制現象を見ていく．

2.3.1. 時の付加詞と統語構造

Hornstein (1977) をはじめとするいくつかの先行研究で指摘されているように，下記の (45) は，(46a) と (46b) に示す二とおりの解釈をもつ．

(45)　The secretary had eaten at 3 p.m.
(46)　a.　The time that the secretary ate was 3 p.m.
　　　b.　The secretary had already eaten by 3 p.m.

まず，(46a) では，食事が午後3時に行われたことが述べられている．一方，(46b) では，午後3時以前に食事が終了していたことが述べられている．Hornstein (1977) は，付加詞 at 3 p.m. が，(46a) の解釈では事象時 ET

(overlap)」とは，非限定的事象 e が事象時 ET を「取り囲む (surround)」の意味である．したがって，上記注3の意味での overlap とは異なる．なお，進行形は，動詞句が表す動的 (dynamic) な事象を状態 (state) に変化させる意味特性を持つとする分析もある (Vlach (1981), Parsons (1990), Kamp and Reyle (1993), Swart (1998: 354–355), Ernst (2002: 320))．後者の分析に対する批判としては，Smith (1983, 1997, 2003), Glasbey (1998) を参照．

を修飾し、(46b) の解釈では指示時 RT (本章の RT_{Perf}) を修飾すると分析することにより、この多義性を説明している。[6]

(47)　ET_____RT_{Perf}_____ST
　　　　↑ (46a)　　↑ (46b)
　　　at 3 p.m.　 at 3 p.m.

この Hornstein の分析に基づき、Thompson (1995a, 1995b, 1996) は、二つの解釈は統語的にも異なる構造に対応しており、付加詞は、RT を修飾する解釈では AspP (= aspect phrase) に付加され、ET を修飾する解釈では VP に付加されていると分析している。(ここでは、AspP は PerfP に、VP は vP に対応する。また、Thompson の表示にある AgrP は省いてある。)

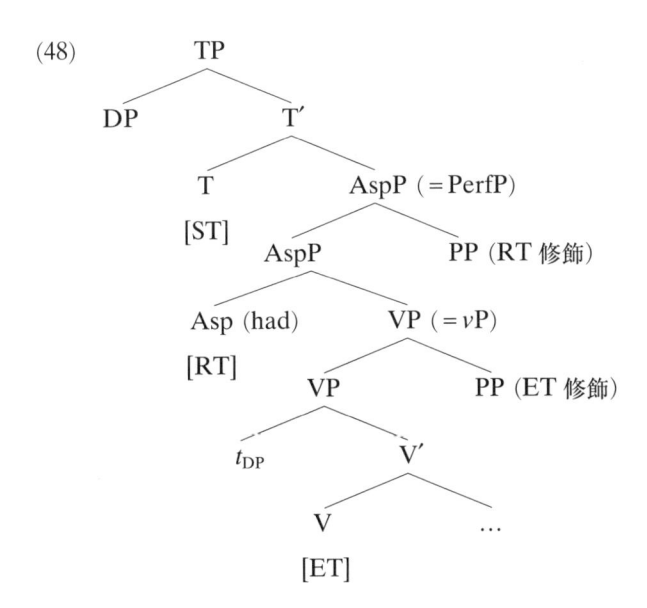

(48)
```
            TP
           /  \
          DP   T'
              /  \
             T    AspP (=PerfP)
            [ST] /  \
               AspP   PP (RT修飾)
              /  \
         Asp (had)  VP (=vP)
           [RT]    /  \
                  VP   PP (ET修飾)
                 /  \
               t_DP  V'
                    /  \
                   V    ...
                  [ET]
```

---

6. ただし、Hornstein (1990), Demirdache and Uribe-Etxebarria (2004) によれば、付加詞が時の付加詞節である場合、ET を修飾する解釈は存在せず、RT を修飾する解釈のみが可能である。例えば、(i) の解釈としては、ET 修飾の (iia) は存在せず、RT 修飾の (iib) のみが可能である (Demirdache and Uribe-Etxebarria (2004: 165–166))。

AspP に付加されている付加詞は，AspP の主要部 had に含まれる指示時 RT を修飾し，RT を特定する．VP に付加された付加詞は V に含まれる事象時 ET を修飾して ET を特定する．

　Thompson は，いくつかの統語操作を用いて，解釈に対応して付加詞の統語構造上の位置を区別する根拠を示している．

　例えば，下記の (49) の文に対して，(50a) では擬似分裂文 (pseudo-cleft) による VP の焦点化を，(50b) では though 移動による VP 移動を，(50c) では VP 前置を適用している．

(49)　John had left the store at 6:00.

(50)　a.　What John had done was leave the store at 6:00.

(Thompson (1995b: 505)))

　　　b.　Leave the store at 6:00 though John had, Mary still didn't see him.　　　　　　　　　　　　　　　　　　　(ibid.)

　　　c.　John claimed that he had left the store at 6:00, and left the store at 6:00 he had.　　　　　　　　　　　(ibid.)

それぞれの統語操作が適用された (50a-c) では，付加詞 at 6:00 が VP 内に生起する環境が作り出されている．その結果，これらの構造では (49) がもつ多義性が消失し，ET 修飾の解釈のみが可能である (Thompson (1995b: 505)))．[7]

(i)　John had left the office when Sam walked in at 3 p.m.
(ii)　a.　John's departure is at 3 p.m.
　　　b.　John's departure is prior to 3 p.m.

Hornstein (1990) は，この現象は，時の付加詞節で，主節の RT と付加詞節の RT との関係を指定することによるとしている．Demirdache and Uribe-Etxebarria (2004) は，この立場を踏襲した分析を提案している．

　7.　RT 修飾の場合，付加詞が VP 外部に生起することを示すもう一つの根拠として，Thompson (1995b) では，文否定の作用域に関わる現象があげられている．次の (i) の文を見よう．

(i) Mary hadn't left the room at 3:00.
(ii) a. It is not at 3:00 that Mary leaves the room.
b. *It is at 3:00 that Mary does not leave.
(iii) a. It is sometime before 3:00 that Mary does not leave the room.
b. *It is not sometime before 3:00 that Mary leaves the room.

Thompson によれば，(i) で付加詞が ET を修飾する解釈の場合，付加詞が否定の作用域に含まれる解釈 (iia) のみが可能であり，否定の作用域に含まれない解釈 (iib) は不可能である．一方，付加詞が RT を修飾する解釈では，付加詞は文否定の作用域に含まれない解釈 (iiia) のみが可能であり，否定の作用域に含まれる解釈 (iiib) は存在しない (Thompson (1995b: 509))．

文否定に関わるこの対照を，Thompson は，文否定の NegP が AspP と VP の間に生起すると仮定して説明する．

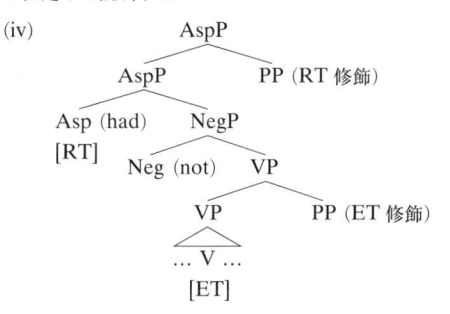

(iv)
```
            AspP
           /    \
        AspP    PP (RT 修飾)
        /  \
  Asp (had) NegP
     [RT]   /  \
        Neg (not) VP
                 /  \
                VP   PP (ET 修飾)
               /\
              ... V ...
                [ET]
```

この構造では，ET 修飾の付加詞は Neg 主要部に構成素統御されているが，RT 修飾の付加詞は構成素統御されない．したがって，文否定との作用域関係に関する ET 修飾と RT 修飾の相違が説明されると分析する．

しかし，(v) に示すように，文否定の NegP (すなわち ΣP) は TP と AspP (すなわち PerfP) の間に生起すると考えられる (1.3.4 節を参照)．

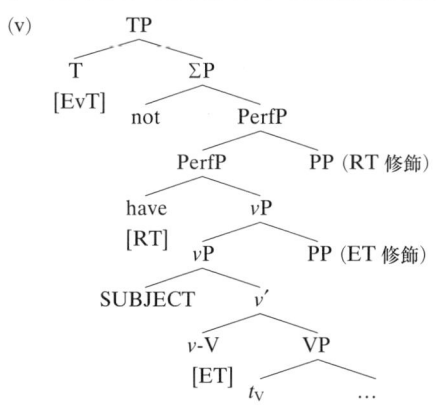

(v)
```
           TP
          /  \
         T    ΣP
       [EvT] /  \
            not  PerfP
                /    \
             PerfP   PP (RT 修飾)
             /  \
          have   vP
          [RT]  /  \
               vP   PP (ET 修飾)
              /  \
         SUBJECT  v'
                 /  \
               v-V   VP
               [ET] / \
                   t_V  ...
```

この構造を仮定すると，文否定の not は，RT 修飾の付加詞も ET 修飾の付加詞も構成素統御しているので，文否定との作用域関係における相違を捉えることはできない．ここでは，文否定との作用域関係に関する上記の相違は，指示時 RT の意味機能上の内在特性に由来するものと考えることにする．

　Klein (1994) では，指示時 RT に相当する要素は，話者が話題 (topic) とする時点とされ，「話題時 (topic time = TT)」と呼ばれている．また，Haegeman and Guéron (1999) では，RT の生起位置を本稿とは異なり CP の主要部としている．これは，時の付加詞の RT 修飾の解釈が最も顕著に現れるのが文頭の位置であることを考慮している．

　(vi)　At three o'clock, John had left the station.
(Haegeman and Guéron (1999: 530))

この例では，付加詞 at three o'clock は，場面設定 (scene-setting) の役割を果たしている (Haegeman and Guéron (1999: 530))．

　これらを考慮すると，指示時 RT は内在的に話題要素としての特性を有していると考えることができる．そうすると，RT を特定する付加詞が否定の対象となることは，文の話題を否定することにつながるため，意味機能上の不整合を引き起こすと考えられる．この不整合を回避するため，否定文では，RT を特定化する付加詞は，AspP ではなく TP に付加されていると考えよう．

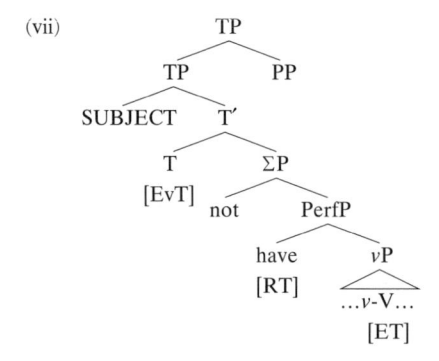

(vii)
```
              TP
            /    \
          TP      PP
         /  \
    SUBJECT  T'
           /    \
          T      ΣP
        [EvT]   /  \
              not  PerfP
                   /   \
                have   vP
                [RT]   △
                     ...v-V...
                       [ET]
```

この構造では，not の作用域の外部にある付加詞によって RT の指示する時点が特定されるため，文の話題としての RT の特性と矛盾しない解釈が得られる．上述のように，RT を特定する付加詞は文頭に生起する場合がある．

　(viii)　At 3:00, John had left the store.

この場合，付加詞は TP に付加されていると考えられるので，TP に付加された位置から RT を修飾することは独立して認めなければならない．TP に付加された位置からの RT の修飾については，後述の「時の付加詞の解釈原理」を参照．

このように，時の付加詞が文末に生起する場合には RT 修飾の解釈と ET 修飾の解釈が存在する．これに対して，Hornstein (1990)，Thompson (1995b, 1996, 1999)，Haegeman and Guéron (1999: 522–523)，Demirdache and Uribe-Etxebarria (2004) 等々が指摘するように，付加詞が文頭に生起すると，RT 修飾の解釈が最も自然であり，多義性は消失する．

(51)　At 3 P.M., John had left the store.

この文では，John が店を出たのが午後 3 時以前であるのが最も自然な解釈であり，この解釈は，付加詞が ET ではなく RT を修飾していると考えることにより捉えることができる．

(52)　ET_____RT_____ST
　　　　　　　　↑
　　　　　　at 3 P.M.

時の付加詞が文頭に生起すると RT 修飾のみが可能となる事実を，Thompson (1995b, 1996) は最短移動の制約 (Chomsky (1993)，Chomsky and Lasnik (1993)) により説明する．時の付加詞が文頭に移動される場合，AspP の付加位置，または VP の付加位置から移動される．その際，AspP からの移動のほうが移動距離が短いので，より長い移動距離を含む VP からの移動が阻止される．その結果，文頭に生起可能なのは，AspP 付加位置から移動された RT 修飾の付加詞のみとなる．

(53)

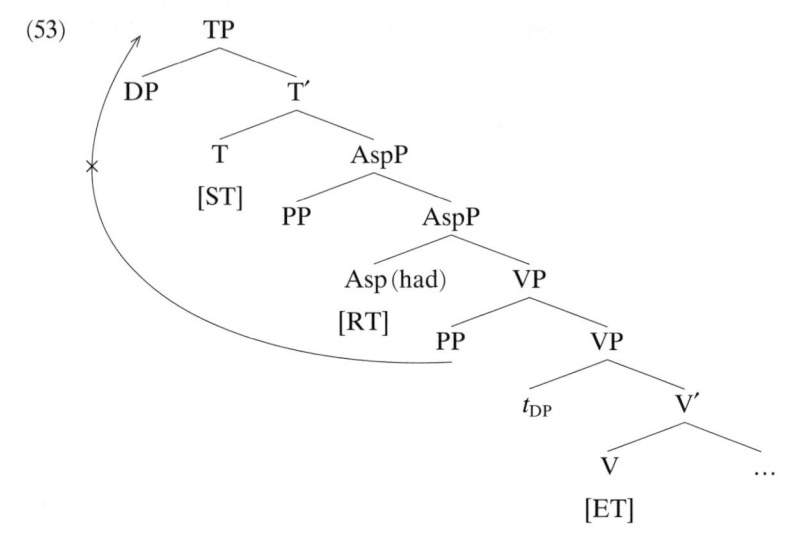

```
             TP
          ╱     ╲
        DP       T′
               ╱    ╲
              T      AspP
            [ST]   ╱     ╲
                  PP      AspP
                        ╱      ╲
                   Asp(had)     VP
                    [RT]      ╱    ╲
                             PP     VP
                                  ╱    ╲
                                t_DP    V′
                                      ╱    ╲
                                     V      …
                                   [ET]
```

しかし，この説明は二つの派生の比較を含んでおり，全体的 (global) 側面をもつ点で問題がある．そこで，ここでは Hitzeman (1993: 98–99)，Johnston (1994a, b, c) 等の分析に従い，文頭の時の付加詞は，移動ではなくその位置に直接付加されて導入されるものとしよう．

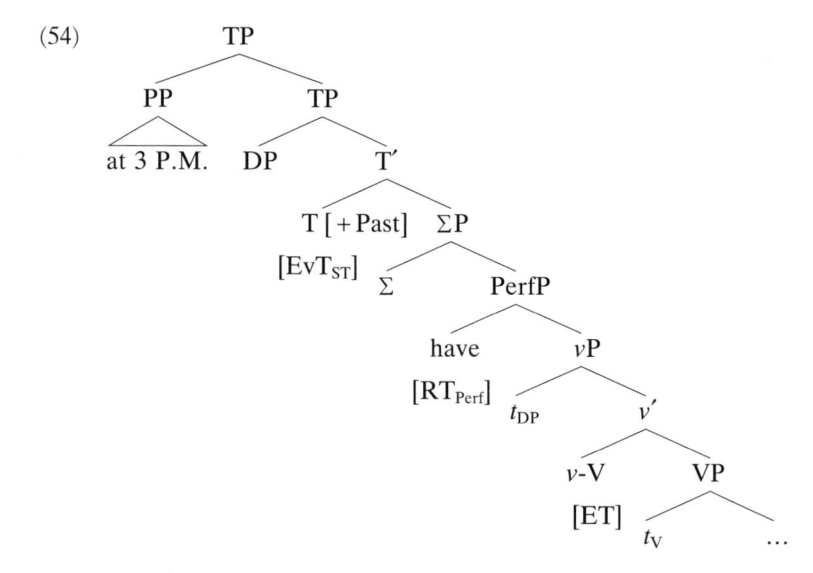

(54)

```
              TP
           ╱      ╲
         PP        TP
        ╱╲       ╱    ╲
     at 3 P.M. DP      T′
                     ╱    ╲
                T[+Past]   ΣP
                [EvT_ST]  ╱   ╲
                         Σ    PerfP
                            ╱      ╲
                          have      vP
                        [RT_Perf] ╱    ╲
                                t_DP    v′
                                      ╱    ╲
                                    v-V     VP
                                   [ET]    ╱  ╲
                                          t_V   …
```

ここで，時制構造の構成要素（ET, RT）を修飾する付加詞の解釈原理として，下記の原理を仮定しよう．

(55) 時の付加詞の解釈原理
時制構造の構成要素を修飾する付加詞は，その姉妹要素に含まれる最も近い修飾可能要素と連結される．

この原理によれば，(54) の構造で，付加詞 at 3 P.M. が連結されるのは指示時 RT_{Perf} である．上記 2.2.2.2 節で述べたように，評価時 EvT_{ST} は付加詞による修飾を受けない．付加詞の姉妹要素 TP に含まれ，修飾可能な要素は指示時 RT_{Perf} と事象時 ET である．しかし，解釈原理 (55) により，最も近い位置にある RT_{Perf} が被修飾要素として選択される．

このように，過去完了形の文における付加詞の RT 修飾と ET 修飾の区別，および付加詞の生起位置と多義性の有無は，ET, RT, および付加詞の統語構造上の生起位置の相違によって説明される．

2.3.2. 付加詞の特定性と統語構造

Hitzeman (1993, 1994, 1997) は，不定名詞句を補部とするある種の前置詞句は，指示時 RT に依存して RT との結びつきをもつ「特定的 (specific)」解釈と，RT と特別な関係をもたない非特定的解釈が可能であることを指摘している．

例えば，for + DP は，事象時 ET の期間を表すが，完了形における特定的解釈の場合，その期間は RT（本章の RT_{Perf}）までの期間を表すと解釈される．

(56) Martha has lived in Boston for five years.

この例で，for five years は，特定的解釈では，RT_{Perf} までの 5 年間を表す．この文は現在完了形であるので，RT_{Perf} は EvT_{ST} と同時であり，そのため「現時点までに，ボストンに住んで 5 年になる」と解釈される（いわゆる継

続の解釈).[8] 一方，非特定的解釈では，「5年間」は RT_{Perf} と特別なつながりをもたず，過去の非特定的期間を表し，「以前，5年間ボストンに住んだことがある」と解釈される（いわゆる経験の解釈).

この多義性は，現在完了形だけでなく，過去完了形および未来完了形の文にも見られる.

(57) a. Martha had lived in Boston for five years.
b. Martha will have lived in Boston for five years.

Hitzeman によれば，特定的解釈の five years は，(57a) では過去時である指示時 RT_{Perf} までの5年間を表し，一方，(57b) では未来時である指示時 RT_{Perf} までの5年間を表す．非特定的解釈の five years は，RT_{Perf} との結びつきをもたず，過去および未来の非特定的な5年間を表す．

このように，期間を表す for + DP は，文末では，特定的解釈と非特定的解釈の二つの解釈の可能性をもつ．しかし，Hitzeman によれば，この付加詞が文頭に生起すると，多義性が消失し，RT_{Perf} に依存する特定的解釈の

---

8. 本章の現在完了形の時制表示では，指示時 RT_{Perf} と事象時 ET は重なる部分を含まない．

(i) Martha has lived in Boston for five years.
(ii) (RT_{Perf}, EvT_{ST}) & $(ET<RT_{Perf})$

すなわち，「RT_{Perf} までの5年間」が ET の期間を示すならば，この期間に RT_{Perf}（およびそれと同時の発話時 ST）は含まれない．したがって，この5年間は，「RT_{Perf} の直前までの5年間」ということになる．しかし，通例，(i) は発話時点でも住んでいると解釈される．この解釈は，現在完了形の時制表示がもたらす解釈ではなく，(56) のような現在完了形の相特性がもたらす含意であると考える．
2.2.2.4節で述べたように，進行形や状態動詞が表す非限定的事象においては，事象 e は事象時 ET を包含するある期間に渡って持続する ($e \, O \, ET$)．例えば，(i) では，ET は「RT_{Perf} の直前までの5年間」の期間である．非限定的な事象 'living in Boston' は，この5年間に渡って持続する．この事象の非限定的特性からの自然な推論として，この期間の直後である指示時 RT_{Perf}（および発話時 ST）においてもこの事象は持続しているものと推論され，その結果，「発話時点でも住んでいる」と解釈される．

みが可能となる.[9]

(58) a. For five years Martha has lived in Boston.
(Hitzeman (1994: 245))
b. For five years Martha had lived in Boston. (ibid.)
c. For five years Martha will have lived in Boston. (ibid.)

Hitzeman は,この種の多義性の有無は,完了形だけでなく,単純未来表現にも見られることを指摘している.

(59) Martha will be in her office for an hour. (Hitzeman (1994: 243))

Hitzeman は,単純未来表現の時制表示を,本章の (61) とは異なり,(60) と考えている.

(60) ST,RT___ET
(61) (RT_{will}, EvT_{ST}) & $(RT_{will} < RT_{Perf})$ & (RT_{Perf}, ET)
$(= RT_{will}, EvT_{ST}\underline{\quad} RT_{Perf}, ET)$

特定的解釈では,「1時間」は RT(この場合,発話時 ST と同時)からの1時間を表し,「現在から1時間」と解釈される.一方,非特定的解釈では,RT との結びつきはなく,未来の非特定的「1時間」を表す.本章の分析で言えば,特定的解釈は法助動詞 will の指示時 RT_{will} と結びつきをもつ解釈である.[10]

この場合も,for an hour が文頭に生起すると,RT_{will} について特定的な

---

9. 期間を表す for 句が文頭に前置されると,経験の解釈が消失し,継続の解釈のみが可能となることは,Dowty (1979: 343) でも指摘されている.
10. なお,(59) のような未来表現で,特定的解釈の for an hour が,RT_{Perf} ではなく,RT_{will} を起点とするのは,未来表現の時制表示において,RT_{Perf} と ET が同時と指定されるためと思われる.ET と同時である RT_{Perf} を ET の期間を表す for an hour の起点とすると,結果的に「ET の起点は ET である」ことになり,不適切である.このため,RT_{Perf} ではなく,will の指示時 RT_{will} が for an hour の起点として選択される.

解釈だけが存在し，非特定的解釈は消失する．

(62) For an hour Martha will be in her office.(Hitzeman (1994: 243))

逆に，for an hour に one day next week のような表現が加わると，「1時間」が現在を起点とする1時間ではあり得ないので，RT$_{will}$ に依存する解釈が不可能となり，非特定的解釈だけが許される．

(63) a. Martha will be in her office for an hour one day next week.
(Hitzeman (1994: 243))
b. *For an hour Martha will be in her office one day next week. (ibid.)

PP の for an hour が文頭に生起している (63b) では，RT$_{will}$ に依存する特定的解釈が要求されるが，文末の one day next week と整合せず，不適格となっている．

このように，Hitzeman によれば，for + DP のような PP は，文末では特定的解釈と非特定的解釈を許すが，文頭では特定的解釈だけが許されるという一般化が存在する．

Hitzeman は，この一般化を捉えるため，RT に依存する特定的解釈の PP は TP レベルに存在するのに対し，非特定的解釈の PP は VP (すなわち vP) レベルに存在すると主張する．

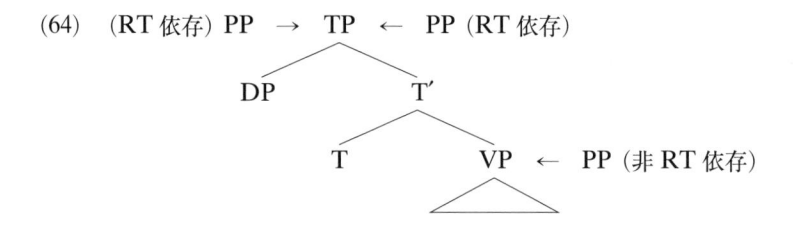

(64) (RT 依存) PP → TP ← PP (RT 依存)
　　　　　　　　　／＼
　　　　　　　　 DP　T′
　　　　　　　　　　／＼
　　　　　　　　　 T　VP ← PP (非 RT 依存)

Hitzeman は，TP レベルの PP が指示時 RT について特定的解釈を受け，VP レベルの PP が非特定的解釈を受ける現象を，Diesing (1992a, b) の写

像仮説（mapping hypothesis）を用いて説明する．Diesing (1992a, b) は，節の構造を VP（=νP）の内部と外部に分離し，LF において，VP の外部を演算子（operator）の制限部（restrictor）に翻訳し，VP 内部を核作用域（nuclear scope）に翻訳する分析を提案している（Diesing (1992b: 9)）．

(65)　写像仮説（樹形図分離（tree splitting））

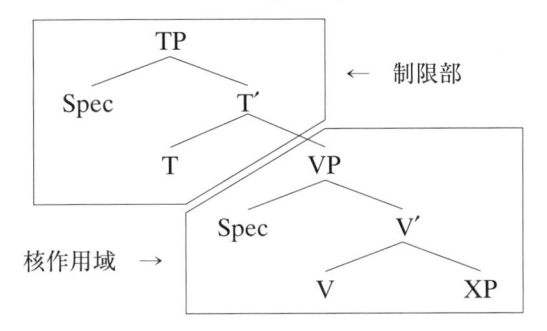

```
            TP
          /    \
       Spec     T'         ← 制限部
               /  \
              T    VP
                  /  \
               Spec   V'
                     /  \
                    V    XP
   核作用域 →
```

Diesing の理論では，制限部の要素は，演算子が存在しない場合，特定的と解釈され，核作用域内の要素は非特定的と解釈される．例えば，次のオランダ語の例を見よう．

(66)　a.　Fred denkt dat [TP twee koeien op het dak liggen].
　　　　　 Fred thinks that 　two 　cows 　on the roof lie
　　　　　'Fred thinks that two (specific) cows are lying on the roof.'
　　　　　　　　　　(Hitzeman (1994: 248), cited from Reuland (1988))
　　　b.　Fred denkt dat [TP er [VP twee koeien op het dak liggen]]
　　　　　 Fred thinks that 　there two 　cows 　on the roof lie
　　　　　'Fred thinks that there are two cows lying on the roof.'
　　　　　　　　　　　　　　　　　　　　　　　　　　　(ibid.)

まず，(66a) では，twee koeien 'two cows' が主語位置の TP 指定部にあるので特定的に解釈される．一方，(66b) では twee koeien が VP 内部にあるので，非特定的に解釈される．

Hitzeman の分析によれば，for an hour のような PP が TP レベルの付加詞となる場合に特定的解釈を受けることは，Diesing の写像仮説によって説明される．すなわち，TP レベルの付加詞として生起する場合，制限部の要素となるため，演算子が存在しない限り，特定的と解釈される．[11]

---

　11. 期間を表す付加詞と現在完了形の解釈については，Portner (2003) も参照．Portner によれば，(i) は経験の解釈と継続の解釈の両方が可能であるが，期間を表す付加詞が存在しない (ii) は，経験の解釈のみが可能である (Portner (2003: 489–490))．

   (i)   Mary has lived in London for five years.　　　　　(Portner (2003: 490))
   (ii) Mary has lived in London.　　　　　　　　　　　　　　　　(ibid.)

同様に，(iii) で付加詞を伴わない場合，継続の解釈がなくなり，現在は知らないことを意味する．

   (iii) Mary has known the answer (for five years).　　　(Portner (2003: 490))

Portner は，(i) の例で経験と継続の解釈の多義性が存在する事実に関しては，Hitzeman (1997) の分析の趣旨を受け入れ，for five years が核作用域外にある場合は特定的解釈を受け，核作用域内にある場合は，存在閉包によって，非特定的解釈すなわち存在の解釈を受けると分析する．(ii) のように期間の付加詞を伴わない場合，付加詞によって特定されるべき時の変項 (temporal variable) が，デフォルトの存在閉包により 'at some time' と同様の解釈をもつため，経験の解釈を受ける (Portner (2003: 491))．

　ただし，現在完了進行形の場合，期間の付加詞を伴わなくとも継続の解釈をもち，かつ，継続以外の解釈をもたない (Portner (2003: 490, fn. 15))．

   (iv) Mary has been living in London.

この理由の詳細は不明であるが，可能な分析の示唆としては，Portner (2003: 490, fn. 15) を参照．

　また，Portner は，副詞の位置が，「結果」前提の解釈にも影響を与えることを指摘している．

   (v)   A: We need someone who remembers where that restaurant is. Anyone who has lived in London for five years or longer would remember it.
         B: Mary has lived in London for five years.
         B′: ??For five years, Mary has lived in London.
　　　　　　　　　　　　　　　　　　　　　　　　　　(Portner (2003: 492))

この談話では，B と B′ のどちらの場合にも継続の解釈がある (B′ は継続の解釈のみ)．しかし，「(現在まで) 5 年間住んでいるので，その結果レストランを覚えている」という解釈と整合するのは B の場合だけである．B′ では，文頭の for five years の部分は，結果の解釈に寄与することができない．この理由について，Portner は，結果の解釈に貢献できるのは，have の作用域内にある要素のみなのではないかと示唆している (Portner (2003: 492))．

これに対して，総称文 (generic sentence) では，制限部に総称演算子が存在するので，付加詞も総称的な解釈を受け，特定的解釈は消失する．

(67) In one hour Americans consume five gallons of fuel.

(Hitzeman (1994: 250))

この文は総称文であり，文頭の in one hour は特定的な期間を表すのではなく，総称的な期間を表す．

このように，TP のレベルに属する PP が特定的解釈を受け，VP のレベルに属する PP が非特定的解釈を受けることは，写像仮説に基づくと，(66) のような主語の不定名詞句の解釈と統一的に分析することが可能になる．

Hitzeman は，問題のタイプの PP が特定的解釈を受ける場合，VP ($=v$P) 外部に生起すると考えるべき統語的根拠を，擬似分裂文，動詞句前置，含意関係，同一指示可能性等々のテストを用いて示している（詳細は，Hitzeman (1993: Chapter 6.3) を参照）．

例えば，以下の擬似分裂文を見よう．

(68) a. *What Rosa did was ride a horse in Ben's picture.

(Hitzeman (1993: 93))

b. What Rosa did was find a scratch in Ben's picture. (ibid.)

(69) a. What Rosa did in Ben's picture was ride a horse. (ibid.)

b. *What Rosa did in Ben's picture was find a scratch. (ibid.)

擬似分裂文の (68) と (69) では，VP が焦点要素となっている．その場合，(68) が示すように，焦点化された VP が VP 外部の付加詞を伴うことはできない．一方，(69) が示すように，what 節内に残ることができるのは VP 外部の要素である．これを踏まえて問題の PP 付加詞の例を見よう．

(70) a. What Sarah will do is sleep for an hour.

(Hitzeman (1993: 94))

  b. What Sarah will do for an hour is sleep. (ibid.)

Hitzeman によれば，(70a) の for an hour には非特定的解釈のみが存在する．これは，この PP が動詞句内に含まれるためである．一方，(70b) の for an hour は特定的解釈だけをもつ．これは，この PP が動詞句の外部に生起するためである．

 さらに，動詞句前置の例を見よう．

 (71) I want Clara to jog for two hours, and jog she will for two hours. (Hitzeman (1993: 95))

この文で前置されずに残っている for two hours は，VP の外部に生起している要素である．Hitzeman によれば，この PP には特定的解釈のみが可能である．したがって，習慣を表す解釈をもつ文で，(71) と同じ統語操作を適用すると，意味的に不整合となる．

 (72) I want Clara to jog for two years (habitually), ?and jog she will for two years (habitually).

 以上のように，期間を表す PP が，RT に依存する特定的解釈を受けるかいなかは，その PP が動詞句の外部に生起するかいなかに左右される．

 上記の Hitzeman の分析が，本章の時制解釈システムの中でどのように捉えられるかを見ていく．まず，Hitzeman の分析に従い，期間を表す for 句等の PP は，vP あるいは TP に付加されるとする．また，vP の内部を Diesing の仮説における核作用域，vP の外部を制限部の領域と考えよう．[12]

---

 12. 第 4 章 6.5 節で，Diesing の分析に大幅な修正を加える．しかし，修正を加えた分析においても，不定名詞句が vP の外部で特定的解釈を認可され，vP の内部で存在の解釈を認可されるという趣旨はそのまま保持される．この点については，第 4 章の注 19 を参照．

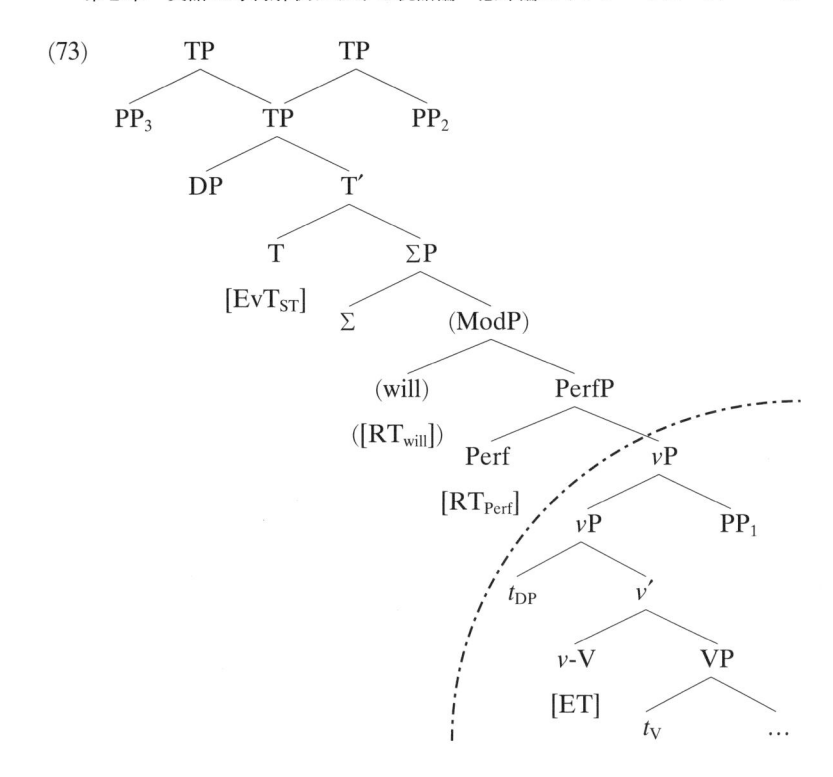

(73)
```
           TP
          /  \
        TP    PP₂
       /  \
     PP₃   TP
          /  \
        DP    T'
             /  \
            T    ΣP
         [EvT_ST] / \
                 Σ  (ModP)
                    /  \
                (will)  PerfP
               ([RT_will]) / \
                       Perf  vP
                     [RT_Perf] / \
                              vP  PP₁
                             /  \
                           t_DP  v'
                                / \
                              v-V  VP
                             [ET]  / \
                                  t_V  …
```

　ここで，期間を表す for + DP は，ET を修飾し，その期間を特定するものとしよう．

　(74)　FOR + DP：ET を修飾し，その期間を特定する．

この付加詞は，2.3.1 節で扱った RT や ET の時間軸上の位置を特定する付加詞と同様に，下記の解釈原理（= (55)）に従い被修飾要素と結びつけられる．

　(75)　時の付加詞の解釈原理
　　　　時制構造の構成要素を修飾する付加詞は，その姉妹要素に含まれる最も近い修飾可能要素と連結される．

　以上を仮定して，具体例を見よう．まず，PP が vP に付加される場合，

すなわち (73) の PP_1 の場合を見よう．

(76) Martha has [$_{vP}$ [$_{vP}$ lived in Boston] [$_{PP}$ for five years]].
[ET]

この文の場合，(75) の解釈原理に従い PP は ET を修飾することが決定される．さらに，Diesing (1992a, b) に従い，核作用域である vP 内の不定名詞句は存在閉包 (existential closure) を受けると考えると，for five years は非特定的解釈，すなわち存在の解釈を受ける(注11，および Portner (2003) を参照)．

次に，PP が TP に付加される例として (77) (=(58)) を見よう．

(77) a. [$_{TP}$ [$_{PP}$ For five years] [$_{TP}$ Martha has [$_{vP}$ lived in Boston]]].
[RT_{Perf}] [ET]
b. [$_{TP}$ [$_{PP}$ For five years] [$_{TP}$ Martha had [$_{vP}$ lived in Boston]]].
[RT_{Perf}] [ET]
c. [$_{TP}$ [$_{PP}$ For five years] [$_{TP}$ Martha will have [$_{vP}$ lived in Boston]]]. [RT_{will}] [RT_{Perf}] [ET]

期間を表す for 句の場合，被修飾要素が ET であることが指定されている．したがって，RT は修飾可能要素ではないので，TP に付加されても，介在する RT_{Perf} や RT_{will} によって，ET との連結が妨げられることはない．よって，(75) の解釈原理により ET を修飾することが決定される．

上記 (73) の PP_2 や PP_3 のように TP に付加される場合，for 句は核作用域外部に生起するので，特定的解釈を受ける．その場合，期間の両端のいずれかが特定されればその期間は特定される．その特定化に寄与する要素として優先的に選択されるのは，時制構造において ET と直接的に関係を指定される RT_{Perf} である．

まず，(77a, b, c) の完了形の文は，それぞれ (78a, b, c) の時制構造の表示をもつ．

(78) a. (RT_{Perf}, EvT_{ST}) & $(ET<RT_{Perf})$
 b. $(RT_{Perf}<EvT_{ST})$ & $(ET<RT_{Perf})$
 c. (EvT_{ST}, RT_{will}) & $(RT_{will}<RT_{Perf})$ & $(ET<RT_{Perf})$

いずれの完了形の場合も,ETが含まれるのは $(ET<RT_{Perf})$ の指定であり,ETとの関係を直接指定されているのは RT_{Perf} である.このため,for 句の期間は,被修飾要素であるETと時制構造において最も密接な関係を有する RT_{Perf} によって特定化される.ここで,ETは時間上 RT_{Perf} に先行するので,RT_{Perf} を for 句の期間の始点とするのは意味的に矛盾である.したがって,RT_{Perf} を for 句の期間の終端とする解釈が得られる.すなわち,(77a) では発話時と同時である RT_{Perf} までの,(77b) では過去のある時点である RT_{Perf} までの,(77c) では未来のある時点である RT_{Perf} までの,それぞれの5年間にボストン居住が継続する解釈が得られる.

次に,下記の単純未来表現 (79) (=(62)) を見よう.

(79) [$_{TP}$ For an hour [$_{TP}$ Martha will [−Perf] [$_{vP}$ be in her office]]].
　　　　　　　　　　[RT_{will}] [RT_{Perf}] [ET]

この単純未来表現は,(80) の時制構造をもつ.

(80) (RT_{will}, EvT_{ST}) & $(RT_{will}<RT_{Perf})$ & (RT_{Perf}, ET)

この表示でETが含まれる部分は (ET, RT_{Perf}) であり,ETと関係を直接指定されるのは RT_{Perf} である.しかし,ETと RT_{Perf} とは同時なので,ETの期間を RT_{Perf} との隔たりによって特定化するのは不可能である.したがって RT_{Perf} は for 句の期間の特定化に寄与することはできない.そこで第2の選択として,$(RT_{will}<RT_{Perf})$ の中で RT_{Perf} との関係を直接指定されている RT_{will} による特定化が選択される.ここで,RT_{will} はETに先行するので,意味的に RT_{will} を for 句の表す期間の終端にはできない.そこで RT_{will} を始点として for 句の期間が特定化される.RT_{will} は発話時と同時で

あるので，結果的に，状態が発話時から1時間継続する解釈が得られる．

以上のように，期間を表す for 句の RT に関する特定的解釈と非特定的解釈の有無は，for 句の統語構造における位置に基づいて説明される．また，特定的解釈における期間の特定化は，時の付加詞の修飾に関わる解釈原理，特定化に関与する RT_{Perf} および RT_{will} と ET との時制構造における指定の直接性，および for 句が表す期間の時制構造における整合性の相互作用の結果として説明される．

RT_{Perf} および RT_{will} と ET との時制構造における関係指定の直接性は，これらの要素間の統語構造における相対的近さを反映したものであるので，特定的解釈を生み出すプロセスにおいても，統語構造が深く関与していると言うことができる．

2.4. まとめ

以上，本章では Reichenbach 時制理論を修正・拡張した時制解釈システムを提案した．このシステムでは，時制構造を構成する基本要素である評価時 EvT，指示時 RT，および事象時 ET は，統語構造で可視的な要素として扱われる．また，時制構造は，統語派生において，機能範疇主要部（TP 主要部，ModP 主要部，PerfP 主要部）がもつ指定情報が得られる各時点で，漸次的に構築されていく．これらの二つの点で，この時制解釈システムには統語構造が大きく関与するが，時制解釈のみならず，時の付加詞の解釈においても，統語構造と意味論上の要因が密接に関わりあっていることを示した．

第 3 章

補文と非直説法節の時制解釈*

3.1. はじめに

本章では，第 2 章で提示された時制解釈システムの枠組みに基づいて，不定詞補文の時制解釈と，定形補文の時制の一致現象を分析する．さらに，この時制解釈システムを，非直説法の節である仮定法過去節，仮定法現在節，命令文に適用してそれらの時制解釈を分析する．

3.2. 不定詞補文の時制解釈

本節では，第 2 章で提示された時制解釈システムの枠組みを基盤として，不定詞補文における時制解釈の分析を提示する．

3.2.1. 不定詞補文の時制解釈における制限

不定詞補文の時制解釈においては，主節の時制解釈との間に一定の制限が見られる．そのような制限の具体例として，次の三つのタイプの不定詞補文

---

* 本章の内容は，金子 (2005) および金子 (2007) に大幅に改訂を加えたものである．

を考察しよう (cf. Baker (1995: 530-531)).

(I) HOPE タイプ

(1) John hopes to be in the correct room.
(2) John hopes that he $\left\{\begin{array}{l}\text{(a) was}\\ \text{(b) is}\\ \text{(c) will be}\end{array}\right\}$ in the correct room.

(II) SEEM タイプ

(3) John seems to be in the correct room.
(4) It seems that John $\left\{\begin{array}{l}\text{(a) was}\\ \text{(b) is}\\ \text{(c) will be}\end{array}\right\}$ in the correct room.

(III) CERTAIN タイプ

(5) John is certain to be at home.
(6) It is certain that John $\left\{\begin{array}{l}\text{(a) was}\\ \text{(b) is}\\ \text{(c) will be}\end{array}\right\}$ at home.

HOPE タイプの (1) では，John's being in the correct room という状態が，主節の事象時 ET よりも後に生起すると解釈され，(2c) のようにパラフレーズされる．SEEM タイプの (3) では，補文が表す状態が主節の事象時と同時に生起すると解釈され，(4b) のようにパラフレーズされる．(1) および (3) の場合，主節と補文の事象の時間関係に多義性はないが，CERTAIN タイプの (5) の場合には二とおりの多義性がある．一つの解釈では，補文が表す状態が主節の事象時と同時に生起すると解釈され，(6b) のようにパラフレーズされる．すなわち，SEEM タイプの不定詞補文に見られるのと同様の解釈である．もう一つの解釈では，補文が表す状態が主節の事象時よりも後に生起すると解釈され，(6c) のようにパラフレーズされる．これは HOPE タイプの不定詞補文と同様の解釈である．

不定詞補文の時制解釈に見られるこのような制限の分析に入る前に，不定詞節 TP の主要部 T の内在的特性に触れておく．

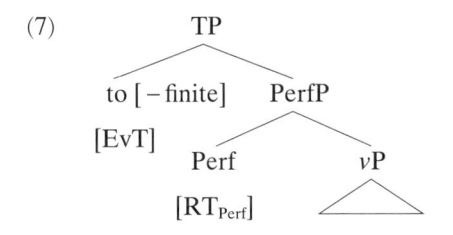

(7)
```
         TP
        /  \
to [−finite]  PerfP
  [EvT]     /    \
          Perf    vP
        [RT_Perf]
```

不定詞節の T (= to) に含まれる評価時 EvT (以下，EvT_{TO} とする) は，その指示が主節の時制解釈に依存して決定されるという意味で欠如的であると考えよう．すなわち，不定詞節の EvT_{TO} は，独立して発話時 ST を指示することはできず，主節の EvT，RT，ET の時間関係を通して間接的に ST と結びつけられる．Stowell (1982)，Martin (1996, 2001)，Bošković (1997)，Pesetsky (1991)，Pesetsky and Torrego (2004) のように，不定詞補文を時制をもつものともたないものに分ける分析もある．しかし，本章では，一般的分析に従い，不定詞は一律に非定形であると考える (cf. Kaneko (1981, 1982)，Wurmbrand (1998, 2006)，Markman (2005))．ただし，不定詞補文の時の解釈も，便宜上，「時制解釈」と呼ぶことにする．

不定詞の T [−fin(ite)] は，定形時制の T が現在時制，過去時制の選択肢を持つのとは異なり，唯一の指定として RT が EvT_{TO} と同時であることのみを指定する．

(8)　T [−fin]：EvT_{TO} と RT は同時 (RT, EvT_{TO})

以上を仮定して，次節では不定詞の時制解釈上における制限に対する分析を提示する．

3.2.2.　主節述語による時制解釈制限

3.2.1 節で見た不定詞補文の時制解釈における制限は，不定詞補文を選択

する主節述語が，補文に対して課す意味制限として捉えることを提案する (cf. Kaneko (1981, 1983, 2004))．具体的には，hope, seem は選択特性の一つとして，不定詞補文の時制解釈に以下のような制限を課すと考える．

(9)　HOPE：EvT_{TO} は ET_{hope} より後 ($ET_{hope} < EvT_{TO}$)
(10)　SEEM：EvT_{TO} は ET_{seem} と同時 (ET_{seem}, EvT_{TO})

CERTAIN タイプの不定詞補文が多義的であるのは，HOPE タイプの特性と SEEM タイプの特性を併せ持つためである．[1]

(11)　CERTAIN： a.　EvT_{TO} は $ET_{certain}$ と同時 ($ET_{certain}, EvT_{TO}$)
　　　　　　　　 b.　EvT_{TO} は $ET_{certain}$ より後 ($ET_{certain} < EvT_{TO}$)

まず，HOPE タイプの例 (12)（= (1)) を見よう．

(12)　John hopes to be in the correct room.

この文の派生が (13) の段階に到達したとしよう．

(13)　[$_{CP}$ C [$_{TP}$ PRO to [− fin] [$_{PerfP}$ Perf [− Perf] [$_{vP}$ t_{PRO} be in the
　　　　　　　[EvT_{TO}]　　　　　[RT_{Perf}]　　　　　　　　　[ET_{be}]
correct room]]]]

この段階で，EvT_{TO}, RT_{Perf}, ET_{be} 間の関係はすでに決定されている．非完了形であるので，Perf [− Perf] により，「RT_{Perf} と ET_{be} は同時 (RT_{Perf}, ET_{be})」と決定されている．また，TP の主要部 T [− fin] の指定 (14) (= (8)) により，「EvT_{TO} と RT_{Perf} は同時 (EvT_{TO}, RT_{Perf})」と決定されている．

1.　(11a) と (11b) は，「A は B より後ではない」を意味する 'A≦B' の表記法を用いて，'$ET_{certain} ≦ EvT_{TO}$' としてまとめることもできる．

第3章 補文と非直説法節の時制解釈　　　　　　　　　　　　　　83

(14)　T [−finite]：EvT_{TO} と RT は同時 (RT, EvT_{TO})

(13) の CP と主節動詞 hope が Merge すると，(15) が派生される．

(15)　[$_{VP}$ hope [$_{CP}$ C [$_{TP}$ PRO to [$_{PerfP}$ …]]]]
　　　　[ET_{hope}]　　　　　　[EvT_{TO}]

この段階で，hope の語彙情報 (9) により，「EvT_{TO} は ET_{hope} の後」と決定される．さらに，派生が進行して主節の時制解釈が決定されると，文 (12) には (16) に示す時制解釈が与えられる．

(16)　主節：(EvT_{ST}, RT_{Perf}) & (RT_{Perf}, ET_{hope}) & $(ET_{hope} < EvT_{TO})$
　　　補文：(EvT_{TO}, RT_{Perf}) & (RT_{Perf}, ET_{be})

この表示は，(12) の解釈が 'John hopes that he will be in the correct room.' とパラフレーズされることを捉えている．このことは，(16) の表示を Reichenbach 流の表記に置き換えると，より明白である．[2]

(17)　主節：　　$EvT_{ST}, RT_{Perf}, ET_{hope}$
　　　　　　━━━━━━━━━━━━━━━━━━━━━━━━━▶
　　　補文：　　　　　　　　　　　　　$EvT_{TO}, RT_{Perf}, ET_{be}$

次に，SEEM タイプの例 (18) (= (3)) を見よう．

(18)　John seems to be in the correct room.

補文の TP が形成された時点の構造は (19) である．

(19)　[$_{TP}$ John to [−fin] [$_{PerfP}$ Perf [−Perf] [$_{vP}$ t_{John} be in the correct
　　　　　　[EvT_{TO}]　　　　[RT_{Perf}]　　　　　　[ET_{be}]
　　　room]]]

---

2. 本章では，Reichenbach 流の表記を用いる場合，時間の進行方向を示す矢印を併用する．

この段階では，Perf [$-$Perf] により (RT_{Perf}, ET_{be}) が決定されており，また，T [$-$fin] により (EvT_{TO}, RT_{Perf}) が決定されている．

(19) の TP に主節動詞 seem が Merge すると，(20) が派生される．

(20) [$_{VP}$ seem [$_{TP}$ John to [$-$fin] [$_{PerfP}$ t_{John} be in the correct room]]]
   [ET_{seem}]   [EvT_{TO}]

この段階で，seem の語彙情報 (21) により，(ET_{seem}, EvT_{TO}) が決定される．

(21) SEEM：EvT_{TO} は ET_{seem} と同時 (ET_{seem}, EvT_{TO})

さらに派生が進行すると，主節の時制が解釈され，(18) の文には (22) に示される時制解釈が与えられる．

(22) 主節： (EvT_{ST}, RT_{Perf}) & (RT_{Perf}, ET_{seem}) & (ET_{seem}, EvT_{TO})
   補文： (EvT_{TO}, RT_{Perf}) & (RT_{Perf}, ET_{be})

この情報は Reichenbach 流の表記 (23) と等価であり，(18) が 'It seems that John is in the correct room.' とパラフレーズされる解釈をもつ事実を捉えている．

(23) 主節： $\overline{EvT_{ST}, RT_{Perf}, ET_{seem}}$
   補文： $\overline{EvT_{TO}, RT_{Perf}, ET_{be}}$

さらに CERTAIN タイプの例 (24) ($=$ (5)) を見よう．

(24) John is certain to be at home.

この文には，主節述語 certain が，SEEM タイプと同じ (25a) ($=$ (11a)) の制限を課す場合と，HOPE タイプと同じ (25b) ($=$ (11b)) の制限を課す場合に応じて，(26) あるいは (28) の時制解釈が与えられる．(27) と (29) の表示は，それぞれ (26) と (28) を Reichenbach 流の線形表記にしたものである．

(25) CERTAIN： a. EvT_{TO} は $ET_{certain}$ と同時 ($ET_{certain}, EvT_{TO}$)
(SEEM タイプ)
b. EvT_{TO} は $ET_{certain}$ より後 ($ET_{certain} < EvT_{TO}$)
(HOPE タイプ)
(26) HOPE タイプの制限を課す場合
主節： (EvT_{ST}, RT_{Perf}) & $(RT_{Perf}, ET_{certain})$ & $(ET_{certain} < EvT_{TO})$
補文： (EvT_{TO}, RT_{Perf}) & (RT_{Perf}, ET_{be})
(27) 主節： $EvT_{ST}, RT_{Perf}, ET_{certain}$
補文： $EvT_{TO}, RT_{Perf}, ET_{be}$
(28) SEEM タイプの制限を課す場合
主節： (EvT_{ST}, RT_{Perf}) & $(RT_{Perf}, ET_{certain})$ & $(ET_{certain}, EvT_{TO})$
補文： (EvT_{TO}, RT_{Perf}) & (RT_{Perf}, ET_{be})
(29) 主節： $EvT_{ST}, RT_{Perf}, ET_{certain}$
補文： $EvT_{TO}, RT_{Perf}, ET_{be}$

以上のように，不定詞補文の時制解釈は，第2章で提示した時制解釈システムに，補文を選択する主節述語の語彙特性による情報を組み込むことにより決定される．

3.2.3. 助動詞 have と再順序づけ規則

本節では，不定詞補文に完了助動詞 have が生起する場合を考察する．

まず，HOPE タイプの不定詞補文に助動詞 have が生起する場合，未来完了表現に類似した解釈を持つ．

(30) a. I expect to have read this book by next Tuesday.
(Close (1975: 71))
b. I hope to have finished it by tomorrow. (Palmer (1974: 196))
c. John is expected to have left by the time you get there tomorrow. (Huddleston (1977b: 734))

このような文がいかに分析されるかを見よう.

(30a) を例として, 文の派生が (31) の段階に到達したとしよう.

(31) [$_{CP}$ [$_{TP}$ PRO to [$-$ fin] [$_{PerfP}$ have [$+$ Perf] [$_{vP}$ t_{PRO} read this
　　　　　　　　　[EvT$_{TO}$]　　　　　　　[RT$_{Perf}$]　　　　　　　　[ET$_{read}$]
book] by next Tuesday]]]

PerfP の主要部 have が素性 [$+$Perf] を持つので, (ET$_{read}$<RT$_{Perf}$) が決定される. また, 不定詞節 TP の主要部が [$-$fin] であるので, (EvT$_{TO}$,RT$_{Perf}$) が決定される. PerfP の付加詞 by next Tuesday は, RT$_{Perf}$ を修飾する.

(31) の CP と主節動詞 expect が Merge すると, (32) が派生される.

(32) [$_{VP}$ expect [$_{CP}$ PRO to [$-$ fin] [have read this book by next
　　　　　[ET$_{expect}$]　　　　　[EvT$_{TO}$]
Tuesday]]]

この段階で, HOPE タイプの主節動詞 expect は (33) の制限を語彙情報として含むので, (ET$_{expect}$<EvT$_{TO}$) が決定される.

(33)　EXPECT： EvT$_{TO}$ は ET$_{expect}$ より後　(ET$_{expect}$<EvT$_{TO}$)

この後, 派生が進行し, 主節の時制解釈が完了すると, (30a) の文には (34) の解釈が与えられる.

(34)　主節： (EvT$_{ST}$,RT$_{Perf}$) & (RT$_{Perf}$,ET$_{expect}$) & (ET$_{expect}$<EvT$_{TO}$)
　　　補文： (EvT$_{TO}$,RT$_{Perf}$) & (ET$_{read}$<RT$_{Perf}$)
　　　　　　　　　　　　　　　　　　　↑
　　　　　　　　　　　　　　　by next Tuesday

この情報は, Reichenbach 流の表記法を用いた (35) の表示と等価である.

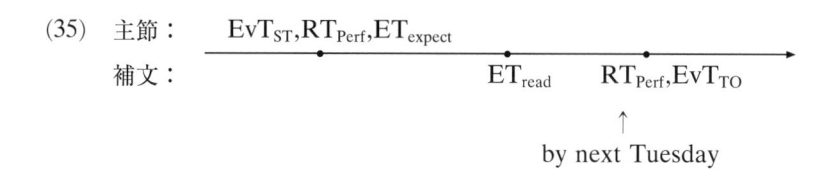

(35)　主節：　$\text{EvT}_{\text{ST}}, \text{RT}_{\text{Perf}}, \text{ET}_{\text{expect}}$
　　　補文：　────────────ET_{read}──────$\text{RT}_{\text{Perf}}, \text{EvT}_{\text{TO}}$──────
　　　　　　　　　　　　　　　　　　　　　　　　　↑
　　　　　　　　　　　　　　　　　　　　　by next Tuesday

次に，SEEM タイプの不定詞補文に助動詞 have が生起すると，三とおりの解釈の可能性がある (cf. McCawley (1971: 100))．

(36) a. John is believed to have drunk a gallon of beer by now.
　　 b. It is believed that John has drunk a gallon of beer by now.
(37) a. John is believed to have arrived at 2:00 yesterday.
　　 b. It is believed that John arrived at 2:00 yesterday.
(38) a. John is believed to have already met Sue when he married Cynthia.
　　 b. It is believed that John had already met Sue when he married Cynthia.

まず，(36a) を見ると，そのパラフレーズ (36b) が示すように，補文は現在完了形に対応する解釈を持つ．(36a) の時制解釈は，下記の不定詞補文の構造に基づいて行われる．

(39)　[$_{\text{TP}}$ John to [−fin] [$_{\text{PerfP}}$ have [+Perf] [$_{v\text{P}}$ t_{John} drunk a gallon of
　　　　　　[EvT_{TO}]　　　　　[RT_{Perf}]　　　　　　　　[ET_{drink}]
　　　beer] by now]]

PerfP の主要部 have が素性 [+Perf] を持つので，($\text{ET}_{\text{drink}} < \text{RT}_{\text{Perf}}$) が決定される．また，不定詞節 TP の主要部が [−fin] であるので，($\text{EvT}_{\text{TO}}, \text{RT}_{\text{Perf}}$) が決定される．付加詞 by now は，$\text{RT}_{\text{Perf}}$ を修飾する．
　この TP と主節動詞の believe が Merge されると，(40) の構造が派生される．

(40) [$_{VP}$ believe [$_{TP}$ John to [− fin] [$_{PerfP}$ have drunk a gallon of [ET$_{believe}$]   [EvT$_{TO}$]
beer by now]]]

主節動詞 believe は，SEEM タイプの動詞であるので，(41) の語彙情報を持つ．

(41) BELIEVE： EvT$_{TO}$ は ET$_{believe}$ と同時　(ET$_{believe}$,EvT$_{TO}$)

この情報により，(ET$_{believe}$,EvT$_{TO}$) が決定される．さらに派生が進行すると，主節の時制解釈が行われ，(42) の時制解釈表示が与えられる．(43) はその情報を線形化したものである．

(42) 主節： (EvT$_{ST}$,RT$_{Perf}$) & (RT$_{Perf}$,ET$_{believe}$) & (ET$_{believe}$,EvT$_{TO}$)
　　 補文： (EvT$_{TO}$,RT$_{Perf}$) & (ET$_{drink}$＜RT$_{Perf}$)
　　　　　　　　　　　　　　　　　　　↑
　　　　　　　　　　　　　　　　　　by now

(43) 主節：　　　　　　　　　　　　　　　　　EvT$_{ST}$,RT$_{Perf}$,ET$_{believe}$
　　 補文：────────●──────────────●────────▶
　　　　　　　　　　ET$_{drink}$　　　　　　RT$_{Perf}$,EvT$_{TO}$
　　　　　　　　　　　　　　　　　　　　　　　↑
　　　　　　　　　　　　　　　　　　　　　　by now

この時制解釈では，補文の指示時 RT$_{Perf}$ は間接的に主節の評価時 EvT$_{ST}$ と同時であるので，付加詞 by now の意味と整合し，適切な解釈が得られる．

次に，(44a) (=(37a)) を見よう．

(44) a. John is believed to have arrived at 2:00 yesterday.
　　 b. It is believed that John arrived at 2:00 yesterday.

この文は，そのパラフレーズの (44b) に示されるように，単純過去形に対応する解釈を持つ．(44a) の不定詞補文の構造は (45a) であり，上記 (39) の場合と同様にして，(45b) の時制解釈が得られる．

(45) a. [$_{TP}$ John to [−fin] [$_{PerfP}$ have [+Perf] [$_{vP}$ t_{John} arrived at
　　　　　[EvT$_{TO}$]　　　　　　　[RT$_{Perf}$]　　　　　　　　[ET$_{arrive}$]
　　　　　2:00 yesterday]]]
　　b. (EvT$_{TO}$,RT$_{Perf}$) & (ET$_{arrive}$<RT$_{Perf}$)

しかしながら，(45b) の時制表示は，現在完了形に対応するものであり，単純過去形に対応するものではない．対応する単純過去形では，指示時 RT$_{Perf}$ は評価時 EvT$_{ST}$ よりも前であり，かつ事象時 ET と同時である．

(46) a. John arrived at 2:00 yesterday.
　　b. (RT$_{Perf}$<EvT$_{ST}$) & (ET$_{arrive}$,RT$_{Perf}$)

そこで，(44a) の不定詞補文に単純過去形に相当する時制表示を与えるため，時制構造に再順序づけを行う規則を導入しよう．

(47) 完了形解釈再順序づけ規則（随意的）
　　(RT$_{Perf}$,EvT$_{TO}$) & (ET$_V$<RT$_{Perf}$) ⇒
　　(RT$_{Perf}$<EvT$_{TO}$) & (ET$_V$≤RT$_{Perf}$)

この規則の 'A≤B' の表記は，「A は B より後ではない」を意味するものとする（注1参照）．言い換えると，もし 'A≤B' であるなら，(i) A は B と同時（= (A,B)）であるか，あるいは，(ii) A は B より前（= (A<B)）である．したがって，(47) の (ET$_V$≤RT$_{Perf}$) は，(i) ET$_V$ と RT$_{Perf}$ が同時（= (ET$_V$,RT$_{Perf}$)）であるか，あるいは，(ii) ET$_V$ が RT$_{Perf}$ より前（= (ET$_V$<RT$_{Perf}$)）と解釈される．

上記の (44a) は，(47) の再順序づけ規則が (45b) に適用され，ET$_{arrive}$ が RT$_{Perf}$ と同時と解釈される場合に該当する．(44a) の不定詞補文には (48) の表示が与えられるが，これは単純過去形の表示である (46b) と完全に対応している．

(48) (RT$_{Perf}$<EvT$_{TO}$) & (ET$_{arrive}$,RT$_{Perf}$)

主節の時制解釈は上述の (36a) の場合と同様に行われる．その結果，(44a) には (49) の時制解釈表示が与えられる．

(49) 主節： (EvT_{ST}, RT_{Perf}) & $(RT_{Perf}, ET_{believe})$ & $(ET_{believe}, EvT_{TO})$
    補文： $(RT_{Perf} < EvT_{TO})$ & (ET_{arrive}, RT_{Perf})
                                        ↑
                                    yesterday

(50) 主節： ─────────────────────────$EvT_{ST}, RT_{Perf}, ET_{believe}$──────
    補文： ET_{arrive}, RT_{Perf} EvT_{TO}
                    ↑
               yesterday

この時制解釈では，補文の RT_{Perf} および ET_{arrive} は，間接的に主節の評価時 EvT_{ST} と関係づけられ，「発話時より前」と解釈される．したがって，補文の ET_{arrive} を修飾する付加詞 yesterday の意味と整合し，適切な解釈が得られる．

残された (51a) (= (38a)) を見よう．

(51) a. John is believed to have already met Sue when he married Cynthia.
    b. It is believed that John had already met Sue when he married Cynthia.

この文の不定詞補文は，(51b) のパラフレーズに示されるように，過去完了形に対応する解釈を持つ．不定詞補文の構造は (52a) であり，この構造から (52b) の時制解釈が得られる．

(52) a. [$_{TP}$ John to [−fin] [$_{PerfP}$ have [+Perf] [$_{vP}$ t_{John} already met
              [EvT_{TO}]   [RT_{Perf}]   [ET_{meet}]
       Sue] [when ...]]]
    b. (EvT_{TO}, RT_{Perf}) & $(ET_{meet} < RT_{Perf})$

しかしながら，(52b) は現在完了形に対応する時制構造であり，過去完了形に対応するものではない．対応する過去完了形では，RT_{Perf} は EvT よりも前である．

(53)　a.　John had already met Sue when he married Cynthia.
　　　b.　$(RT_{Perf}<EvT_{ST})$ & $(ET_{meet}<RT_{Perf})$

不定詞補文が過去完了形に対応する時制解釈は，上記 (47) の再順序づけ規則を適用することにより得られる．

(54)　完了形解釈再順序づけ規則（随意的）
　　　(RT_{Perf},EvT_{TO}) & $(ET_V<RT_{Perf}) \Rightarrow$
　　　$(RT_{Perf}<EvT_{TO})$ & $(ET_V \leq RT_{Perf})$

上記 (51a) は，(52b) に再順序づけ規則が適用され，ET_{meet} が RT_{Perf} より前と解釈された場合に該当する．すなわち，(51a) の補文には (55) に示される時制構造が与えられる．この構造は，過去完了形の時制構造 (53b) と完全に対応している．

(55)　$(RT_{Perf}<EvT_{TO})$ & $(ET_{meet}<RT_{Perf})$

主節の時制解釈は，上述の二つの事例と同様に行われ，(51a) には (56) の時制構造が与えられる．(57) は (56) の情報を線形化したものである．

(56)　主節：　(EvT_{ST},RT_{Perf}) & $(RT_{Perf},ET_{believe})$ & $(ET_{believe},EvT_{TO})$
　　　補文：　$(RT_{Perf}<EvT_{TO})$ & $(ET_{meet}<RT_{Perf})$
　　　　　　　　　　　　　　　　　　　　↑
　　　　　　　　　　　　　　　　　　when ...

(57)　主節：　　　　　　　　　　　　　　　　　　$EvT_{ST}, RT_{Perf}, ET_{believe}$
　　　　　　―――――――・―――――・―――――・――――――
　　　補文：　　　ET_{meet}　　RT_{Perf}　　EvT_{TO}
　　　　　　　　　　　　　　　　　↑
　　　　　　　　　　　　　　　when ...

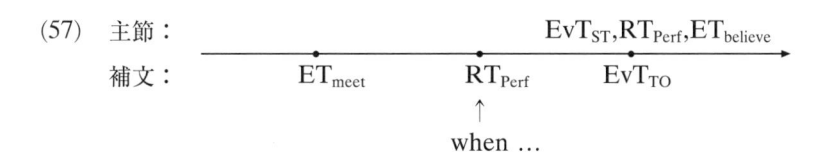

完了形解釈再順序づけ規則は，SEEM タイプの不定詞補文だけでなく，HOPE タイプの不定詞補文でも適用される．Hornstein (1990) は，下記の例を指摘している．[3]

---

3. Hornstein (1990) によれば，類似の現象はこれらの主節動詞が定形節を補部とする場合にも生ずる．

 (i) a. John will hope that he won yesterday. (Hornstein (1990: 152))
   b. John will expect that he won yesterday. (ibid.)

なお，本文 (58) は主節が will を伴う未来表現であるが，主節動詞が現在時制である場合，対応する表現が不可能となる．

 (ii) a. *?Jack wants to have left yesterday. (Sobin (1974: 115))
   b. *Jack prefers to have left yesterday. (ibid.)
   c. *Jennifer desires to have been married yesterday. (Ransom (1974: 100))
   d. *Jennifer hopes to have been married yesterday. (ibid.)

このように，主節動詞の時制が現在時制であると，過去時の事象を指す完了形不定詞は許されない．すなわち，主節動詞の時制が現在形であると，その補文に完了形解釈再順序づけ規則を適用するのを阻止する何らかの要因が存在することを示している．

ただし，次の例では，主節の hope が現在時制形，不定詞補文が完了形であり，その補文内容は過去時の事象である．

 (iii) a. In the current effort I hope to have contributed the following: somewhat novel support for a greater use of Grice in lieu of what would otherwise need to be arbitrary stipulation and a plea for a piecemeal approach to troublesome apparent counterexamples.
    (Barbara Abbott, "Definiteness and identification in English," in *Pragmatics in 2000: Selected Papers from the 7th International Pragmatics Conference*, Vol. 2 (2001), ed. by Németh T. Enikö, Antwerp, International Pragmatics Association, p. 13. Downloaded from <http://www.msu.edu/~abbottb/Def_and_ident.pdf>.)
   b. We hope to have convinced the reader, with the empirical and conceputual arguments in chapter 3.10, that we need some sort of syntactic cycle motivating the intermediate step below: ...
    (Howard Lasnik and Juan Uriagereka with Cedric Boeckx, *A Course in Minimalist Syntax: Foundations and Prospects*, Blackwell (2005), p. 236)

(iiia) の文は，論文を締めくくる結論に含まれている．結論では先行する節の内容が総括されているので，「貢献」は先行する節においてなされているはずである．また，(iiib) の文は「7.4 章」の冒頭にあり，「納得させる」行為は先行する「3.10 章」における行為を指して

第 3 章 補文と非直説法節の時制解釈　　　　　　　　　　　　　　93

いる．しかし，(iia-d) の不定詞補文が単純過去形に相当する解釈であるのに対して，(iiia, b) の不定詞補文は，完了相表現に相当する解釈をもつと思われる．すなわち，(iiia, b) の例には，下記 (iv) (= (30b)) と同様に，(v) の時制解釈表示が与えられる．

(iv) I hope to have finished it by tomorrow.
(v) 主節：　(EvT_{ST}, RT_{Perf}) & (RT_{Perf}, ET_{hope}) & ($ET_{hope} < EvT_{TO}$)
　　補文：　(EvT_{TO}, RT_{Perf}) & ($ET_{finish/contribute/convince} < RT_{Perf}$)

(iv) では，補文の指示時 RT_{Perf} は「明日」であり，事象時 ET_{finish} は，発話時より後で RT_{Perf} より以前の未来時を指示する事例である．一方，(iiia, b) では，補文の指示時 RT_{Perf} は，読者がその文を読み終える直後の未来時であり，事象時 $ET_{contribute/convince}$ はその指示時より以前で，さらに発話時よりも以前の時点（先行する節を読んでいた時点）を示す事例であると分析することができる．したがって，(iiia, b) の文は，完了形解釈再順序づけ規則の適用を必要とする事例ではない．

主節動詞が過去形の場合にも，完了形の不定詞が生起する場合がある．

(vi) a. He hoped to have come. (安井 (1982: 254))
　　 b. I expected to have met you at the meeting. (ibid.)
　　 c. She wanted to have bought a bigger house. (ibid.)
　　 d. She intended to have attended the meeting. (ibid.)

これらの例の不定詞補文は，主節動詞の事象時 ET よりも前の事象を記述しているのではない点で，本文 (58) の事例とは異なる．これらの文は，過去の時点で望まれたり，意図された事象が，それらの願望や意図に反して実現しなかったことを表すのに用いられる．したがって，望まれた時点では，補文で記述される事象は，主節の事象よりも後の出来事である．このことは，次のように捉えることができる．例えば，(vic) には次の時制構造が与えられる．

(vii) 主節：　($RT_{Perf} < EvT_{ST}$) & (RT_{Perf}, ET_{want}) & ($ET_{want} < EvT_{TO}$)
　　 補文：　(RT_{Perf}, EvT_{TO}) & ($ET_{buy} < RT_{Perf}$)

(vic) で意図されている解釈は，この構造で，(a) 不定詞補文の評価時 EvT_{TO} が，主節の事象時 ET_{want} より後で主節の評価時（すなわち発話時）EvT_{ST} より前のある過去時であり，かつ，(b) 不定詞補文の事象時 ET_{buy} が補文の評価時 EvT_{TO} と主節の事象時 ET_{want} の間の過去時である場合に得られる．

(viii) 主節：　———RT_{Perf}, ET_{want}———————————EvT_{ST}———
　　　補文：　　　　　　　　　　ET_{buy}　　RT_{Perf}, EvT_{TO}

ただし，(vi) の文には完了相の解釈は感じられない．これは，(vic) の時制構造として適切であるのは，(vii) ではなく，(vii) の不定詞補文の時制構造に完了形解釈再順序づけ規則 (ix) を適用して得られる (x) であることを示唆している．

(ix) 完了形解釈再順序づけ規則（随意的）
　　 (RT_{Perf}, EvT_{TO}) & ($ET_V < RT_{Perf}$) ⇒ ($RT_{Perf} < EvT_{TO}$) & ($ET_V \leq RT_{Perf}$)

(58) a.　John will hope to have won yesterday.

　　　　　　　　　　　　　　　　　　　　(Hornstein (1990: 152))

　　　b.　John will expect to have won yesterday.　　　(ibid.)

例えば，(58a) の不定詞補文には，(59) の構造に基づいて，(60a) の時制構造が与えられる．(60a) に再順序づけ規則が適用され，ET_{win} と RT_{Perf} が同時と解釈されると，(60b) が派生される．

(59)　$[_{CP}\ [_{TP}$ PRO to $[-\text{fin}]\ [_{PerfP}$ have $[+\text{Perf}]\ [_{vP}\ t_{PRO}$ won yester-
　　　　　　　$[EvT_{TO}]$　　　　　　$[RT_{Perf}]$　　　　　　　　$[ET_{win}]$
　　　day]]]]

(60)　a.　(RT_{Perf}, EvT_{TO}) & $(ET_{win} < RT_{Perf})$
　　　b.　$(RT_{Perf} < EvT_{TO})$ & (ET_{win}, RT_{Perf})

さらに派生が主節に進み，hope の語彙情報 (61)，および未来表現としての情報を合成すると，(58) の文には (62) の時制解釈が与えられる．(62) の情報を Reichenbach 流に線形化したものが (63) である．

(61)　HOPE：　EvT_{TO} は ET_{hope} より後　$(ET_{hope} < EvT_{TO})$
(62)　主節：　(EvT_{ST}, RT_{will}) & $(RT_{will} < RT_{Perf})$ & (ET_{hope}, RT_{Perf}) &
　　　　　　$(ET_{hope} < EvT_{TO})$
　　　補文：　$(RT_{Perf} < EvT_{TO})$ & (ET_{win}, RT_{Perf})
　　　　　　　　　　　　　　　　　　　↑
　　　　　　　　　　　　　　　　yesterday

　(x)　主節：　$(RT_{Perf} < EvT_{ST})$ & (RT_{Perf}, ET_{want}) & $(ET_{want} < EvT_{TO})$
　　　補文：　$(RT_{Perf} < EvT_{TO})$ & (ET_{buy}, RT_{Perf})
　(xi)　主節：　$\underset{}{RT_{Perf}, ET_{want}}$　　　　　　　　　　　　EvT_{ST}
　　　補文：　────────────────────────────▶
　　　　　　　　　　　　ET_{buy}, RT_{Perf}　　　EvT_{TO}

(vi) の時制構造として，(vii) ではなく (x) が正しい限りにおいて，HOPE タイプの補文にも完了形解釈再順序づけ規則が適用されることをさらに裏づけることになる．

(63) 主節： ────●────────●──────●──────────────
　　　　　　　　EvT$_{ST}$,RT$_{will}$　RT$_{Perf}$,ET$_{hope}$
　　　補文： ────●──────────────────────●────
　　　　　　　ET$_{win}$,RT$_{Perf}$　　　　　　　　EvT$_{TO}$
　　　　　　　　　↑
　　　　　　　yesterday

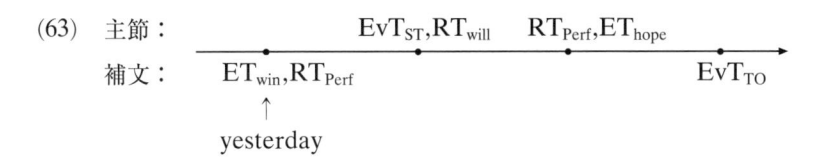

補文の ET$_{win}$（および RT$_{Perf}$）が EvT$_{TO}$ からどの程度前であるのかは，付加詞等の要素によって決定される．(62) の場合，yesterday によって，発話時より前であることが特定される．

以上のように，不定詞補文に助動詞 have が生起した場合，主要部から得られる情報のみに基づいて構築される時制構造に加えて，再順序づけ規則の適用によって時制構造が派生される事例が存在する．

3.2.4. 不定詞補文の現在形未来表現

3.2.2 節で論じたように，SEEM タイプの述語は語彙特性として，(64) の情報を持つ．

(64)　SEEM： EvT$_{TO}$ は ET$_{seem}$ と同時　(ET$_{seem}$,EvT$_{TO}$)

このため，不定詞補文の時制解釈には一定の制限が課される．例えば，(65) は，(66b) にパラフレーズされる解釈を持ち，(66a) および (66c) にパラフレーズされる解釈は存在しない．

(65)　John seems to be in the correct room.
(66)　It seems that John { (a) was / (b) is / (c) will be } in the correct room.

しかし，一定の環境で，不定詞補文が，主節の事象時よりも後に生起する事象を記述する場合が存在する．

(67)　a.　John is believed to return tomorrow.

　　　　　　　　　　　　　　　　　　　(Huddleston (1969: 798))

  b. Exams are believed to start next week.

(Huddleston (1977b: 734))

  c. Yesterday, John believed Mary to be leaving today/tomorrow. (Pesetsky (1991: 117))

例えば，(67a) は，(68) に示される時制解釈を与えられる (3.2.2 節の (22) を参照).

(68) 主節： (EvT_{ST}, RT_{Perf}) & $(RT_{Perf}, ET_{believe})$ & $(ET_{believe}, EvT_{TO})$
   補文： (EvT_{TO}, RT_{Perf}) & (RT_{Perf}, ET_{return})

(69) 主節： $\overrightarrow{EvT_{ST}, RT_{Perf}, ET_{believe}}$
   補文： $\overrightarrow{EvT_{TO}, RT_{Perf}, ET_{return}}$

この時制構造では，補文の事象時 ET_{return} は発話時と同時である．したがって，このままでは，補文が未来時 (tomorrow) に生起する事象を記述している事実を捉えることができない．

 このような現象は，定形節における現在形未来 (futurate) 表現に対応するものと考えられる．[4] 現在形未来表現とは，現在時制形で未来に生起する事象を記述する表現である．

(70) a. He comes home tomorrow.
  b. He leaves here tomorrow.
  c. He is leaving for Italy next week.

この表現は，予定された出来事のように，ある事象が未来に生起することが発話時点で確定していることを述べる場合に用いられる．したがって，そのような確定的判断を下す根拠が存在する場合にのみ用いることができる

---

 4. 現在形未来表現に関しては，Goodman (1973), Huddleston (1977b), Sobin (1974), Wekker (1976), Smith (1976b, 1981b), Prince (1982) を参照．

(cf. Wekker (1976))．例えば下記の二つの文を比較しよう．

    (71) a. The sun sets at 8.39 tomorrow.   (Wekker (1976: 85))
           b. *It rains tomorrow.   (ibid.)

翌日の日没が何時になるかは，天文学によって確定することができる．しかし，翌日，雨が降るかどうかは予測の域を出ない．この表現に用いられる典型的な動詞が，交通機関の発着や，催し物の開催を表す動詞であるのは，このような語用論的要因を反映している．

  現在形未来表現は，予定の存在等々によって発話時を話題としており，指示時 RT_{Perf} は評価時 EvT_{ST} と同時であって，未来時を指すのは事象時 ET のみであると考えられる．

    (72) He comes home tomorrow.
    (73) a. (EvT_{ST}, RT_{Perf}) & $(RT_{Perf} < ET_{come})$
           b. EvT_{ST}, RT_{Perf} _____ ET_{come}
                              ↑
                         tomorrow

このように考えるべき根拠として，現在完了形による現在形未来表現が存在しないことをあげることができる．

    (74) *John has come tomorrow.

現在形未来表現において，仮に，事象時 ET だけでなく，指示時 RT_{Perf} も未来時を指すのであれば，(74) には (75) のような表示が与えられて文法的になるはずである．

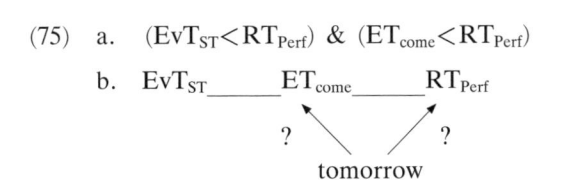

    (75) a. $(EvT_{ST} < RT_{Perf})$ & $(ET_{come} < RT_{Perf})$
           b. EvT_{ST} _____ ET_{come} _____ RT_{Perf}
                         ?   ↘   ↗   ?
                           tomorrow

しかし，事実として，(74) は非文法的であるので，(75) の時制構造は現在形未来表現の適切な時制構造と考えることはできない．

このような事実を踏まえて，現在形未来表現を説明する規則を導入する．

(76) 現在形未来表現規則（随意的）
(EvT, RT_{Perf}) & (RT_{Perf}, ET) ⇒ (EvT, RT_{Perf}) & $(RT_{Perf} < ET)$

例えば，上記 (72) の文には，まず (77a) の時制構造が与えられる．(77a) の構造に現在形未来表現規則が適用されると (77b) の構造が派生される．

(77) a. (EvT_{ST}, RT_{Perf}) & (RT_{Perf}, ET_{come})
      b. (EvT_{ST}, RT_{Perf}) & $(RT_{Perf} < ET_{come})$
                                      ↑
                                   tomorrow
      c. EvT_{ST}, RT_{Perf} _____ ET_{come}
                                      ↑
                                   tomorrow

派生された (77b) の時制構造では，ET_{come} が発話時と同時である RT_{Perf} より後であり，それを付加詞 tomorrow が修飾している．

上記 (67) の文に見られる現象は，この現在形未来表現規則が不定詞補文に適用されたものと考えることができる．例えば (78) の補文には，まず (79a) の時制構造が与えられる．(79a) の構造に現在形未来表現規則を適用すると，(79b) の構造が得られる．

(78) John is believed to return tomorrow. (Huddleston (1969: 798))
(79) a. (EvT_{TO}, RT_{Perf}) & (RT_{Perf}, ET_{return})
      b. (EvT_{TO}, RT_{Perf}) & $(RT_{Perf} < ET_{return})$

さらに主節の時制解釈が終了すると，(80) の時制構造が得られる．

(80) 主節： (EvT_{ST}, RT_{Perf}) & $(RT_{Perf}, ET_{believe})$ & $(ET_{believe}, EvT_{TO})$
     補文： (EvT_{TO}, RT_{Perf}) & $(RT_{Perf} < ET_{return})$

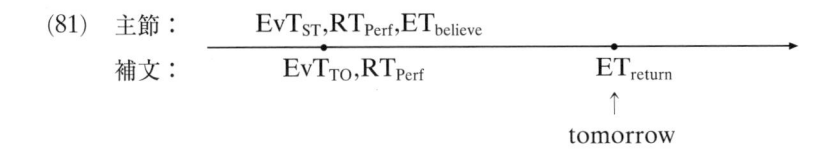

(81) 主節： $\text{EvT}_{\text{ST}}, \text{RT}_{\text{Perf}}, \text{ET}_{\text{believe}}$
　　　補文： $\text{EvT}_{\text{TO}}, \text{RT}_{\text{Perf}}$　　　　　$\text{ET}_{\text{return}}$
　　　　　　　　　　　　　　　　　　　　　　↑
　　　　　　　　　　　　　　　　　　　　tomorrow

補文の $\text{ET}_{\text{return}}$ は，believe の語彙情報と主節の時制解釈を媒介として，発話時より後と解釈される．したがって，それを修飾する付加詞 tomorrow の意味と整合し，適切な解釈が得られる．

以上のように，(67) の文に見られる現象は，現在形未来表現規則が不定詞補文に適用されたものと考えることができる．

ここで，現在形未来表現規則の不定詞補文への適用に関して，いくつかの考えるべき問題を述べておく．

まず，不定詞補文における非進行形の未来予定表現は，定形節より制限が厳しい．Palmer (1974) は，(82a-c) の対比を指摘している．

(82) a. *I believe Mary to arrive tomorrow.　(Palmer (1974: 200))
　　　b. ?Mary is believed to arrive tomorrow.　　　　　(ibid.)
　　　c. I believe that Mary arrives tomorrow.　　　　　(ibid.)

不定詞補文の動詞が単純形の場合，(82b) のように主節が受動態となり補文主語が主節の主語位置に繰り上げられる必要がある．上記 (67a, b) ((83a, b) として再掲)) でも，主節は受動態である．

(83) a. John is believed to return tomorrow.
　　　b. Exams are believed to start next week.

これに対して，(82c) が示すように，定形節補文にはそのような制限が存在しない．また，(67c) ((84) として再掲) のように不定詞補文が進行形の場合は，主節が受動態である必要がない．

(84) Yesterday, John believed Mary to be leaving today / tomorrow.

このような相違がいかなる要因によるものかは今後の課題である．考えられる要因としては，記述される事象の指示時 RT_{Perf} における「確定性」と主節動詞に由来するモダリティとの整合性，現在形未来表現における進行形と単純形の相違，等々が考えられる．

次に，HOPEタイプの不定詞補文における現在形未来表現規則の適用の問題がある．3.2.2 節で見たように，HOPE タイプの主節述語は，(85) の語彙情報を含む．

(85)　HOPE：EvT_{TO} は ET_{hope} より後　($ET_{hope} < EvT_{TO}$)

この語彙情報により，例えば，(86) は (87) の時制構造を持つ．

(86)　John hopes to leave tomorrow.

(87)　主節：　(EvT_{ST}, RT_{Perf}) & (RT_{Perf}, ET_{hope}) & $(ET_{hope} < EvT_{TO})$
　　　補文：　(EvT_{TO}, RT_{Perf}) & (RT_{Perf}, ET_{leave})
　　　　　　　　　　　　　　　　　　　　↑
　　　　　　　　　　　　　　　　　　tomorrow

(88)　主節：　———$EvT_{ST}, RT_{Perf}, ET_{hope}$———————————————————
　　　補文：　　　　　　　　　　　　　　　　　　　$EvT_{TO}, RT_{Perf}, ET_{leave}$
　　　　　　　　　　　　　　　　　　　　↑
　　　　　　　　　　　　　　　　　　tomorrow

ここで，(87) の補文の時制構造は，現在形未来表現規則の適用が可能な構造である．

(89)　現在形未来表現規則（随意的）
　　　(EvT, RT_{Perf}) & (RT_{Perf}, ET) $\Rightarrow$ (EvT, RT_{Perf}) & $(RT_{Perf} < ET)$

仮に，(86) の補文が現在形未来表現規則の適用を受けるならば，(90) の時制構造を持つ．

第 3 章　補文と非直説法節の時制解釈　　　　　　　　　　　　101

(90)　主節：　(EvT_{ST}, RT_{Perf}) & (RT_{Perf}, ET_{hope}) & $(ET_{hope} < EvT_{TO})$
　　　 補文：　(EvT_{TO}, RT_{Perf}) & $(RT_{Perf} < ET_{leave})$
　　　　　　　　　　　　　　　　　　　　　↑
　　　　　　　　　　　　　　　　　　　tomorrow

(91)　主節：　　$EvT_{ST}, RT_{Perf}, ET_{hope}$
　　　 補文：　―――――――――――――――――――
　　　　　　　　　　　　　　　　EvT_{TO}, RT_{Perf}　ET_{leave}
　　　　　　　　　　　　　　　　　　　　　　　　　　↑
　　　　　　　　　　　　　　　　　　　　　　　tomorrow

しかし，(86) が，(87) の時制構造に加えて，(90) の時制構造を持ち，多義的であると考えるべき根拠は存在しない．したがって，HOPE タイプの不定詞補文に現在形未来表現規則は適用されないと考えられる．

　現在形未来表現規則の適用を制限するために，SEEM タイプの文と HOPE タイプ文の時制構造を比較してみよう．

(92)　John is believed to return tomorrow.
(93)　主節：　(EvT_{ST}, RT_{Perf}) & $(RT_{Perf}, ET_{believe})$ & $(ET_{believe}, EvT_{TO})$
　　　 補文：　(EvT_{TO}, RT_{Perf}) & (RT_{Perf}, ET_{return})
(94)　John hopes to leave tomorrow.
(95)　主節：　(EvT_{ST}, RT_{Perf}) & (RT_{Perf}, ET_{hope}) & $(ET_{hope} < EvT_{TO})$
　　　 補文：　(EvT_{TO}, RT_{Perf}) & (RT_{Perf}, ET_{leave})

(93) は，不定詞補文に現在形未来表現規則を適用していない構造であり，(93) と (95) の補文の時制構造は同一である．しかし，主節動詞によって決定される情報を含めると，相違が見られる．(92) の構造が (96a) であり，(94) の構造が (96b) である．

(96)　a.　$(ET_{believe}, EvT_{TO})$ & (EvT_{TO}, RT_{Perf}) & (RT_{Perf}, ET_{return})
　　　b.　$(ET_{hope} < EvT_{TO})$ & (EvT_{TO}, RT_{Perf}) & (RT_{Perf}, ET_{leave})

SEEM タイプの (92) の構造である (96a) では，3 組の時間関係がすべて「同時」である．一方，HOPE タイプの (94) の構造である (96b) では，主

節動詞 hope によって決定される ($ET_{hope}<EvT_{TO}$) の部分が同時ではない．

この点に着目して，現在形未来表現規則を下記のように修正しよう．XT は任意の時間要素を表すこととする．

(97) 修正現在形未来表現規則（随意的）
(XT,EvT) & (EvT,RT_{Perf}) & (RT_{Perf},ET) ⇒
(XT,EvT) & (EvT,RT_{Perf}) & (RT_{Perf}<ET)

この修正によると，現在形未来表現規則は，SEEM タイプの (96a) には適用可能である．(96a) では $ET_{believe}$ が XT に該当し，($ET_{believe}$,EvT_{TO}) であるので，(97) の適用条件を満たしている．一方，HOPE タイプの (96b) では，ET_{hope} が XT に該当するが，($ET_{hope}<EvT_{TO}$) であるので，(97) の適用条件を満たさない．

このように，現在形未来表現規則の不定詞補文への適用の可否に関して，主節動詞の語彙特性が決定的役割を果たしている．

この修正は，次の二つの帰結をもたらす．第一に，不定詞補文への現在形未来表現規則の適用は，主節述語の事象時 ET と不定詞補文の評価時 EvT_{TO} の関係が指定されるまで適用条件を満たすことができないので，不定詞補文と主節述語が Merge される段階まで待たなければならない．

(98) [$_{VP}$ believe [$_{TP}$ John to [−fin] [$_{PerfP}$ Perf [−Perf] [$_{vP}$ t_{John} return
    [$ET_{believe}$]   [EvT_{TO}]   [RT_{Perf}]   [ET_{return}]
    tomorrow]]]]

このことは，主節述語は，その述語の事象時 ET と不定詞補文の評価時 EvT_{TO} との時間関係を指定するだけでなく，(97) の適用を左右することによって，補文の時制構造の決定に関与する場合があることを示している．

第二に，定形節における現在形未来表現規則の適用を見直す必要がある．ここまで，デフォルトで発話時と同定される主節の評価時 EvT を EvT_{ST} と表記してきた．しかし，(97) の規則を定形節へ一般化することを考慮すると，

本来は (ST,EvT) として独立して表示すべきであることが示唆される．例えば，下記 (99a) には，まず (99b) の時制構造が与えられる．

(99)   a.   He comes home tomorrow.
        b.   (ST,EvT) & (EvT,RT_{Perf}) & (RT_{Perf},ET_{come})
        c.   (ST,EvT) & (EvT,RT_{Perf}) & (RT_{Perf}<ET_{come})

(99b) の ST は規則 (97) の XT に該当し，(ST,EvT) が成り立っているので，(97) の適用条件を満たし，(99c) の時制構造が得られる．

このことは，第 2 章で提示した時制解釈システムの分析と整合する．2.2.2.1 節で述べたように，直説法定形節では，補文標識 C [Ind(icative)] が評価時 EvT と発話時 ST が同時であることを指定する．すなわち，(99b) の (ST,EvT) の情報は，補文標識 C [Ind] によって与えられる．

さらに，発話時 ST が主節の発話に関わる要素であることを考慮すると，ST は主節を埋め込む抽象的遂行動詞 (performative verb) の事象時に相当すると考える可能性もある．（遂行節に関連する議論については 5.3.2 節を参照．）そのように考えるのが正しいのであれば，不定詞補文を埋め込む動詞の事象時との共通性を捉えることができるかもしれない．[5]

---

5. 定形節と SEEM タイプの不定詞補文の共通性を示すもう一つの現象として，非状態動詞の振る舞いをあげることができる．3.3.3 節で「非状態事象の制約」として述べるように，非状態動詞が単純現在時制形である場合，発話時点における特定の行為や出来事を表すことはできない．例えば，単純現在時制形の (i) は，発話時点での訪問行為を表すことはできず，総称的 (generic)・習慣的 (habitual) 解釈のみが可能である (Abusch (2004: 31))．

     (i)   */gen Guido visits Stockholm.   (Abusch (2004: 31))

SEEM タイプの不定詞補文でも，非状態動詞が単純形である場合，総称的・習慣的解釈のみが可能である (Abusch (2004: 30))．

     (ii)   a.   */gen Guido is believed to visit Stockholm.   (Abusch (2004: 30))
             b.   */gen Guido is claimed to visit Stockholm.   (ibid.)
             c.   */gen Guido is reported to visit Stockholm.   (ibid.)
             d.   */gen Guido is said to visit Stockholm.   (ibid.)

以上のように，SEEM タイプの不定詞補文に見られる現在形未来表現現象は，定形節に適用される現在形未来表現規則が，不定詞補文にも一般化されることにより説明される．

3.3. 定形補文の時制の一致

3.3.1. 時制の一致と関連現象

本節では，定形補文における時制の一致（sequence of tense = SOT）現

これに対して，HOPE タイプの不定詞補文ではそのような制約は見られない．

(iii) a. Guido is expected to visit Stockholm. (Abusch (2004: 30))
  b. Guido is meant to visit Stockholm. (ibid.)
  c. Guido is predicted to visit Stockholm. (ibid.)
  d. Guido is projected to visit Stockholm. (ibid.)

SEEM タイプの (iia-d) と HOPE タイプの (iiia-d) との相違を捉えるには，不定詞補文内の時制解釈表示は同一であるので，主節動詞の事象時 ET と補文の評価時 EvT_{TO} の関係に言及する必要がある．例えば，(iia) と (iiia) の補文の時制解釈に主節動詞による語彙指定（太字部分）を加えたものが (iva) と (ivb) である．

(iv) a. (iia): $(\mathbf{ET_{believe}, EvT_{TO}})$ & (RT_{Perf}, EvT_{TO}) & (RT_{Perf}, ET_{visit})
  b. (iiia): $(\mathbf{ET_{expect} < EvT_{TO}})$ & (RT_{Perf}, EvT_{TO}) & (RT_{Perf}, ET_{visit})

(iva) と (ivb) の太字部分の相違に着目すると，非状態事象の制約は，修正現在形未来表現規則の (97) と同一の時制構造に言及する制約として述べられる．

(v) 非状態事象の制約
  文の時制解釈構造が (EvT, RT_{Perf}) & (RT_{Perf}, ET) であり，かつ EvT が別の時要素 XT と同時 (XT, EvT) の指定を受ける場合，その評価時 EvT の時点における特定の行為・出来事を表すことはできない．

定形節の (i) の場合，発話時 ST と評価時 EvT が同時であることを独立して指定されるので (2.2.2.1 節 (5) を参照)，正確には (vi) の時制解釈表示を持つ．

(vi) (ST, EvT) & (EvT, RT_{Perf}) & (RT_{Perf}, ET_{visit})

この表示は，(v) の制約を受ける構造であるので，(i) には発話時点における訪問の解釈がないことが説明される．
このように，単純形に対する非状態事象解釈の制約現象における定形節と SEEM タイプの共通性を捉えるには，現在形未来表現現象と並行的な扱いが必要となる．

象を，法助動詞を含まない補文に限定して考察する．まず，過去時制の主節に過去時制の補文が埋め込まれている下記の例を見よう．

(100)　a.　John heard that Mary was pregnant.
　　　　　　　　　　　　　　　　　　　　(Hornstein (1990: 120))
　　　b.　John said that Harry was leaving.　　　　(ibid.)

これらの文では，従属節の事象の生起時は，主節の事象の生起時と同時と解釈される．これらの解釈は，直接話法を用いると，(101) の二つの文によってパラフレーズすることができる．

(101)　a.　John heard "Mary is pregnant."　(Hornstein (1990: 120))
　　　b.　John said "Harry is leaving."　　　　　　(ibid.)

これらの解釈は，伝統的に時制の一致と呼ばれてきた現象に典型的な解釈である．

　以上の解釈に加えて，(100) の二つの文には，埋め込まれた節の事象が主節の事象に先行して生起する解釈も存在する．この解釈は，直接話法を用いると，(102) の二つの文によってパラフレーズすることができる．

(102)　a.　John heard "Mary was pregnant."　(Hornstein (1990: 120))
　　　b.　John said "Harry was leaving."　　　　　(ibid.)

特に，(103) のように埋め込まれた節の事象が非状態事象であると，この解釈のみが可能となる．

(103)　Teresa heard that Mary won the race.　　(Enç (2004: 203))

この文では，Mary の勝利は，Teresa が耳にする以前に生じていると解釈され，Mary の勝利とそれを Teresa が耳にするのが同時となる解釈は存在しない．

　ここでは，Enç (1987) の用語に従い，(101) のパラフレーズに対応する

解釈を「同時 (simultaneous)」の解釈と呼び，(102) のパラフレーズに対応する解釈を「転移 (shifted)」の解釈と呼ぶことにする．

また，時制の一致現象に関連する現象として，「二重接触 (double-access)」現象をあげることができる．この現象は，過去時制の主節に現在時制の節が埋め込まれている場合に見られる．

(104)　a.　John heard that Mary is pregnant.　(Hornstein (1990: 120))
　　　　b.　Jill said she has too many commitments.

(Huddleston and Pullum (2002: 155))

　　　　c.　In response to inquiries from *Vegetarian Journal*, however, McDonald's did acknowledge that its fries derive some of their characteristic flavor from "an animal source."
(Eric Schlosser, "Why McDonald's fries taste so good," in *The Best American Science and Nature Writings 2002*, ed. by Natalie Angier, Houghton Mifflin (2002), p. 231)

これらの文では，埋め込まれた節の事象は，発話時と主節の事象が生起する時点の両方で成り立つと解釈され，二重接触の解釈と呼ばれる (cf. Enç (1987)，Abusch (1988)，Ogihara (1996)，Stowell (1995))．

以上，時制の一致現象とその関連現象を概観した．

3.3.2. 時制の一致現象に関わる三つの要因

時制の一致の分析に入る前に，時制の一致現象を示す補文の内在特性を見ておく．

まず，時制に関する伝統的分析に従い，直示的 (deictic) 時制と，非直示的 (non-deictic) 時制を区別しよう．直示的時制は，その評価時 EvT が発話時 ST と結びつくことができる点で，独立した時制である．一方，非直示的時制の評価時 EvT は，直接的に ST と結びつくことができず，それが指示する時点を決定するためには，文内の他の時要素に依存しなければならな

い．以下，直示的時制を T_D と表記し，非直示的時制を T_{ND} と表記する．それと連動して，直示的時制の評価時を EvT_D と表記し，非直示的時制の評価時を EvT_{ND} と表記する．直示的時制，非直示的時制の両者に関わる場合は下付を用いないこととする．

以上を仮定して時制の一致に立ち戻ろう．まず，時制の一致 (SOT) 現象を認可する主節の制限を見よう．この制限について，Huddleston and Pullum (2002: 153) は，以下の条件を提案している．

(105) a. The **tense** of the matrix clause is past.　(Original emphasis)
　　　 b. The **time** of the matrix clause situation is past.

(Original emphasis)

例えば，次の文を見よう．

(106) a. Jill said that she had too many commitments.

(Huddleston and Pullum (2002: 151))

　　　 b. I have never said that she had too many commitments.

(ibid.: 153)

(106a) の主節は，過去時制であるので条件 (105a) を満たす．一方，(106b) の主節は，現在完了形であるので条件 (105b) を満たす．

ここでは，(105) の二つの条件を共通性によって統合し，(107) の条件として修正することを提案する．

(107) SOT 認可条件
　　　 主節述語の ET が EvT_{ST} より前（すなわち過去時）である．

(106a) の主節は過去時制であるので，その時制解釈表示は $(RT_{Perf} < EvT_{ST})$ & (ET_{say}, RT_{Perf}) である．したがって，ET_{say} は EvT_{ST} に先行するので，(107) の条件に合致する．(106b) の主節は現在完了形であるので，その時制解釈表示は (EvT_{ST}, RT_{Perf}) & $(ET_{say} < RT_{Perf})$ である．したがっ

て，ET_{say} は EvT_{ST} に先行するので，(107) の条件を満たしている．

次に，SOT 現象の重要な特性のひとつとして，それが義務的であることがあげられる．例えば，下記の例を見よう．

(108)　Gianni said that Maria was ill.　(Higginbotham (2002: 208))

Higginbotham (2002) は，(108) が多義的であり，Maria が病気である状態と Gianni の発言が同時である解釈 (同時の解釈) と，Maria が病気である状態が Gianni の発言に先行する解釈 (転移の解釈) を持つことを観察している．さらに，Higginbotham は，(108) には，Maria が病気である状態が，Gianni の発言が行われた時点と (108) の発話時との間に位置するある過去時に生起する解釈が存在しないことを指摘し，その指摘が正しいことを示す例として，下記の (109) を挙げている．

(109)　*Two years ago, Gianni said that Maria was ill last year.
　　　　　　　　　　　　　　　　　　　　(Higginbotham (2002: 208))

この状況は，埋め込まれた節が関係節である場合とは明白な対照を成している．

(110)　Gianni saw a woman who was ill.　(Higginbotham (2002: 208))

この文では，女性が病気である状態が生起する時点は，(i) Gianni の目撃時点と同時，(ii) Gianni の目撃時点より前，(iii) 発話時と Gianni の目撃時点との間の過去時，の三とおりの可能性がある．(iii) の解釈が可能であることは，(111) によって例証される．

(111)　Two years ago, Gianni saw a woman who was ill last year.
　　　　　　　　　　　　　　　　　　　　(Higginbotham (2002: 208))

Higginbotham の観察は，主節の環境が SOT 現象を許す環境である (すなわち上記 (107) の条件を満たす) 場合，その補文に過去時制が生起する

と，その過去時制は義務的に同時の解釈か転移の解釈を受けるということである．この観察から，主節がSOTを許す環境である場合（以下，SOT認可環境と呼ぶ），その補文に直示的過去時制が生起することを禁ずる制約が存在すると考えることができる．その結果，SOT認可環境にある補文に過去時制が生起する場合，非直示的過去時制のみが可能であり，義務的に同時の解釈あるいは転移の解釈を受ける．一方，関係節にはそのような制約が存在しないので，直示的過去時制が生起可能であり，(110)に示されるように，任意の過去時を指すことができる．

以上の考察に基づき，英語の時制の一致現象およびその関連現象の説明で主要な役割を果たす三つの要因を提案する．この提案に基づく分析の趣旨は，英語の時制の一致現象は，(i) SOT現象を認可する主節動詞の語彙指定，(ii) SOT認可環境に埋め込まれた節内での直示的過去時制の生起制限，(iii) SOT認可環境に埋め込まれた節に適用されるSOT調整規則，の三つの要因の相互作用の帰結として説明されるという点である．以下は，その三つの要因となる制約・規則である．

(112) SOT述語による時制制限 (The Temporal Restriction Imposed by SOT Predicates = TRISP)
動詞 say, believe 等のSOTを認可する主節述語は，その事象時 ET が補文の非直示的評価時 EvT_{ND} と同時，すなわち ($ET_{matrix\ pred}, EvT_{ND}$) であることを指定する．

SAY: 補文の非直示的評価時 EvT_{ND} は ET_{say} と同時
(ET_{say}, EvT_{ND})

(113) 直示的過去時制の分布制限
補文 TP の主要部 T が直示的過去時制を含む場合，SOT認可環境に埋め込まれて生起することはできない．

(114) SOT調整規則（随意的）
非直示的 T_{ND} がSOT認可環境に埋め込まれた TP の主要部であ

るなら，$(RT_{Perf}<EvT_{ND})$ を (RT_{Perf},EvT_{ND}) とせよ．

(112) の TRISP は，believe 等の SOT を認可する主節述語は，その補文の評価時 EvT_{ND} に時制解釈上の制約を課し，主節述語の事象時 ET と補文の評価時 EvT_{ND} が同時と解釈されることを述べている．この特性は，believe 等の述語が過去時制形以外の場合にもあてはまる特性である．例えば，これらの主節述語が未来表現の will を伴って生起する場合にも，TRISP によって捉えられる現象が見られる (cf. Baker (1995), Stowell (1995), Shima (2003))．

(115) a. John will tell everyone on Thursday that he overslept on Tuesday. (Baker (1995: 540))
 b. John will tell everyone on Thursday, "I overslept on Tuesday." (ibid.)
(116) a. Maxine will report that Joseph feels fine. (ibid.)
 b. Maxine will report, "Joseph feels fine." (ibid.)

Baker (1995) の観察によれば，(115a) は (115b) のようにパラフレーズされ，John の寝過ごしは，発話時から見た過去時ではなく，主節の出来事が生起する未来時の Thursday に先行する未来時の Tuesday に生起する．(116a) は (116b) のようにパラフレーズされ，補文で述べられる Joseph の精神状態は，発話時点のものではなく，主節の出来事が生起する未来時点でのものである．

これらの事実は，主節動詞 tell と report が TRISP の特性を有すると考えることにより説明される．例えば，(115a) は (117) の時制解釈表示をもつ．主節の時制解釈表示の太字の部分が TRISP による指定である．(117) の表示を線形化した (118) が示すように，(117) の時制解釈表示は，(115a) の意図する解釈を正しく捉えている．

(117) 主節： (EvT_{ST}, RT_{will}) & $(RT_{will}<RT_{Perf})$ & (RT_{Perf}, ET_{tell}) &

第3章 補文と非直説法節の時制解釈 111

$(\mathbf{ET_{tell}, EvT_{ND}})$

補文： $(RT_{Perf} < EvT_{ND})$ & $(RT_{Perf}, ET_{oversleep})$

on Thursday
↓

(118) 主節： ─── EvT_{ST}, RT_{will} ─────────────── ET_{tell}, RT_{Perf} ───
補文： $ET_{oversleep}, RT_{Perf}$　　　　EvT_{ND}
↑
on Tuesday

(113) は，SOT 認可環境に埋め込まれた補文内に直示的過去時制が生起することを禁ずる制約である．(114) の SOT 調整規則は，そのような補文内の非直示的過去時制の「過去性」を無効にする効果を持ち，同時の解釈を説明する規則である．

3.3.3. SOT 現象の分析

ここでは，第2章で提案した時制解釈システムが，3.3.2節で提案した制約・規則と連携して，英語の時制の一致現象および関連する現象をどのように説明するかを具体的に見ていく．

まず，下記の文 (= (108)) を見よう．

(119)　Gianni said that Maria was ill.

(119) の補文は (120a) の構造をもち，(120b) の時制解釈表示をもつ．

(120)　a.　[$_{TP}$ Maria T_{ND} [+Past] [$_{PerfP}$ Perf [−Perf]　t_{Maria} be ill]]
　　　b.　$(RT_{Perf} < EvT_{ND})$ & (RT_{Perf}, ET_{be})

派生が主節の段階に進むと，主節動詞 say が，(112) の TRISP に基づいて，(ET_{say}, EvT_{ND}) を指定する．

(121)　[$_{VP}$ say [$_{CP}$ that [$_{TP}$ Maria T_{ND} [+Past] [$_{PerfP}$ Perf [−Perf]　t_{Maria} be ill]]]]

もし補文の時制解釈表示が，SOT 調整規則の適用を受けず，(120b) の表示を保持した場合，文全体の時制解釈表示として (122) が得られる．これは，転移の解釈に対応する表示である．(122) が転移の解釈に対応することは，Reichenbach 流の表記で図示した (123) を見ると明白である．

(122)　主節：　$(RT_{Perf} < EvT_{ST})$ & (RT_{Perf}, ET_{say}) & (ET_{say}, EvT_{ND})
　　　　補文：　$(RT_{Perf} < EvT_{ND})$ & (RT_{Perf}, ET_{be})

(123)　主節：　────ET_{say}, RT_{Perf}────EvT_{ST}────▶
　　　　補文：　────ET_{be}, RT_{Perf}────EvT_{ND}────

一方，補文の時制解釈表示が SOT 調整規則の適用を受けると，(120b) の表示は (RT_{Perf}, EvT_{ND}) & (RT_{Perf}, ET_{be}) に変更されるので，文全体の時制解釈表示として (124) が得られる．これは，(125) に図示されるように，同時の解釈に対応する表示である．

(124)　主節：　$(RT_{Perf} < EvT_{ST})$ & (RT_{Perf}, ET_{say}) & (ET_{say}, EvT_{ND})
　　　　補文：　(RT_{Perf}, EvT_{ND}) & (RT_{Perf}, ET_{be})

(125)　主節：　────ET_{say}, RT_{Perf}────EvT_{ST}────▶
　　　　補文：　────$EvT_{ND}, RT_{Perf}, ET_{be}$────

このように，(113) の分布制限によって，SOT 認可環境に埋め込まれた補文に生ずる過去時制が非直示的過去時制に限定されると，主節動詞の語彙指定 TRISP と SOT 調整規則が連動することにより，SOT の補文が同時の解釈と転移の解釈を持つことが説明される．

SOT 調整規則により，SOT の環境では，補文の非直示的過去時制が，過去時制であるにもかかわらず，現在形未来表現現象を示す場合があることが説明される．

(126)　a.　Yesterday, John believed that Mary was leaving today / tomorrow.　　　　　(Pesetsky (1991: 117))

第3章 補文と非直説法節の時制解釈　　　　　　　　　　113

　　b. Jack said that Jill was leaving tomorrow.

　　　　　　　　　　　　　　　　(Sobin (1974: 135, note 3))

例えば，(126a) の場合，(127) の時制表示に SOT 調整規則が適用されると，同時の解釈である (128) が得られる．

　(127)　主節：$(RT_{Perf}<EvT_{ST})$ & $(RT_{Perf},ET_{believe})$ & $(ET_{believe},EvT_{ND})$
　　　　　補文：$(RT_{Perf}<EvT_{ND})$ & (RT_{Perf},ET_{leave})
　(128)　主節：$(RT_{Perf}<EvT_{ST})$ & $(RT_{Perf},ET_{believe})$ & $(ET_{believe},EvT_{ND})$
　　　　　補文：(RT_{Perf},EvT_{ND}) & (RT_{Perf},ET_{leave})

(128) の時制構造は，下記の修正現在形未来表現規則（＝(97)）を適用しうる構造である．

　(129)　修正現在形未来表現規則（随意的）
　　　　　(XT,EvT) & (EvT,RT_{Perf}) & (RT_{Perf},ET) ⇒
　　　　　(XT,EvT) & (EvT,RT_{Perf}) & $(RT_{Perf}<ET)$

(128) の $ET_{believe}$ は (129) の XT に相当し，$(ET_{believe},EvT_{ND})$ & (RT_{Perf},EvT_{ND}) & (RT_{Perf},ET_{leave}) が成り立つので，(129) の適用が可能であり，適用すると (130) の時制解釈構造が派生される．

　(130)　主節：$(RT_{Perf}<EvT_{ST})$ & $(RT_{Perf},ET_{believe})$ & $(ET_{believe},EvT_{ND})$
　　　　　補文：(RT_{Perf},EvT_{ND}) & $(RT_{Perf}<ET_{leave})$

```
                      yesterday
                          ↓
 (131)  主節：    ET_believe,RT_Perf     EvT_ST
        補文：    EvT_ND,RT_Perf                    ET_leave
        ───────────────●──────────────●───────────●──────→
                                                    ↑
                                                 tomorrow
```

(130) の表示は，(131) に図示するように，補文の事象時 ET_{leave} が未来を指す事実を捉えている．

次に，転移の解釈が義務的である下記の文（=(103)）を見よう．

(132) Teresa heard that Mary won the race.

上述のように，この文には同時の解釈が存在せず，転移の解釈のみが存在する．

この現象は，次のように説明される．一般に，非状態動詞が単純現在時制形で生じた場合，発話時における特定の行為・出来事を表すことができない．例えば，(133) は，散歩の習慣を表すことはできるが，発話時における歩行行為を表すことはできない．

(133) John walks in the garden.

この現象は，様々な角度からの説明が試みられている．[6] ここでは，3.2.4節の注5で述べたように，時制解釈構造に言及する以下の制約を仮定しよう．

(134) 非状態事象の制約
文の時制解釈構造が (EvT, RT_{Perf}) & (RT_{Perf}, ET) であり，かつ EvT が別の時要素 XT と同時 (XT, EvT) の指定を受ける場合，その評価時 EvT の時点における特定の行為・出来事を表すことはできない．

(133) の時制解釈表示は，(RT_{Perf}, EvT) & (RT_{Perf}, ET_{walk}) であり，かつ EvT は発話時と同時の指定 (ST, EvT) を受けるので (3.2.4節の注5参照)，(134) の制約により，(133) の発話時における歩行行為を表すことができない．

以上を仮定して，(132) に立ち戻ろう．この文の同時の解釈の表示は (135) であり，転移の解釈の表示は (136) である．

---

[6] 最近の分析としては，Kamp and Reyle (1993: 536–537)，Giorgi and Pianesi (1997: 163)，Julien (2001: 142–147)，Smith (2004: 102–103) 等がある．

第 3 章　補文と非直説法節の時制解釈　　　　　　　　　　　　115

(135)　主節：　(RT_{Perf}<EvT_{ST}) & (RT_{Perf},ET_{hear}) & (ET_{hear},EvT_{ND})
　　　　補文：　(RT_{Perf},EvT_{ND}) & (RT_{Perf},ET_{win})
(136)　主節：　(RT_{Perf}<EvT_{ST}) & (RT_{Perf},ET_{hear}) & (ET_{hear},EvT_{ND})
　　　　補文：　(RT_{Perf}<EvT_{ND}) & (RT_{Perf},ET_{win})

(135) の補文の部分の表示は，(RT_{Perf},EvT_{ND}) & (RT_{Perf},ET_{win}) であり，かつ hear の TRISP 特性により (ET_{hear},EvT_{ND}) の指定をもつので，(134) の制約により，主節の行為が生起する時点と同時である評価時 EvT_{ND} における出来事を表すことができない．したがって，同時の解釈が排除される．一方，(136) における補文の時制解釈表示は，(134) の制約に抵触しないので，転移の解釈が許容される．このようにして，(132) には転移の解釈のみが存在する事実が説明される．

　次に，SOT 認可環境の補文が過去完了形で生じた場合を見よう．この場合，「had＋過去分詞」の解釈は，直接話法でパラフレーズすると，(i) 単純過去形，(ii) 現在完了形，(iii) 過去完了形の三とおりの可能性がある．下記の (137a) が (i) の例，(137b) が (ii) の例，(137c) が (iii) の例である．

(137)　a.　She said that she had broken it.
　　　　　　　　　　　　　　　　　　(Huddelston and Pullum (2002: 156))
　　　　　　Cf. She said, "I broke it."
　　　b.　She said that she had seen it.　　　　　　　　(ibid.)
　　　　　　Cf. She said, "I have seen it."
　　　c.　She said that she had left.　　　　　　　　　(ibid.)
　　　　　　Cf. She said, "I had left."

(137) の三つの文の補文には，(138) の時制解釈表示が与えられる．

(138)　(RT_{Perf}<EvT_{ND}) & (ET<RT_{Perf})

派生が主節に至ると，主節動詞 say の特性 TRISP によって，(ET_{say},EvT_{ND}) の指定を受ける．この後，(138) の表示に SOT 調整規則が適用されなけれ

ば，(137c) の解釈に対応する時制解釈表示が得られる．

(139) a. 主節： $(RT_{Perf} < EvT_{ST})$ & (RT_{Perf}, ET_{say}) & (ET_{say}, EvT_{ND})
      補文： $(RT_{Perf} < EvT_{ND})$ & $(ET_{leave} < RT_{Perf})$
   b. 主節： ────────ET_{say}, RT_{Perf}────EvT_{ST}────
      補文： ──ET_{leave}────RT_{Perf}────EvT_{ND}────────

一方，SOT 調整規則の適用を受けると，補文の時制解釈表示は，(RT_{Perf}, EvT_{ND}) & $(ET_{leave} < RT_{Perf})$ へ変更されるので，文全体としては (137b) の解釈に対応する時制解釈表示 (140a) が得られる．

(140) a. 主節： $(RT_{Perf} < EvT_{ST})$ & (RT_{Perf}, ET_{say}) & (ET_{say}, EvT_{ND})
      補文： (RT_{Perf}, EvT_{ND}) & $(ET_{see} < RT_{Perf})$
   b. 主節： ────────ET_{say}, RT_{Perf}────EvT_{ST}────
      補文： ──ET_{see}──RT_{Perf}, EvT_{ND}────────

ここで，残された (137a) を説明するためには，SOT 調整規則を，指示時 RT と事象時 ET のペアにも適用されるように一般化する必要がある．

(141) 一般化 SOT 調整規則（随意的）
      主要部が T_{ND} [+Past] である TP が SOT 認可環境に埋め込まれ，その TP の時制解釈表示を構成する二つのペア (pair) のいずれか一方が (X<Y) であるなら，(X<Y) を (X,Y) とせよ．

この一般化 SOT 調整規則を，(138) の二つのペア（$(RT_{Perf} < EvT_{ND})$ と $(ET < RT_{Perf})$）の右側のペアである $(ET < RT_{Perf})$ に適用すると，補文の時制解釈表示としては $(RT_{Perf} < EvT_{ND})$ & (ET, RT_{Perf}) が得られる．その結果，文全体としては (137a) の解釈に対応する (142a) の時制構造が得られる．

(142) a. 主節： $(RT_{Perf} < EvT_{ST})$ & (RT_{Perf}, ET_{say}) & (ET_{say}, EvT_{ND})
      補文： $(RT_{Perf} < EvT_{ND})$ & (ET_{break}, RT_{Perf})

b. 主節： ————•——————————ET_{say}, RT_{Perf}————EvT_{ST}————
   補文： ET_{break}, RT_{Perf} EvT_{ND}

ただし，一般化 SOT 規則は，(138) の二つのペアのいずれか一方にのみ適用を制限する必要がある．さもないと，二つのペアに適用され，「had + 過去分詞」の連鎖が，(RT_{Perf}, EvT_{ND}) & (ET, RT_{Perf}) の表示を与えられ，同時の解釈を持つことになる．この問題は，今後の課題とする．

3.3.4. 二重接触現象の分析

3.3 節の最後に，二重接触現象を分析する．

(143) a. John heard that Mary is pregnant.
      b. Jill said she has too many commitments.

ここまで，主節動詞の語彙特性 TRISP が SOT 現象の主たる要因となることを論じてきた．

(144) SOT 述語による時制制限 (TRISP)
      動詞 say, believe 等の SOT を認可する主節述語は，その事象時 ET が補文の非直示的評価時 EvT_{ND} と同時，すなわち ($ET_{matrix\ pred}, EvT_{ND}$) であることを指定する．
      　　SAY: 補文の非直示的評価時 EvT_{ND} は ET_{say} と同時 (ET_{say}, EvT_{ND})

ここで，TRISP は，これまでのように補文の時制が非直示的時制である場合に限定されず，直示的時制にも適用されるように一般化しよう．[7]

---

7. さらに，修正 TRISP は，3.2 節で論じた不定詞補文を選択する SEEM タイプの述語の語彙特性との一般化が可能と思われる．

   (i) SEEM: EvT_{TO} は ET_{seem} と同時 (ET_{seem}, EvT_{TO})

(145) 修正 TRISP

動詞 say, believe 等の SOT を認可する主節述語は，その事象時 ET が補文の評価時 EvT と同時，すなわち $(ET_{matrix\ pred}, EvT)$ であることを指定する．

SAY: 補文の評価時 EvT は ET_{say} と同時　(ET_{say}, EvT)

修正 TRISP を仮定して，二重接触の例に立ち戻る．まず，(143) のような例の補文の現在時制は，直示的現在時制であると考えよう．例えば，(143a) の補文は，時制解釈表示として (146) を持つ．

(146) (EvT_{ST}, RT_{Perf}) & (RT_{Perf}, ET_{be})

(143a) の主節の過去時制は直示的時制であるので，(147) の時制解釈表示を持つ．

(147) $(RT_{Perf} < EvT_{ST})$ & (RT_{Perf}, ET_{hear})

さらに，修正 TRISP により，主節動詞の事象時 ET_{hear} と補文の評価時 EvT_{ST} が同時であることが要求される．主節動詞 hear は非状態動詞として用いられているので，その出来事は過去時に完結している．そのため，その事象時 ET_{hear} は，主節の出来事と補文の EvT_{ST} の両方と重なりを持つのに十分な長さをもつ期間ではあり得ない．一方，補文の評価時 EvT_{ST} が，補文の事象時 ET_{be} と主節の事象時 ET_{hear} の両方を含むのに十分な長さの期間であることは可能である．したがって，補文の評価時 EvT_{ST} と主節の事象時 ET_{hear} は同時となることができる．(146) が示すように，補文の評価時 EvT_{ST} と補文の事象時 ET_{be} は同時である．したがって，補文の評価時 EvT_{ST} との同時性を媒介として，補文の事象時 ET_{be} と主節の事象時 ET_{hear} は同時と解釈される．結果的に，補文の事象時 ET_{be} は，発話時と同時である EvT_{ST} と過去時である主節の ET_{hear} との両方に対して同時であり，二重接触の解釈が得られる．

以上，二重接触の解釈は，修正 TRISP として述べられた主節動詞の語彙

3.4. 命令文・仮定法現在節・仮定法過去節の時制解釈

3.4.1. 命令文の時制解釈

1.3.5 節で述べたように，命令文 (imperative) は，(148) に示す構造をもつものとする．

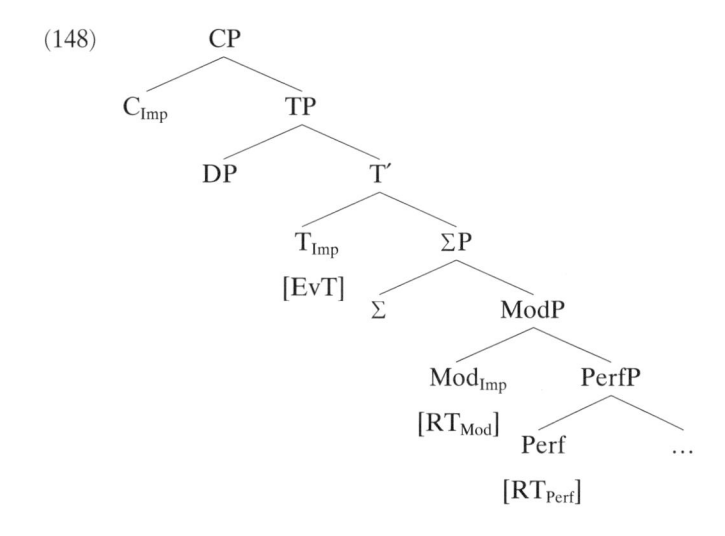

(148)
```
           CP
          /  \
       C_Imp   TP
              /  \
            DP    T′
                 /  \
              T_Imp  ΣP
              [EvT]  /  \
                    Σ   ModP
                       /    \
                    Mod_Imp  PerfP
                    [RT_Mod] /   \
                           Perf   …
                          [RT_Perf]
```

命令文の CP の主要部 C_{Imp} は，文が命令法であることを示す素性 [Imp(erative)] を含む．C_{Imp} の補部となる TP の主要部 T_{Imp} は，直説法の T と異なり，[+Pres/+Past] の対立を示さない時制素性 [Tns_{Imp}] をもつ．また，命令文には，音形をもたない抽象的法助動詞 Mod_{Imp} が生起する．

以上の構造に基づき，命令文の時制解釈に関わる機能範疇の特性を見よう．まず，C_{Imp} は，命令文の評価時 EvT が発話時 ST と同時であることを指定する．これは，命令行為が常に発話の時点における命令であることを反映している．

(149) C_{Imp} : 評価時 EvT は発話時 ST と同時 (EvT,ST)

したがって，命令文の評価時は常に発話時と同定される（すなわち，EvT_{ST}）．

現在・過去の対立のない時制素性 $[Tns_{Imp}]$ を含む T_{Imp} は，3.2 節で論じた不定詞補文の T [−fin] と同様に，評価時 EvT が指示時 RT と同時であることを指定する．

(150)　T_{Imp}：指示時 RT は評価時 EvT と同時　　(RT,EvT)

上記 (148) の構造で，指示時 EvT_{ST} に最も近い指示時 RT は，Perf の指示時 RT_{Perf} ではなく，抽象的法助動詞 Mod_{Imp} の指示時 RT_{Mod} であるので，(150) によって，(RT_{Mod}, EvT_{ST}) の情報が指定される．

抽象的法助動詞 Mod_{Imp} は，未来表現の法助動詞 will と同様に，(151) の特性をもつ．

(151)　Mod_{Imp}：RT_{Perf} は RT_{Mod} より後　　($RT_{Mod} < RT_{Perf}$)

これは，命令のモダリティが未来指向性をもつことを捉えている．

以上を踏まえて，命令文の時制解釈の具体例を見よう．例えば，(152a) は (152b) の構造をもつ．

(152)　a.　Finish your homework tomorrow.　　(Han (1998: 161))

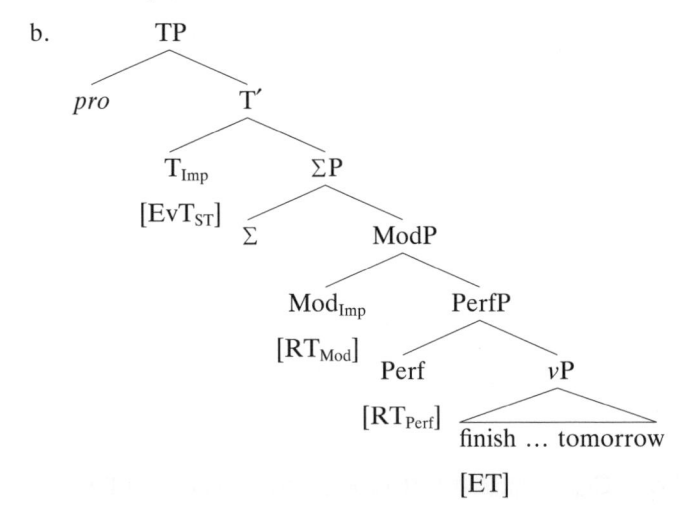

b.
```
              TP
           /      \
         pro       T'
                /      \
            T_Imp      ΣP
           [EvT_ST]   /   \
                    Σ    ModP
                        /    \
                   Mod_Imp   PerfP
                   [RT_Mod]  /    \
                          Perf    vP
                        [RT_Perf]  |
                              finish ... tomorrow
                                  [ET]
```

上記 (150)，(151) の情報，および非完了相の Perf [−Perf] の情報を合成すると，(152a) には (153a) の時制解釈表示が与えられる．

(153)　a.　(EvT_{ST}, RT_{Mod}) & $(RT_{Mod} < RT_{Perf})$ & (RT_{Perf}, ET_{finish})

　　　　b.　$\underset{EvT_{ST}, RT_{Mod}}{\bullet————} \underset{\underset{tomorrow}{\uparrow}}{\underset{RT_{Perf}, ET_{finish}}{\bullet}} ————→$

抽象的法助動詞 Mod_{Imp} により，命令文には未来指向性の制限が課されるので，(154) は非文法的であることが説明される．

(154)　*Finish your homework yesterday.　　　(Han (1998: 161))

(155)　a.　(EvT_{ST}, RT_{Mod}) & $(RT_{Mod} < RT_{Perf})$ & (RT_{Perf}, ET_{finish})

　　　　b.　$\underset{\underset{*yesterday}{\uparrow}}{\underset{EvT_{ST}, RT_{Mod}}{\bullet}}———— \underset{RT_{Perf}, ET_{finish}}{\bullet} ————→$

命令文に完了助動詞 have が生起する場合は，未来完了表現と同様の時制解釈が与えられる．

(156)　Have cooked this evening's dinner by six. (Culicover (1971: 77))

(157)　a.　(EvT_{ST}, RT_{Mod}) & $(RT_{Mod} < RT_{Perf})$ & $(ET_{cook} < RT_{Perf})$

　　　　b.　$\underset{EvT_{ST}, RT_{Mod}}{\bullet————} \underset{ET_{cook}}{\bullet}———— \underset{\underset{by\ six}{\uparrow}}{\underset{RT_{Perf}}{\bullet}} ————→$

以上のように，命令文の時制解釈は，直説法の文と同様に，機能範疇 C_{Imp}，T_{Imp}，Mod_{Imp}，Perf の情報を合成することによって得られる．

3.4.2.　仮定法現在節の時制解釈

本節では，下記のような仮定法現在節の時制解釈を考察する．(斜体は筆者)

(158) a. In addition, by proposing that one *place* semantic values somewhere else, perhaps even outside the head, this proposal adds another problem: ...
(James McGilvray, *Chomsky: Language, Mind, and Politics*, Polity Press (1999), p. 168)

b. His doctors recommended that he not *bother* treating it, but he insisted on a course of radiation.
(Jonathan Franzen, "My Father's Brain," in *The Best American Essays 2002*, ed. by Stephen Jay Gould, Houghton Mifflin (2002), p. 94)

c. The idea that mind can solve any problem does not demand that reason *come* up with easy or ready solutions to problems.
(James McGilvray, *Chomsky: Language, Mind, and Politics*, Polity Press (1999), p. 83)

d. I suggest, though, that it is important to Chomsky's view of the mind that he not *place* these two capacities (or any others) among the faculties as defined above.
(James McGilvray, *Chomsky: Language, Mind, and Politics*, Polity Press (1999), p. 49, 一部省略)

e. It is crucial to the approach developed here that there *be* a way of unambiguously identifying the complement of a head in terms of the syntactic configuration.
(Peter Culicover, *Principles and Parameters: An Introduction to Syntactic Theory*, Oxford University Press (1997), p. 146)

1.3.6節で述べたように，仮定法現在節は，下記の構造をもつと考える．

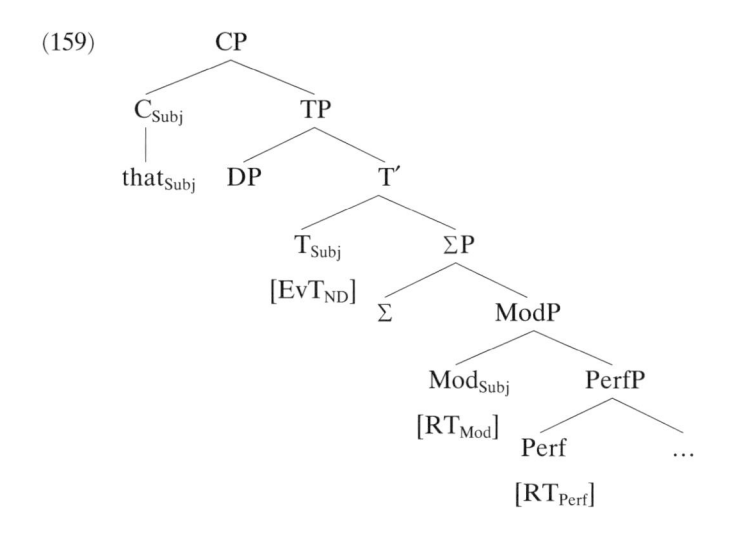

(159)
```
              CP
            /    \
       C_Subj    TP
         |      /  \
      that_Subj DP  T'
                   /  \
                T_Subj ΣP
               [EvT_ND] / \
                       Σ  ModP
                         /    \
                    Mod_Subj  PerfP
                    [RT_Mod]  /  \
                            Perf  ...
                          [RT_Perf]
```

CP の主要部 C_{Subj} は，節が仮定法現在であることを示す素性 [Subj(unctive)] を含む．この C の補部となる TP の主要部 T_{Subj} は，非直示的時制の一種であり，現在・過去の対立を示さない時制素性 [Tns_{Subj}] を含む．また，仮定法現在節には，抽象的法助動詞 Mod_{Subj} が義務的に生起するものとする．

T_{subj} は非直示的時制であるので，その評価時 EvT_{ND} は発話時 ST と直接同定されることはなく，demand 等の仮定法現在節を選択する主節述語によって，主節述語の事象時 ET との関係を指定される．

(160)　DEMAND:　補文の評価時 EvT_{ND} は ET_{demand} と同時
　　　　　　　　　(EvT_{ND}, ET_{demand})

補文の非直示的時制 T_{Subj} は，評価時 EvT_{ND} と指示時 RT が同時であることを指定する．この点で，過去・現在の対立を示さない不定詞補文の T_{TO} や命令文の T_{Imp} と共通性を有している．

(161)　T_{Subj}:　指示時 RT は，評価時 EvT_{ND} と同時　(RT, EvT_{ND})

上記 (159) の構造で，EvT_{ND} に最も近い指示時 RT は，抽象的法助動詞 Mod_{Subj} の RT_{Mod} であるので，(161) によって，(RT_{Mod}, EvT_{ND}) の情報が指定される．この点は，3.4.1 節の命令文の場合と共通している．

抽象的法助動詞 Mod_{Subj} は，未来予測の法助動詞 will や命令文の抽象的法助動詞 Mod_{Imp} と同様に，RT_{Perf} が RT_{Mod} より後であることを指定する．

(162)　Mod_{Subj}:　RT_{Perf} は RT_{Mod} より後　$(RT_{Mod} < RT_{Perf})$

これは，仮定法現在補文の叙述内容が，RT_{Mod} よりも後の時点で実現されることを要求・示唆されていることを表している．

(160)，(161)，(162) の指定により，(163) には (164a) の時制解釈表示が与えられ，(165) には (166a) の時制解釈表示が与えられる．

(163)　I demand that he go there.

(164)　a.　主節：　(RT_{Perf}, EvT_{ST}) & (RT_{Perf}, ET_{demand}) &
　　　　　　　　　(ET_{demand}, EvT_{ND})
　　　　　補文：　(RT_{Mod}, EvT_{ND}) & $(RT_{Mod} < RT_{Perf})$ & (ET_{go}, RT_{Perf})

　　　　b.　主節：　　$ET_{demand}, EvT_{ST}, RT_{Perf}$
　　　　　　　　　　─────────────────────────────
　　　　　補文：　　　RT_{Mod}, EvT_{ND}　　　　　　ET_{go}, RT_{Perf}

(165)　I demanded that he go there.

(166)　a.　主節：　$(RT_{Perf} < EvT_{ST})$ & (RT_{Perf}, ET_{demand}) &
　　　　　　　　　(ET_{demand}, EvT_{ND})
　　　　　補文：　(RT_{Mod}, EvT_{ND}) & $(RT_{Mod} < RT_{Perf})$ & (ET_{go}, RT_{Perf})

　　　　b.　主節：　　ET_{demand}, RT_{Perf}　　　　　　　EvT_{ST}
　　　　　　　　　　─────────────────────────────
　　　　　補文：　　　RT_{Mod}, EvT_{ND}　　ET_{go}, RT_{Perf}

(164a) で，補文の事象時 ET_{go} は主節の事象時 ET_{demand} より後に位置づけられていて，この ET_{demand} は結果的に発話時 ST と同時である．(166a) でも，補文の事象時 ET_{go} は主節の事象時 ET_{demand} より後に位置づけられているが，こちらの ET_{demand} は発話時 ST よりも前の過去時である．

このように，仮定法現在節の時制解釈は，主節述語，仮定法現在節の T_{Subj}，抽象的法助動詞 Mod_{Subj} の特性により決定される．

3.4.3. 仮定法過去節の時制解釈

本節では，仮定法過去 (past subjunctive) の時制解釈を考察する．仮定法過去は，命題内容を客観的事実としてではなく，仮想的 (hypothetical) な出来事・状態として述べるのに用いられる．このため，話者（あるいは主節の主語）が，事実に反する (counterfactual)，あるいは事実である可能性が低いと考えた事柄を記述するのに用いられる場合が多い．

仮定法過去の典型例は，(167a) のような [if 条件節 (protasis) + 帰結節 (apodosis)] の形式をとる条件文に見られる．[8]

---

8. 仮定法過去の条件節と帰結節の組み合わせは，(167a) のような単純な例ばかりではなく，下記の (ia-f) のように，条件節と帰結節の間に別の節が介在している場合もある（下線は筆者）．

(i) a. If someone did steal it, <u>I am almost certain</u> the victim would run after the thief shouting, "Could you please return it to 32 Wilson Avenue when you've finished it? And watch out for the third gear — it sticks."
(Bill Bryson, *I'm a Stranger Here Myself*, Broadway Books (1999), p. 79)
b. Now call me an idealistic fool, but if I were going to put an identifying number on every computer I sold and then require people to regurgitate that number each time they wanted to communicate with me, <u>I don't believe</u> I would put it in a place that required the user to move furniture and get the help of a neighbor each time he wished to consult it.
(Bill Bryson, *I'm a Stranger Here Myself*, Broadway Books (1999), p. 29)
c. Or grapefruit. I don't know about you, but if someone handed me an unfamiliar fruit that was yellow, sour, and the size of a cannonball, <u>I don't believe</u> I would say, "Well, it's rather like a grape, isn't it?"
(Bill Bryson, *I'm a Stranger Here Myself*, Broadway Books (1999), p. 267)
d. Chomsky assumes, and he suggests that if more serious attention were paid to dealing scientifically with ways to perform the undesirable tasks

(167) a. If you lived in Dallas now, you could drive home in half a day.　　　　　　　　　　　　　　(Baker (1995: 555))
b. If Collin is in London, he is undoubtedly staying at Hilton.　　　　　　　　　　　　(Quirk et al. (1985: 1091))

仮定法過去を用いた (167a) では，聞き手 (you) は現在 Dallas には住んでいないので，条件節の内容は偽 (false) であり，帰結節の内容も偽である．このように，仮定法過去の条件文では，話者は，条件節の内容が満たされない，あるいは満たされる見込みが少ないことを前提 (presupposition) としている．このような前提をもつ条件文は仮想条件文 (hypothetical condition) と呼ばれる．

これに対して，(167b) のように直説法を用いた条件文では，条件節の内容が真 (true) であるか偽であるかは定まっておらず，帰結節の内容の真偽も定まっていない．このような条件文は，開放条件文 (open condition) と呼ばれる (Quirk et al. (1985))．

周知のように，仮定法過去では，動詞または助動詞は過去形が用いられる

(something not done now because people have always assumed that there would be "wage slaves" who needed to do the undesirable work in order to live), it is possible that there would be very few onerous tasks that required human workers.
(James McGilvray, *Chomsky: Language, Mind, and Politics*, Polity Press (1999), p. 201)
e. But if you asked women all over America the same question, I doubt you'd get a simple "yes" from anyone.
(Kay Hetherly, *American Pie*, NHK Publishing (2000), pp. 35-36)
f. If the sentence in (1B) were subjectless, it is not obvious how we would account for the relevant agreement facts.
(Andrew Radford, *Minimalist Syntax: Exploring the Structure of English*, Cambridge University Press (2004), p. 107)

これらの例では，条件の if 節と帰結節の間に下線を施した節が介在している．介在しているこれらの節は，挿入節的な性質をもっていると分析できるかもしれないが，詳細な分析は今後の課題としたい．

が，叙述されるのは過去時の出来事・状態ではない．例えば，(167a) では過去形 (lived, could) が用いられているが，述べられているのは現在の事柄であり，直説法の現在形と同じ機能を果たしている．また，(168a) が示すように，仮定法過去を用いて未来の事柄について述べることもある．これは，直説法を用いた条件文 (168b) において，現在形を用いて未来の事柄に言及するのに対応している．

(168) a. If you missed class tomorrow, you would not hear Professor Grant's elucidation of Hugo's metaphors.
(Baker (1995: 553))
b. If you miss class tomorrow, you will not hear Professor Grant's elucidation of Hugo's metaphors. (ibid.)

すなわち，時の指示に関して，仮定法過去 (168a) の過去形 (missed, would) は，直説法 (168b) の現在形 (miss, will) と同じ機能を果たしている．

さらに，仮定法過去の過去形は，単独では過去時に言及することができず，過去時の事柄を記述するには (169) のように完了助動詞 have を伴わなければならない．

(169) a. If you had been here yesterday, you would have met Marsha. (Baker (1995: 556))
b. So if my students had followed the American custom, I would have been ready for them when they came.
(Kay Hetherly, *Kitchen Table Talk*, NHK Publishing (2003), p. 19)

一方，直説法を用いた条件文では，(170) のように過去形単独で過去の事柄を記述する．

(170) If John went to that party, (then) he was trying to infuriate.
(Dancygier (1998: 7))

このように，仮定法過去の過去形は，時制解釈の上では，直説法の現在形と同じ機能を果たしている．

このほかに，仮定法過去・過去完了は，wish の補文，as if 節，関係節，等々に生起する．（斜体は筆者）

(171) a. I wish I *had kept* a diary when I first moved to Japan.
(Kay Hetherly, *Kitchen Table Talk*, NHK Publishing (2003), p. 18)

b. After several days of reading the X-files, I felt as if I *were* attending school in a parallel world.
(Jennifer Kahn, "Notes from a parallel universe," in *The Best American Science Writing 2003*, ed. by Oliver Sacks, Houton Mifflin (2003), p. 118)

c. It should be obvious that an English speaker who *tried* to construct a Japanese sentence without knowing any rules for Japanese word order *would* have just as serious a problem in making a sentence that was acceptable to a fluent Japanese speakers.
(C. L. Baker, *English Syntax*, 2nd ed., MIT Press (1995), p. 4)

d. Two years ago, I *would have regarded* this as a small impertinent, but now I find I've grown to like it.
(Bill Bryson, *I'm a Stranger Here Myself*, Broadway Books (1999), p. 74)

e. Without this flavor industry, today's fast food *would* not exist.
(Eric Schlosser, "Why McDonald's fries taste so good," in *The Best American Science and Nature Writings 2002*, ed.

第 3 章　補文と非直説法節の時制解釈

by Natalie Angier, Houghton Mifflin (2002), p. 222)

　このような仮定法過去の特性を説明するために，まず，直説法の TP 主要部 T_{Ind} と仮定法過去の TP 主要部 $T_{Hyp(othetical)}$ の内部特性について次のように考えよう．

(172)　a.　直説法 T_{Ind} : i.　{[+Pres], PRES}
　　　　　　　　　　　　ii.　{[+Past], PAST}
　　　　b.　仮定法過去 T_{Hyp} : 　{[+Pres], PAST}

直説法の場合，時制解釈に関わる時制素性 [+Pres] をもつ T_{Ind} は，現在形形態素 PRES と結びついており，時制素性 [+Past] をもつ T_{Ind} は過去形形態素 PAST と結びついている．

　これに対して，仮定法過去は，発話者の発話時点での主観的判断を直接的に反映する叙法であるので，時制素性としては発話時 ST と結びつく [+Pres] のみを値とし，過去形形態素 PAST の組み合わせをもつ．すなわち，仮定法過去の動詞（あるいは助動詞）は，形態上は過去形であるが，時制解釈上は現在時制の解釈を受ける．この仮定法過去の時制素性 T_{Hyp} [+Pres] は，直説法の現在時制 T_{Ind} [+Pres] と同様に，T_{Hyp} が内包する評価時 EvT（以下，EvT_{Hyp} と表記する）と指示時 RT が同時であることを指定する．

(173)　T_{Hyp} [+Pres]：指示時 RT は評価時 EvT_{Hyp} と同時 (RT,EvT_{Hyp})

仮定法過去の評価時 EvT_{Hyp} は，仮定法過去の意味特性を反映し，発話時 ST と同定される．結果として，仮定法過去による想定は，常に発話時点での想定となる．すなわち，「現時点で～と仮想してみると，～という帰結が得られるだろう」という意味を表す．

　主節となる帰結節が仮定法過去節である場合，(174) に示されるように，その補文標識 C は素性 [Hyp(othetical)] をもち，この素性は補部の TP 内に法助動詞を義務的に要求すると仮定しよう．

(174) 仮定法過去節（主節）の構造

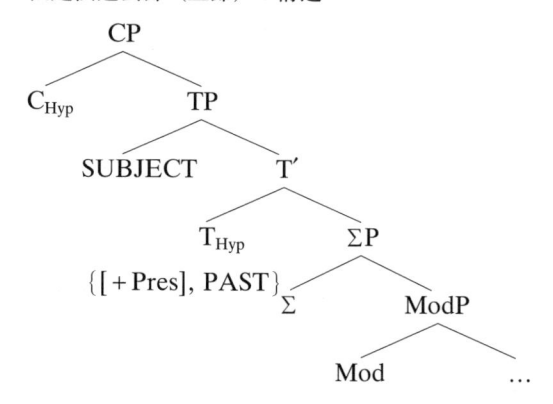

```
            CP
           /  \
        C_Hyp  TP
              /  \
         SUBJECT  T'
                 /  \
              T_Hyp  ΣP
         {[+Pres], PAST}
                     /  \
                    Σ   ModP
                        /  \
                      Mod   …
```

したがって，仮定法過去の帰結節（主節）には，過去形の法助動詞が義務的に生起する．法助動詞が義務的に生起するので，(173) の指定により評価時 EvT_{Hyp} と同時と解釈されるのは，法助動詞の指示時 RT_{Mod} である．

条件の if 節が仮定法過去節である場合も，その TP は T_{Hyp} を主要部とし，時制素性 [+Pres] と過去形態素 PAST の組み合わせをもつ．ただし，if 節の現在時制素性 [+Pres] は，現在の時点に言及するだけでなく，未来の時点に言及することもできる．上述の (168) で見たように，この特性は，仮定法過去の場合も，直説法の場合にも存在する．

(175) a. If you missed class tomorrow, you would not hear Professor Grant's elucidation of Hugo's metaphors. （仮定法過去）
　　　 b. If you miss class tomorrow, you will not hear Professor Grant's elucidation of Hugo's metaphors. （直説法）

未来表現の will を伴わずに動詞の現在時制が未来の時点に言及するのは，時を表す付加詞節にも見られる特性である．[9]

---

9. ただし，この現象には一定の例外がある．この点については，5.3.3.3 節で論ずる．

(176) {When / After / Before / As / As soon as / Once} he arrives, the band will play the National Anthem. (Quirk et al. (1985: 1008))

この現象は，次の記述的一般化により捉えることができる．

(177) 付加詞節現在時制の未来解釈の認可
条件の if 節と時を表す付加詞節の現在時制は，主節の未来性をもつ助動詞の時の解釈に関与する場合，未来の出来事・状態を指すことができる．

より具体的には，条件や時を表す付加詞節の T [+Pres] は，通例の特性 (178a) に加えて，未来性をもたらす (178b) の特性をもつ．

(178) a. T [+Pres]： 指示時 RT は評価時 EvT と同時 (RT,EvT)
b. T [+Pres]： 指示時 RT は評価時 EvT より後[10] (EvT<RT)
条件： T が，未来性をもつ助動詞を含む主節を修飾する時の付加詞節，あるいは条件節の TP の主要部である．

---

10. この指定により評価時 EvT より後となるのは指示時 RT であり，この点で 3.2.4 節で論じた現在形未来表現とは異なる．現在形未来表現では，評価時 EvT より後となるのは事象時 ET のみで，指示時 RT は EvT と同時であった．

  (i) He comes home tomorrow.
  (ii) a. (EvT_{ST}, RT_{Perf}) & $(RT_{Perf} < ET_{come})$
       b. EvT_{ST}, RT_{Perf} _____ ET_{come}
                                    ↑
                                tomorrow

RT が EvT_{ST} と同時点にあるので，現在完了形を用いた現在形未来表現が存在しないことが説明された．

  (iii) *John has come tomorrow.

これに対して，(178b) の指定では，RT は EvT_{ST} より後であるので，完了形で生じた場合，未来完了表現と類似の解釈が可能であると予測される．下記の例はそれが正しいことを示している．

以上を仮定して，(179a) (=(167a)) を見よう．

(179) a. If you lived in Dallas now, you could drive home in half a day.
  b. [if [$_{TP}$ you [$_{T'}$ [$_T$ [+Pres], PAST] [$_{PerfP}$ [−Perf] [$_{vP}$ ... live ...]]]]], [$_{TP}$ you [$_{T'}$ [$_T$ [+Pres], PAST] [$_{ModP}$ can [$_{PerfP}$ [−Perf] [$_{vP}$ ... drive ...]]]]]

ここで，法助動詞 can は，(180) の指定をもつものとする．

(180) CAN： RT_{Perf} は，RT_{can} と同時，あるいは後 ($RT_{can} \leq RT_{Perf}$)

(179) の帰結節では，(RT_{can}, RT_{Perf}) が選択される．さらに，T_{Hyp} [+Pres] により (EvT_{Hyp}, RT_{can}) が指定され，[−Perf] により (RT_{Perf}, ET_{drive}) が指定される．条件節では，T_{Hyp} [+Pres] により (EvT_{Hyp}, RT_{Perf}) が指定され，[−Perf] により (RT_{Perf}, ET_{live}) が指定される．したがって，(179a) には，

(iv) a. When they've scored their next goal, we'll go home.
               (Quirk et al. (1985: 1019))
 b. If he has pushed the button by the time you get there, the rocket {will be firing before you can reach him. / will fire. / will have fired before you can reach him.}   (Tedeschi (1976: 108))
 c. If your account remains inactive for six weeks after registration, IS will send you a reminder. If there has been no activity after three months, you may be asked to relinquish your account so that someone else can use it.
  (*News about Information Systems throughout MIT*, Vol. 16, Number 4, 2000, p. 7)

これらの文の if 節では，(178b) により ($EvT < RT_{Perf}$) が指定され，完了助動詞 have により ($ET < RT_{Perf}$) が指定される．

(v) a. ($EvT_{ST} < RT_{Perf}$) & ($ET < RT_{Perf}$)
  b. EvT_{ST} _____ ET _____ RT_{Perf}

このため，結果的に未来完了と類似の時制解釈が得られる．

(181a) の時制解釈が与えられる。[11]

(181) a. 帰結節：(EvT_{Hyp}, RT_{can}) & (RT_{can}, RT_{Perf}) & (RT_{Perf}, ET_{drive})
条件節：(EvT_{Hyp}, RT_{Perf}) & (RT_{Perf}, ET_{live})
↑
now

b. 帰結節：　　$EvT_{Hyp}, RT_{can}, RT_{Perf}, ET_{drive}$
　　　　　　―――――・――――・―――――
条件節：　　　　$EvT_{Hyp}, RT_{Perf}, ET_{live}$
　　　　　　―――――・―――――――――
↑
now

上述のように，仮定法過去の評価時 EvT_{Hyp} は発話時 ST と同時である．その結果，(179a) は，発話時点の事柄に関する仮想的条件とその仮想的帰結が述べられていると解釈される．

次に，(182a)（＝(175a)）を見よう．

(182) a. If you missed class tomorrow, you would not hear Professor Grant's elucidation of Hugo's metaphor.

b. [if [$_{TP}$ you [$_{T'}$ [$_T$ [+Pres], PAST] [$_{PerfP}$ [−Perf] [$_{vP}$ ... miss ...]]]]], [$_{TP}$ you [$_{T'}$ [$_T$ [+Pres], PAST] [$_{ModP}$ will [$_{PerfP}$ [−Perf] [$_{vP}$ ... hear ...]]]]]

帰結節では，T_{Hyp} [+Pres] により (EvT_{Hyp}, RT_{will}) が指定され，will により $(RT_{will} < RT_{Perf})$ が指定される．さらに，[−Perf] により (RT_{Perf}, ET_{hear}) が指定される．条件節では，上記 (178b) により，現在時制 T_{Hyp} [+Pres] が $(EvT_{Hyp} < RT_{Perf})$ を指定し，指示時 RT_{Perf} は評価時 EvT_{Hyp} より後の時点を指示する．さらに，[−Perf] により (RT_{Perf}, ET_{miss}) が指定される．し

---

11. ここでは，主節と条件節の時制解釈を連結する方法の詳細には立ち入らず，両者の時制解釈の EvT_{Hyp} が同一であることに基づいて連結されると考えることにする．

たがって，(182a) には (183a) の時制解釈が与えられる．

(183) a. 帰結節：(EvT_{Hyp}, RT_{will}) & $(RT_{will} < RT_{Perf})$ & (RT_{Perf}, ET_{hear})
条件節：$(EvT_{Hyp} < RT_{Perf})$ & (RT_{Perf}, ET_{miss})
↑
tomorrow

b. 帰結節：　　EvT_{Hyp}, RT_{will}　　　　RT_{Perf}, ET_{hear}
　　　　　　 ─────────●──────────────●─────────

条件節：　　　EvT_{Hyp}　　　　　　　RT_{Perf}, ET_{miss}
　　　　　　 ─────────●──────────────●─────────
　　　　　　　　　　　　　　　　　　　　　　↑
　　　　　　　　　　　　　　　　　　　tomorrow

評価時 EvT_{Hyp} は発話時 ST と同定されるので，(182a) は未来の事柄に関する仮想的条件，およびその仮想的帰結が述べられていると解釈される．

次に過去時に言及する仮定法過去の条件文 (184a) (=(169a)) を見よう．

(184) a. If you had been here yesterday, you would have met Marsha.
b. [if you [$_{T'}$ [$_T$ [+Pres], PAST] [$_{PerfP}$ have [+Perf] [$_{vP}$ … be …]]]], [$_{TP}$ you [$_{T'}$ [$_T$ [+Pres], PAST] [$_{ModP}$ will [$_{PerfP}$ have [+Perf] [$_{vP}$ … meet …]]]]]

このような文では完了助動詞の過去形 had が用いられており，伝統的に仮定法過去完了と呼ばれている．条件節では，T_{Hyp} [+Pres] により，(EvT_{Hyp}, RT_{Perf}) が指定され，[+Perf] により $(ET_{be} < RT_{Perf})$ が指定される．帰結節では，T_{Hyp} [+Pres] により，(EvT_{Hyp}, RT_{will}) が指定される．ここで，法助動詞 will の語彙指定を修正し，上記の法助動詞 can の場合と同様に，(185) の指定をもつものとする．

(185) WILL：RT_{Perf} は，RT_{will} と同時，あるいは後　$(RT_{will} \leq RT_{Perf})$

これまでの事例では，$(RT_{will} < RT_{Perf})$ が選択されてきたが，(184a) の場合，

(RT_{will}, RT_{Perf}) が選択される．さらに，[+Perf] により (ET_{meet} < RT_{Perf}) が指定される．その結果，(184a) には (186) の時制解釈が与えられる．

(186) 帰結節： (EvT_{Hyp}, RT_{will}) & (RT_{will}, RT_{Perf}) & (ET_{meet} < RT_{Perf})
条件節： (EvT_{Hyp}, RT_{Perf}) & (ET_{be} < RT_{Perf})

(186) の表示では，条件節と帰結節のいずれにおいても，RT_{Perf} は EvT_{Hyp} と同時点で，事象時 ET のみが過去時であるので，直説法における現在完了形に対応する解釈となる．しかし，特定の過去の時点を示す yesterday の存在が示すように，これは (184a) で意図されている解釈ではない．この問題を解決するために，3.2.3 節で提案された完了形解釈再順づけ規則 (187) を (188) のように拡張しよう．

(187) 完了形解釈再順序づけ規則（随意的）
(RT_{Perf}, EvT_{TO}) & (ET_V < RT_{Perf}) ⇒
(RT_{Perf} < EvT_{TO}) & (ET_V ≤ RT_{Perf})

(188) 拡張完了形解釈再順序づけ規則（随意的）
(RT_{Perf}, XT) & (ET_V < RT_{Perf}) ⇒
(RT_{Perf} < XT) & (ET_V ≤ RT_{Perf})
条件： XT ≠ EvT_{Ind}

直説法の評価時 EvT_{Ind} 以外で，(RT_{Perf}, XT) & (ET_V < RT_{Perf}) の構造を形成できるのは，EvT_{TO}, EvT_{Hyp}, RT_{Mod} であるので，(188) の適用を受けることができるのは，XT がこの三つのいずれかの場合である．これらは，完了助動詞 have が過去時制の代用として用いられる環境に相当する．[12]

---

12. 例えば，命令文で完了の have が生起した場合，その時制表示は (ib) となる (cf. 3.4.1 節)．

  (i) a. Have cooked this evening's dinner by six. (Culicover (1971: 77))
      b. (EvT_{ST}, RT_{Mod}) & (RT_{Mod} < RT_{Perf}) & (ET_{cook} < RT_{Perf})

(ib) の表示では，RT_{Perf} は RT_{Mod} と同時ではないので，拡張完了形解釈再順序づけ規則の

(184) の帰結節の時制表示に (188) を適用すると，XT = RT_{will} であるので，(RT_{Perf} < RT_{will})，および (ET_{meet} ≦ RT_{Perf}) が得られる．後者に関しては，この場合，(ET_{meet}, RT_{Perf}) が選択される．条件節の時制表示に (188) を適用すると，XT = EvT_{Hyp} であるので，(RT_{Perf} < EvT_{Hyp})，および (ET_{be} ≦ RT_{Perf}) が得られる．後者に関しては，この場合も，(ET_{be}, RT_{Perf}) が選択される．[13]

適用対象となる構造 (RT_{Perf}, RT_{Mod}) & (ET_{cook} < RT_{Perf}) に合致しない．
　なお，下記の (ii) のように，ing 節でも，完了助動詞の have が時制の代わりに過去性を示す要素として用いられるが，ここでは扱わない．

(ii) Having inherited his grandfather's company, Urban sold it to a company that decided to cease publication of the Book.
(Michael Paterniti, "The most dangerous beauty," in *The Best American Magazine Writing 2003*, ed. by The American Society of Magazine Editors, Perenial (2003), p. 28)

13. (188)((i) として再掲)の拡張完了形再解釈順序づけ規則の定式化によれば，規則の適用後，(ET_V, RT_{Perf}) ではなく，(ET_V < RT_{Perf}) が選択される可能性がある．

(i) 拡張完了形解釈再順序づけ規則（随意的）
(RT_{Perf}, XT) & (ET_V < RT_{Perf}) ⇒ (RT_{Perf} < XT) & (ET_V ≦ RT_{Perf})
条件： XT ≠ EvT_{Ind}
(ii) 帰結節： (EvT_{Hyp}, RT_{Mod}) & (RT_{Perf} < RT_{Mod}) & (ET_V < RT_{Perf})
条件節： (RT_{Perf} < EvT_{Hyp}) & (ET_V < RT_{Perf})

これは直説法における過去完了形に対応する解釈である．次の文の if 条件節は，そのような事例として分析できると思われる．

(iii) If he had pushed the button, the rocket would have been firing when we got there.　　　　　　　　　　　(Tedeschi (1976: 152))

条件節内の行為は，主節の時の付加詞の when 節が示す過去の時点より以前に行われていなければならない．したがって，if 節の時制表示は，上記 (ii) の条件節の時制表示が与えられる．

(iv) a. (RT_{Perf} < EvT_{Hyp}) & (ET_{push} < RT_{Perf})
b. ET_{push}　　　RT_{Perf}　　　EvT_{Hyp}
(↑)
(when we got there)

帰結節において，このような解釈を持つ仮定法過去完了表現が存在する可能性について

第3章 補文と非直説法節の時制解釈

(189) a. 帰結節：(EvT_{Hyp}, RT_{will}) & $(RT_{Perf} < RT_{will})$ & (ET_{meet}, RT_{Perf})
条件節：$(RT_{Perf} < EvT_{Hyp})$ & (ET_{be}, RT_{Perf})
↑
yesterday

はさらに調査が必要である．

また，拡張完了形再解釈順序づけ規則は，法助動詞と結びつく時制の種類には言及していない．したがって直説法の時制と結びつく法助動詞に完了の have が後続する場合にも適用される．例えば，(va), (vb), (vc) は，それぞれ直説法の過去時制(via)，現在完了形 (vib)，過去完了形 (vic) に対応する解釈をもつ．

(v) a. John may have arrived at 2:00 yesterday.　　(McCawley (1971: 101))
 b. John may have drunk a gallon of beer by now.　　(ibid.)
 c. John may have already met Sue when he married Cynthia.　　(ibid.)
(vi) a. John arrived at 2:00 yesterday. (*has arrived, *had arrived)
　　　　　　　　　　　　　　　　　　　　　　　(McCawley (1971: 101))
 b. John has drunk a gallon of beer by now. (*drank, *had drunk)　(ibid.)
 c. John had already met Sue when he married Cynthia. (*met, *has met)
　　　　　　　　　　　　　　　　　　　　　　　　　　　　　(ibid.)

(va-c) の文には，まず，(vii) の時制表示が与えられる．

(vii)　(EvT_{ST}, RT_{Mod}) & (RT_{Perf}, RT_{Mod}) & $(ET_V < RT_{Perf})$

(va) は，(i) が適用されて，(ET_{arrive}, RT_{Perf}) が選択される事例であり，(viii) の表示が与えられる．

(viii)　(EvT_{ST}, RT_{may}) & $(RT_{Perf} < RT_{may})$ & (ET_{arrive}, RT_{Perf})

この表示では，指示時 RT_{Perf} と事象時 ET_{arrive} が過去の同時点に位置づけられており，過去時制の解釈に対応している．

(vb) は，(i) が適用されない事例であり，(ix) の表示が与えられる．

(ix)　(EvT_{ST}, RT_{may}) & (RT_{Perf}, RT_{may}) & $(ET_{drink} < RT_{Perf})$

(ix) では指示時 RT_{Perf} が発話時と同時であり，現在完了形の解釈に対応している．

(vc) は，(i) が適用されて，$(ET_{meet} < RT_{Perf})$ が選択される事例であり，(x) の表示が与えられる．

(x)　(EvT_{ST}, RT_{may}) & $(RT_{Perf} < RT_{may})$ & $(ET_{meet} < RT_{Perf})$

この表示では，指示時 RT_{Perf} が過去時であり，事象時 ET_{meet} は RT_{Perf} よりさらに過去時に位置づけられており，過去完了形に対応する表示である．

このように，法助動詞に完了助動詞 have が後続する場合，過去完了形に対応する解釈が存在し，それは拡張完了形解釈再順序づけ規則の予測が正しいことを裏づけている．

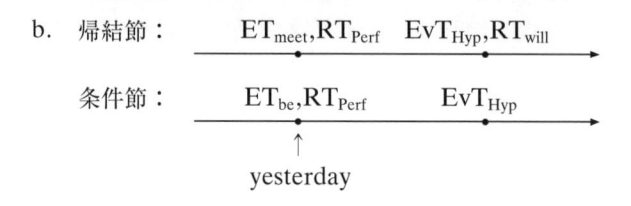

b. 帰結節： $\text{ET}_{\text{meet}}, \text{RT}_{\text{Perf}} \quad \text{EvT}_{\text{Hyp}}, \text{RT}_{\text{will}}$

条件節： $\text{ET}_{\text{be}}, \text{RT}_{\text{Perf}} \quad \text{EvT}_{\text{Hyp}}$
↑
yesterday

(189a) の表示は，直説法の過去時制に対応する構造となっている．

拡張完了形解釈再順序づけ規則を適用しない場合，直説法の現在完了形に対応する仮定法過去完了となる．下記の (190) はその例である．

(190) a. Your hair looks as if you *had never combed* it in your life.
(Declerck (1991: 77))

b. Besides, as Darwin pointed out, culture and experience might be the source of self-consciousness; humans with very little education might find it difficult to reflect, if the habit of reflection had never been established.
(Merlin Donald, *Origins of the Modern Mind*, Harvard University Press (1993), p. 30)

(190a) の as if 節には，上記 (186) の条件節の時制表示が与えられる．

(191) $(\text{EvT}_{\text{Hyp}}, \text{RT}_{\text{Perf}}) \ \& \ (\text{ET}_{\text{comb}} < \text{RT}_{\text{Perf}})$

この表示では，指示時 RT_{Perf} が評価時 EvT_{Hyp} と同時で，事象時 ET_{comb} のみが過去であり，直説法の現在完了に対応する解釈が与えられている．

このように，仮定法過去完了の時制解釈は，拡張完了形解釈再順序づけ規則の随意性によって説明される．[14]

---

14. 仮定法過去完了は，未来の出来事に言及することも可能である．

(i) a. If John had come to the party tomorrow, he would have met you.
(Dancygier (1998: 33))

最後に，仮定法過去と仮定法過去完了が混合された例を見よう．

(192) a. Tom wouldn't be so hungry if he had eaten a breakfast.

(Dancygier (1998: 33))

b. If Ann had a better memory for faces, she would have recognized you. (ibid.)

(192a) では，仮定法過去の帰結節と仮定法過去完了の条件節が組み合わ

---

b. [if John [$_{T'}$ [$_T$ [+Pres], PAST] [$_{PerfP}$ have [+Perf] [$_{vP}$ ... come ...]]]], [$_{TP}$ he [$_{T'}$ [$_T$ [+Pres], PAST] [$_{ModP}$ will [$_{PerfP}$ have [+Perf] [$_{vP}$ ... meet ...]]]]]

帰結節では，T_{Hyp} [+Pres] により，(EvT$_{Hyp}$, RT$_{will}$) が指定され，will の未来性により，(RT$_{will}$ < RT$_{Perf}$) が指定される．さらに，[+Perf] により (ET$_{meet}$ < RT$_{Perf}$) が指定される．条件節では，法助動詞 will を含む節を修飾するので，T_{Hyp} [+Pres] の特性として，本文の (178b) が選択され，(EvT$_{Hyp}$ < RT$_{Perf}$) が指定される．また，[+Perf] により (ET$_{come}$ < RT$_{Perf}$) が指定される．

(ii) a. 帰結節： (EvT$_{Hyp}$, RT$_{will}$) & (RT$_{will}$ < RT$_{Perf}$) & (ET$_{meet}$ < RT$_{Perf}$)
条件節： (EvT$_{Hyp}$ < RT$_{Perf}$) & (ET$_{come}$ < RT$_{Perf}$)
b. 帰結節： EvT$_{Hyp}$, RT$_{will}$ ET$_{meet}$ RT$_{Perf}$
条件節： EvT$_{Hyp}$ ET$_{come}$ RT$_{Perf}$

このようにして，(i) が未来の出来事に言及していることを捉えることができる．

Dancygier (1998: 33) によると，(i) は，話者が，John が明日のパーティーに来るつもりであったことを知っていて，John が事故で重傷を負い，パーティーに来る見込みがなくなったことを知ったばかりの状況で用いられるという．主語の過去の意図が実現されなかったことを記述する点で，上記注3の (vi)（下記 (iii) として再掲）の例と類似している．

(iii) a. He hoped to have come.
b. I expected to have met you at the meeting.
c. She wanted to have bought a bigger house.
d. She intended to have attended the meeting.

これらの例では，補文の表している内容に完了相の意味は感じられないが，この点を完了形解釈再順序づけ規則によって説明した．(i) の例でも完了相の解釈は感じられないので，(ii) の時制表示において RT$_{Perf}$ と ET を同時点に位置づけるよう，完了形解釈再順序づけ規則を再修正する必要があるかもしれない．あるいは，完了助動詞 have に「未遂」を意味する機能があるのかもしれない．これらの点は，今後の課題とする．

されている．帰結節では T_{Hyp} [+Pres] により (RT_{will}, EvT_{Hyp}) が指定され，同時性の特性を選択した will により (RT_{will}, RT_{Perf}) が指定される．さらに，非完了形であるので (ET_{be}, RT_{Perf}) が指定される．条件節では，T_{Hyp} [+Pres] により (EvT_{Hyp}, RT_{Perf}) が指定され，さらに完了形であるので $(ET_{eat} < RT_{Perf})$ が指定される．これに拡張完了形解釈再順序づけ規則が適用されて，$(RT_{Perf} < EvT_{Hyp})$ & (ET_{eat}, RT_{Perf}) が得られる．

(193) a. [$_{TP}$ Tom [$_{T'}$ [$_T$ [+Pres], PAST] [$_{ModP}$ will [$_{PerfP}$ [−Perf] [$_{vP}$ ... be ...]]]]] [if he [$_{T'}$ [$_T$ [+Pres], PAST] [$_{PerfP}$ have [+Perf] [$_{vP}$ ... eat ...]]]]

    b. 帰結節：　(RT_{will}, EvT_{Hyp}) & (RT_{will}, RT_{Perf}) & (ET_{be}, RT_{Perf})
       条件節：　(RT_{Perf}, EvT_{Hyp}) & $(ET_{eat} < RT_{Perf})$ ⇒
                $(RT_{Perf} < EvT_{Hyp})$ & (ET_{eat}, RT_{Perf})

この時制表示 (193b) では，帰結節では現在の状態に言及し，条件節では過去の出来事に言及していることが表示されている．

(192b) では，仮定法過去完了の帰結節と，仮定法過去の条件節が組み合わされている．条件節では T_{Hyp} [+Pres] により (EvT_{Hyp}, RT_{Perf}) 指定され，非完了形であるので (ET_{have}, RT_{Perf}) が指定される．帰結節では，T_{Hyp} [+Pres] により (RT_{will}, EvT_{Hyp}) が指定され，また同時性の特性を選択した will により (RT_{will}, RT_{Perf}) が指定される．さらに，完了形であるので $(ET_{recognize} < RT_{Perf})$ が指定される．ここで，拡張完了形解釈再順序づけ規則が適用されて，(RT_{Perf}, RT_{will}) & $(ET_{recognize} < RT_{Perf})$ の部分が，$(RT_{Perf} < RT_{will})$ & $(ET_{recognize}, RT_{Perf})$ に変更される．

(194) a. [if Ann [$_{T'}$ [$_T$ [+Pres], PAST] [$_{PerfP}$ [−Perf] [$_{vP}$ ... have ...]]]], [$_{TP}$ she [$_{T'}$ [$_T$ [+Pres], PAST] [$_{ModP}$ will [$_{PerfP}$ have [+Perf] [$_{vP}$ ... recognize ...]]]]]

    b. 帰結節：　(RT_{will}, EvT_{Hyp}) & (RT_{Perf}, RT_{will}) &

第3章　補文と非直説法節の時制解釈　　　　　　　　　　　　　　141

$$(ET_{recognize} < RT_{Perf}) \Rightarrow$$
$$(RT_{will}, EvT_{Hyp}) \ \& \ (RT_{Perf} < RT_{will}) \ \&$$
$$(ET_{recognize}, RT_{Perf})$$

条件節：　$(RT_{Perf}, EvT_{Hyp}) \ \& \ (ET_{have}, RT_{Perf})$

(194b) の表示では，条件節が現在の状態に言及し，帰結節が過去の出来事に言及していることが表示されている．

　以上，仮定法過去と仮定法過去完了を概観し，それらの時制解釈は，仮定法過去節の主要部 T_{Hyp} の特性と，すでに提案されていた完了形解釈再順序づけ規則を拡張・一般化することにより説明されることを論じた．[15]

3.5. まとめ

　本章では，不定詞節，定形補部節，命令文，仮定法現在節，仮定法過去節における時制解釈の分析を行った．その結果，第2章で提示された時制解釈システムの基本概念と時制構造の決定プロセスは，本章で扱われた構文でもそのまま有効であることを示した．さらに，本章では，新たにいくつかの規則，制約を提案した．このうち，完了形解釈再順序づけ規則は個別の構文・現象に限定されるものではなく，複数の構文・現象に渡って適用されるものであり，妥当性が高いことを示した．SOT 調整規則は，時制の一致現象に固有の規則であるが，統語構造から読み取られた時制構造に一定の変更を加える点で，完了形解釈再順序づけ規則と類似している．この二つの規則間の共通性の抽出，さらに統一化の可能性の追求は今後の課題としたい．

　15.　仮定法過去が補部節内に埋め込まれて生起する事例や，主節が仮定法過去である場合に補部節の時制に及ぼす影響，等々は今後の課題とする．これらの問題を含め，条件文の包括的研究としては，Dancygier (1998), Dancygier and Sweetser (2005), Huddleston (1977a), Huddleston and Pullum (2002), Iatridou (2000) を参照．仮定法過去，仮定法過去完了を含めた時制解釈の包括的研究としては，Declerck (1991) を参照．

第 4 章

英語法助動詞の統語論と意味解釈*

4.1. はじめに

　本章では，英語の法助動詞 (modal auxiliary) を含む文（以下，法助動詞文）の意味解釈について，統語論，語彙的意味，語用論，叙述様式のインターフェースの観点から考察する．英語の法助動詞は多義性 (polysemy) を持つと分析されることが多かった．特に，認識様態 (epistemic = E) の意味と，根源的 (root = R) 意味の多義性を持つと分析されてきた．認識様態の意味は，法助動詞を含む文の命題内容の蓋然性に対する話者の判断を表す．根源的意味には，義務 (obligation) と許可 (permission) を表す義務的 (deontic = Dn) 意味と，能力 (ability)，傾向 (disposition)，意志 (volition) 等を表す動的 (dynamic = Dy) 意味が含まれる (cf. Palmer (1990))．

(1) a. John must$_E$ be married. (= It is necessarily the case that John is married.)

---

　* 本章の内容は，Kaneko (1997) および金子 (1999c) に大幅に改訂を加えたものである．

b. John must$_{R(Dn)}$ obey the order. (= John is obliged to obey the order.)

(2) a. He may$_E$ be serious. (= Possibly he is serious.)

b. You may$_{R(Dn)}$ stay here. (= You are permitted to stay here.)

(3) a. John can't$_E$ be single. (= It is not possible that John is single.)

b. John can$_{R(Dy)}$ play the piano. (= John is able to play the piano.)

　本章では，英語の法助動詞構文に見られる解釈の多様性を法助動詞の多義性に帰する分析は妥当でないことを主張する．特に，英語の法助動詞に語彙的多義性は存在せず，すべて繰り上げ述語 (raising predicate) であることを主張する．さらに，法助動詞文の解釈の多様性は，法助動詞の語彙的意味，文の叙述様式，および発話の場面の情報の相互作用によるものであることを論ずる．

4.2.　生成文法による伝統的分析

　生成文法では，Ross (1969)，Perlmutter (1970, 1971) 等の分析以来，法助動詞は，繰り上げ (raising) 述語用法とコントロール (control) 述語用法の語彙的多義性を持つと分析されるのが主流となっている．すなわち，認識様態法助動詞は繰り上げ述語であり，根源的法助動詞はコントロール述語と分析される．[1] この分析の根拠としてしばしば引用されるのは，能動態と受動態の交替に伴って，解釈が変わるかいなかである．例えば，下記の (4) と (5) を対比してみよう．

---

1. 多少異なる分析については，Jackendoff (1972), Zubizarretta (1982, 1983) を参照．

(4) a. The doctor must$_R$ examine John.
≠ b. John must$_R$ be examined by the doctor.
(5) a. John may$_E$ visit Mary.
= b. Mary may$_E$ be visited by John.

(4) では must を根源的意味で用いているが，態の交替による解釈の変化があるとされている．すなわち，(4a) で義務を負うのは the doctor であるが，(4b) で義務を負うのは John であるとされる．これに対して，may を認識様態の意味で用いている (5) では，態が交替しても (4) のような解釈の変化は生じない．この意味で，認識様態法助動詞は態中立的 (voice-neutral) であり，根源的法助動詞は態感応的 (voice-sensitive) であるとされる．

態交替に関するこの対照は，コントロール述語と繰り上げ述語を区別する動機付けの一つとしてしばしば言及されている．例えば，(6) のコントロール構文では態感応性が見られるが，(7) の繰り上げ構文は態中立的である．

(6) a. The doctor wants [PRO to examine John]
≠ b. John wants [PRO to be examined by the doctor]
(7) a. John seems [t_{John} to have visited Mary]
= b. Mary seems [t_{Mary} to have been visited by John]

この類似性に基づき，根源的法助動詞構文にはコントロール構文と平行的な (8a) の構造が与えられ，認識様態法助動詞構文には繰り上げ構文と平行的な (8b) の構造が与えられている．

(8) a. 根源的法助動詞文：　NP$_i$ Modal$_R$ [$_{\text{VP}}$ PRO$_i$ VP]
 b. 認識様態法助動詞文：　NP$_i$ Modal$_E$ [$_{\text{VP}}$ t_i VP]

この分析は，根源的法助動詞文の主語は，コントロール構文の主節の主語と同様に，法助動詞から主題標示 (θ-mark) されることを意味している．例えば，(4a) では the doctor が「義務の担い手」として主題標示され，(4b)

ではJohnがこの主題役割を標示される．この基本的仮説は，生成文法における法助動詞の取り扱いにおいて現在に至るまで受け継がれている．[2]

本章でも，以下の議論において，認識様態用法の法助動詞が繰り上げ述語であることを受け入れる．[3] しかし，根源用法の法助動詞については，コントロール分析を却下し，繰り上げ述語であることを主張する．したがって，法助動詞は，認識様態，根源いずれの意味でも繰り上げ述語であることを論ずる．

4.3. 根源的法助動詞の繰り上げ述語としての特性

本節では，根源的法助動詞がコントロール述語ではなく，繰り上げ述語であることを論証する．すでにいくつかの文献において，根源的法助動詞がコントロール述語ではないことを強く示唆する議論がなされている．[4] 以下の4.3.1節から4.3.3節において，それらの議論のいくつかを概観し，4.3.4節ではそれらを補強する現象を一つ提示する．

4.3.1. 態中立性

前節で述べたように，態の交替により解釈が変化することは，根源的法助動詞をコントロール述語とする分析にとって，最も強力な論拠の一つとされてきた．しかし，Jenkins (1972) および Huddleston (1974) は，この現象がそれほど強固な論拠とはなり得ないことを論証している．

---

2. 最近の分析例としては，Diesing (1992a, b) および Bošković (1994) を参照．
3. 詳細については，Hofmann (1966)，Ross (1969)，Perlmutter (1970, 1971)，Newmeyer (1970)，Huddleston (1974) 等を参照．
4. Newmeyer (1970)，Jenkins (1972)，Huddleston (1974)，Sweetser (1990)，Warner (1993) を参照．また，Bhatt (1998) は，義務 (obligation) のモダリティに関して，ought-to-be 型（命題型）解釈とought-to-do（個体型）の解釈（4.3.1節を参照）のいずれにおいても，繰り上げ分析が妥当であることを主張している．

(9) The doctor { (a) may$_R$ / (b) must$_R$ / (c) should$_R$ } examine John.

(10) John { (a) may$_R$ / (b) must$_R$ / (c) should$_R$ } be examined by the doctor.

Jenkins (1972: 2-3, 16-24) の観察では，(9) の能動文とそれらに対応する (10) の受動文に異なる解釈を与えることが可能であるが，同時に，それらを同義と解釈することも常に可能である．例えば，(9a) と (10a) は，それぞれ (11a) および (12a) と解釈すれば，同義である．

(11) a. I give permission for the doctor to examine John.
     b. I give the doctor permission to examine John.

(12) a. I give permission for John to be examined by the doctor.
     b. I give John permission to be examined by the doctor.

(11a) と (12a) の解釈では，許可されているのは不定詞補文で表されている命題内容であり，for the doctor to examine John と for John to be examined by the doctor は同義である．注意すべきことに，この解釈では，許可の受け手は特定されていない．したがって，(9a) と (10a) には，許可の受け手の交替は観察されず，同義となる．

これに対して，(9a) と (10a) を，それぞれ (11b)，および (12b) のように解釈すると，許可される行為のみならず，許可の受け手も特定される．すなわち，許可の受け手は，(11b) では the doctor, (12b) では John と特定されており，これらの解釈では，(9a) と (10a) は同義ではない．

以下の議論では，(11a) と (12a) のタイプの解釈を命題型の読み，個人の義務・許可が問題となる (11b) と (12b) のタイプの解釈を個体型の読みと呼ぶことにする．命題型の読みは Brennan (1993) の ought / allowed-to-be の解釈に，個体型の読みは ought / allowed-to-do の解釈に対応する．

上記の観察は，根源的法助動詞文は，命題型の解釈では態中立的，個体型の解釈では態感応的であることを意味している．言い換えれば，根源的法助

動詞は，少なくとも命題型の解釈では繰り上げ述語であると言うことができる．さらに，Jenkins (1972: 21) は，根源的法助動詞文には，個体型の解釈が存在せず，命題型の解釈のみを許す事例が存在することを指摘している．次の (13a) はその一例である．

(13) a. The cake may$_R$ be eaten now.
b. X gives permission for the cake to be eaten now.

(13a) には許可の受け手として解釈可能な名詞句が存在しておらず，(13b) に示される命題型の解釈のみを許す．

さらに，許可や義務の受け手として解釈可能な名詞句が存在し，なおかつ態の交替により意味が変わらない根源的法助動詞文も存在する．

(14) a. The senior man must$_R$ do the job. (Huddleston (1974: 228))
b. The job must$_R$ be done by the senior man. (ibid.)

Huddleston (1974) の観察によれば，(14a) と (14b) は同義であって，どちらも the senior man が義務の受け手と解釈される．類似の例は，Jackendoff (1972) でも指摘されている．

(15) a. Visitors may$_R$ pick flowers. (Jackendoff (1972: 105))
b. Flowers may$_R$ be picked by visitors. (ibid.)

(15) の二つの文では，どちらも visitors が許可の受け手であり，同義である．(14) と (15) は，文中に許可の受け手が顕在化されていても，必ずしも態の交替に伴って解釈の変化が生ずるわけではないことを示している．

ただし，根源的法助動詞でも，動的解釈の場合，態の交替に伴い常に解釈が変化すると思われる．例えば，次の能動・受動の交替例を見よう．

(16) a. Mothers will$_{Dy}$ smack their babies.
≠ b. Babies will$_{Dy}$ be smacked by their mothers.

Warner (1993: 17) が観察しているように，(16a) は mothers の習性を表しているのに対し，(16b) は babies の習性を表しており，この二つの文を同義と解釈することは困難である．したがって，これらの例は，一見すると，動的意味の根源的法助動詞がコントロール述語であり，繰り上げ述語とは分析できないことを示しているように見える．しかし，注意すべきことに，(16) の二つの文から法助動詞を除いても，同様の態感応性が観察される．

(17) a. Mothers smack their babies.
≠ b. Babies are smacked by their mothers.

(17a) は mothers についての総称的 (generic) 陳述を表し，(17b) は babies についての総称的陳述となっている．すなわち，(16) で観察される態感応性は，動的法助動詞 will に起因するのではなく，習性等を表す総称文に内在的な特性によるものであり，will はそれを忠実に反映しているにすぎない．したがって，(16) でも will は態中立的であると分析できる．この問題には，4.6.2 節で立ち戻る．

これまでの議論から，根源的法助動詞は，常に態中立的に解釈可能である一方，態感応的に解釈されない場合が存在すると結論できる．これは，根源的法助動詞の個体型の解釈が何らかの意味で「派生的 (derivative)」であり，語用論的要因の関与を強く示唆している．[5] この問題は，4.4 節で論じ

---

5. これに対して，ほとんどの場合，個体型の解釈のほうが命題型の解釈より自然であり，したがって，個体型の解釈がより基本的解釈であると主張することも考えられる．確かに，個体型の解釈は，それが可能なら，命題型の解釈より優勢である．例えば，(ia) は，通例，(ic) の解釈のほうが優勢である．

(i) a. John must$_R$ stay out of the living-room.
b. It is obligatory that John stay out of the living-room. （命題型）
c. It is obligatory on John to stay out of the living-room. （個体型）

しかし，このことは，(ib) の解釈が存在しないことを意味するわけではない．まず，(ic) で記述される内容が真である場合，常に (ib) で記述される内容も真である．さらに，John が人間ではなく，例えば猫の名前であるとしよう．その場合，義務の受け手として自

られる．

　要約すると，態感応性に基づく議論は，根源的法助動詞をコントロール述語と分析する根拠とはならない．逆に，態中立的解釈が常に可能である事実は，根源的法助動詞が基本的に繰り上げ述語であることを強く示唆している．

4.3.2. 虚辞主語

　もし根源的法助動詞がコントロール述語であるならば，虚辞 (expletive) 主語の there や it を許容しないことが予測される．しかし，Newmeyer (1970)，Jenkins (1972)，Huddleston (1974)，Brennan (1993) 等が指摘するように，根源的法助動詞は虚辞主語と共起可能である．

(18) a. There must$_R$ be peace and quiet! (Newmeyer (1970: 195))
　　　b. The Supreme Court had decided that there may$_R$ be a retrial. (Jenkins (1972: 23))
　　　c. There must$_R$ be a revolution. (Jenkins (1972: 31))
　　　d. There must$_R$ be complete silence. (Huddleston (1974: 228))
　　　e. There may$_R$ be singing but no dancing on my premises. (Warner (1993: 16))
　　　f. There may$_R$ be up to five cars in the lot at one time. (Brennan (1993: 41))
　　　g. There must$_R$ be three lifeguards on duty. (Brennan (1993: 42))

然なのは John の飼い主である．そのような状況では，(ib) の解釈は可能であるが，(ic) の解釈は不可能である．以上から，(ic) のような個体型の解釈は常に (ib) のような命題型の解釈を含意するが，その逆は成り立たないことがわかる．換言すると，命題型の解釈は常に存在するが，個体型の解釈は存在しないこともある，ということである．常に存在する命題型の解釈が，一見存在しないように思える場合があるのは，それを含意する個体型の解釈の陰に隠れてしまうためである．この点については 4.4.3 節で論ずる．

h. It must$_R$ be quiet in the reading room at all times.

(Brennan (1993: 42))

i. There should$_R$ be no problem at the border.

(Matthews (2003: 66))

これらの例は，根源的法助動詞がコントロール述語ではなく，繰り上げ述語であることを強く示唆している．

4.3.3. イディオム主語

コントロール述語は，一般に，イディオム表現の一部となる名詞句 (idiom chunk) を主語とすることができない．しかし，以下の例が示すように，根源的法助動詞は，そのような名詞句を主語として許容する．

(19) a. The Supreme Court decided that suit may$_R$ be brought against A.T.&T.　　　　　　(Jenkins (1972: 30))

b. Suit must$_R$ be brought at once against A.T.&T.

(Jenkins (1972: 31))

c. Tabs may$_R$ be kept on their spies.　(Brennan (1993: 42))

したがって，これらの事例も，根源的法助動詞がコントロール述語ではないことを示唆している．

4.3.4. 等位接続と全域的抜き出し

ここで，根源的法助動詞のコントロール分析にとって問題となるもう一つの現象を指摘しよう．Burton and Grimshaw (1992) および McNally (1992) は，VP 内主語の仮説 (VP-internal subject hypothesis) を採用すると，能動態と受動態の VP を等位接続しても，等位構造制約 (Coordinate Structure Constraint = CSC) 違反現象が見られない理由が説明されると論じている．

(20) a. John loves Mary and is loved by her.
b. John [$_{VP}$ t_{John} loves Mary] and [$_{VP}$ t_{John} is loved t_{John} by her]
c. [$_{TP}$ John [$_{T'}$ T [$_{vP}$ t_{John} love Mary]] and [$_{T'}$ be-T [$_{PassP}$ t_{be} [$_{vP}$ loved t_{John} by her]]]]

VP 内主語の仮説に基づく Burton and Grimshaw の分析によれば，(20a) は (20b) の派生構造を持つ．(20b) では，受動態の VP のみならず，能動態の VP からも John が移動されるので，John は等位接続された二つの VP から，全域的 (across-the-board) に TP の指定部に繰り上げられている．全域的に移動される場合，CSC 違反が生じないことはよく知られた事実である．

ここでは，Burton and Grimshaw の分析の趣旨を受け入れ，本書の分析と整合するように修正し，(20c) に示すように，T′ が等位接続されているものと考えよう．(20c) では，等位接続された二つの T′ から，John が TP 指定部へ全域的に移動されている．

この分析を念頭に，法助動詞と繰り上げ述語の等位接続を見よう．[6] 認識様態法助動詞は繰り上げ述語であるので，それらを主要部とする述部は，他の繰り上げ述語を主要部とする動詞句との等位接続が可能であると予測される．以下の例が示すように，この予測は正しい．

(21) a. John [seems [t_{John} to be very tired]] and [must$_E$ [t_{John} be ill]]
b. John [seems [t_{John} to be very tired]] and [may$_E$ [t_{John} be ill]]
c. John [seems [t_{John} to like Mary]] and [could$_E$ [t_{John} fall in love with her]]

(21) の各文の構造が示すように，John は等位接続された二つの述部から全

---

6. 等位接続に関する議論は，遠藤喜雄氏の示唆に基づいている．また，(21) と (23) の例文の母語話者による容認可能性のチェックは，鈴木達也氏の手を煩わせている．両氏の御厚意に感謝する．

域的に TP 指定部へ繰り上げられているので，CSC による排除を免れている．

　根源的法助動詞については，コントロール分析では，根源的法助動詞句と繰り上げ述語の 動詞句との等位接続は不可能と予測される．(22a) の構造が示すように，繰り上げ述語の動詞句だけから主語が繰り上げられるからである．一方，繰り上げ分析では，(22b) に示されるように，主語は等位接続された二つの述部から全域的に移動されるので，CSC によって排除されないと予測される．

(22) a. コントロール分析: DP [$V_{raising}$ [t_{DP} to vP]] and [$Modal_R$ [$_{vP}$ PRO VP]]
　　　b. 繰り上げ分析: DP [$V_{raising}$ [t_{DP} to vP]] and [$Modal_R$ [$_{vP}$ t_{DP} VP]]

以下の文が容認可能であることは，繰り上げ分析による予測が正しいことを示している．

(23) a. You appear to be ill and should$_R$ go to bed soon.
　　　b. You appear to be very tired and may$_R$ take a break.
　　　c. John seems to be ill and can't$_R$ work as usual.

これらの例は，法助動詞句と繰り上げ述語 VP との等位接続が可能であり，根源的法助動詞が繰り上げ述語であることを示している．

4.3.5. 4.3 節のまとめ

　以上の議論から，根源的法助動詞をコントロール述語と分析する従来の分析は妥当ではなく，認識様態法助動詞と同様に，根源的法助動詞も繰り上げ述語であると結論するのが妥当である．

4.4. 根源的法助動詞による「主題標示」の語用論的性格

本節では，根源的法助動詞のコントロール分析において，根源的法助動詞が主語に標示するとされている「義務の受け手」，「許可の受け手」，「行為の意図者」等々が，文法的概念としての主題役割ではなく，発話の文脈に依存する語用論的概念であることを主張する．もしこの主張が正しければ，コントロール分析は，最も重要な経験的根拠を失うことになる．

4.4.1. 根源的法助動詞の「主題役割」の非語彙意味的性格

根源的法助動詞のコントロール分析によれば，根源的法助動詞は主語を主題標示する．例えば，(24a) では，the doctor が「義務の受け手」と標示され，(24b) では，John が「義務の受け手」と標示される．

(24) a. The doctor must$_R$ examine John.
  b. John must$_R$ be examined by the doctor.

しかし，Jackendoff (1972) は，そのような事態が常に成り立つわけではないことを指摘している．

(25) a. Visitors may$_R$ pick flowers.
  b. Flowers may$_R$ be picked by visitors.

Jackendoff によれば，(25a) と (25b) のいずれにおいても，コントロール分析の予測に反し，「許可の受け手」は visitors である．

さらに，Huddleston (1974) も，「許可の受け手」，「義務の受け手」等々は文法的概念ではなく，語用論的概念であると主張する．[7]

---

7. その他に，関連する議論としては，Lakoff (1972), Perkins (1982), Sweetser (1990), Klinge (1993), Groefsema (1995) 等を参照．

(26) a. The cat must$_R$ stay out of the living-room.

(Huddleston (1974: 229))

b. John must$_R$ go to bed at 8 o'clock. (ibid.)

Huddleston (1974: 228) の所見によれば，(26a) で「義務の受け手」として最も自然であるのは the cat の飼い主であり，(26b) の「義務の受け手」としては，John も可能であるが，John が幼児であるなら，John の母親でもあり得る．

このように，根源的法助動詞が標示すると言われている「主題役割」は，根源的法助動詞の主語に局所化可能な概念ではなく，言語的に表現されない場合すら存在する．この事実は，これらが文法的な主題役割ではなく，語用論的に決定される概念であることを強く示唆している．

4.4.2. 義務発話行為

上述のように，根源的法助動詞が標示すると言われてきた「主題役割」は，語用論的概念である．では具体的にどのように捉えられるべき概念であろうか．ここでは，「義務の受け手」と「許可の受け手」に限って論ずる．まず，語用論には，許可や義務を与える発話行為 (speech act) に関して，次のような概念的式型が存在すると考えられる．

(27) 義務発話行為 (deontic speech act) の式型

W imposes on X the obligation / permission [for Y to vP].

この式型において，W が義務や許可の出所であり，X がその受け手，Y が義務や許可の内容となる行為の行為者である．

式型 (27) に基づき，義務を表す典型的発話行為である命令文を考察しよう．

(28) Take out the trash.

命令文は，話者 (speaker) から，その場の聞き手 (hearer) の一人を受話者 (addressee) として発話される.[8] この場合，義務の出所 W は話者であり，受け手 X は受話者である．また，通例，義務内容の行為者 Y も受話者である．

しかし，(27) の式型が示すように，義務の受け手と義務行為の行為者は必ずしも同一である必要はない．例えば，以下の例がそれを示している（斜体，大文字はいずれも原典のもの）．

(29) a. You go for help and *the baby* stay with me!

(Potsdam (1998: 208))

b. *YOUR soldiers* build the bridge, General Lee!

(ibid.)

(29) の斜体の名詞句 the baby と your soldiers は，顕在化された命令文の主語であり，後続する動詞句内容の行為者 Y である．これらの名詞句は，文脈から明らかなように，いずれも義務の受け手である受話者 X とは別の対象を指示している．しかし, the baby は受話者である親の保護の下にあり，your soldiers は受話者である将軍の指揮下にあるので，いずれも受話者の制御 (control) 下にある．したがって，義務の受け手である受話者が，その義務の履行を実現し得る立場にあり，命令文として適格となる．

このように，命令文における義務行為の行為者は，義務の受け手である受話者が制御効果を及ぼし得る対象であるならば，受話者と同一である必要はない．

以上を踏まえて，根源的法助動詞の例に立ち戻ろう．

(30) a. John must$_R$ stay out of the living-room.

---

8. 詳細については，Potsdam (1998: Chapter 3) を参照．

第4章　英語法助動詞の統語論と意味解釈　　　　　　　　157

  b. It is obligatory that John stay out of the living-room.

（命題型）

  c. It is obligatory on John to stay out of the living-room.

（個体型）

　法助動詞が根源的意味で用いられている場合，まず義務内容が 'John stay out of the room' であることのみが決定される．すなわち，根源的意味の基本的解釈は，命題型の解釈であり，この段階では行為者 Y は決定されるが義務の受け手 X は未指定である．さらに，可能であるなら，談話の情報に基づき，(27) の式型に従って義務の受け手 X が決定される．もし義務の受け手も John と解釈するのが自然であるなら，(30c) の解釈が語用論的に決定される．繰り返し述べてきたように，(30c) は (30b) の可能な解釈の一つにすぎず，例えば，John が猫の名前であるなら，義務の受け手 X はその飼い主と解釈するのが自然である．

　このように，「義務の受け手」，「許可の受け手」は (27) のような式型に従って，語用論的に決定される概念であり，語彙特性として決定される主題役割ではない．しかし，コントロール分析によれば，このような概念の文脈依存性を捉えることは不可能である．

4.4.3. 個体型解釈の優位性

　式型 (27) は随意的に用いられると考えられるが，4.3.1 節の注 5 で述べたように，被験者は，可能であれば，式型 (27) に基づき，根源的法助動詞文に個体型の解釈を与える傾向がある．この傾向は根源的法助動詞文のみならず，order, allow 等の義務や許可を表す動詞の不定詞補文にも観察される．

　例えば次の例を見よう．

 (31) a. I allowed the doctor to examine John.

    b. I allowed John to be examined by the doctor.

(31) は，根源的法助動詞文の場合と同様に，態の交替に伴い意味が変化すると言われてきた．例えば，(31a) の許可の受け手は the doctor であり，(31b) の許可の受け手は John であるとされてきた．この観察に基づき，(31) はコントロール構文であり，動詞に後続する名詞句は主動詞の目的語とされてきた．

しかし，Huddleston (1974: 226) の指摘によれば，必ずしもこれらの動詞に後続する名詞句が許可の受け手と解釈されるわけではない．

(32) I won't allow John to come again.

Huddleston の観察によると，(32) の許可の受け手としては，John だけでなく，John の再訪を望んでいる John 以外の人とする解釈も可能である．また，以下の例では，態が交替しても，「許可の受け手」として最も自然なのはいずれの場合も，an inexperienced teacher である．

(33) a. He wouldn't allow such an inexperienced teacher to lead the expedition.　　　　(Huddleston (1974: 226))
　　　b. He wouldn't allow the expedition to be led by such an inexperienced teacher.　　　　(ibid.)

これらは，このような動詞の事例においても「許可の受け手」は語用論的概念であることを示している．

さらに，以下の例は，allow がコントロール動詞ではなく，例外的格標示 (exceptional Case-marking = ECM) 動詞であることを示している．

(34) a. The new regulations allow there to be intolerable situations like this all the time.　　(Schmerling (1978: 301))
　　　b. The administration allowed unfair advantage to be taken of the embargo by the big oil companies.　　(ibid.)

これらの例で動詞に後続する名詞句は，(34a) では虚辞の there，(35b) で

はイディオムの構成要素 unfair advantage であるが，いずれも補文の主語であり，allow の目的語である可能性はない．

このように，allow は，ECM 動詞であり，許可内容を表す不定詞補文のみを補部とし，「許可の受け手」となる名詞句を独立した項として選択しない．[9] したがって，allow や order の不定詞構文の「許可・義務の受け手」は，(27) の式型を不定詞補文へ一般化した式型に基づき決定されると考えられる．[10]

この場合も，上記 (31) で見たように，被験者は，可能な限り (27) のような手段を用いて，「許可・義務の受け手」を特定した解釈を与える傾向がある．Schmerling (1978) は，文解釈機構に関わる次の一般化により，この傾向の説明を試みている．

(35) 被験者は，刺激となる文に可能な限り最も複雑な解釈を与える．

この一般化の背後には，与えられた言語表現から解釈上の最大限の成果を得ようとする，言語の経済性に関わる原則の存在が窺われる．(35) により，被験者は，(36a) では the doctor を，(36b) では John を許可の受け手として特定した解釈を与えるため，(36a, b) は異なる解釈を持つと判断される．

(36) a. I allowed the doctor to examine John.
b. I allowed John to be examined by the doctor.

同様の説明が根源的法助動詞文にもあてはまる．

(37) a. John $must_R$ stay out of the living-room.

---

9. 関連する議論に，Postal (1974), Mittwoch (1977), Sweetser (1990), Larson (1991), 中右 (1994), 中村 (1999) がある．
10. 中村 (1999) は推論規則 (inference rule) による分析を提案している．

b. It is obligatory that John stay out of the living-room.

(命題型)

c. It is obligatory on John to stay out of the living-room.

(個体型)

(37a) の根源的法助動詞文としての基本的解釈は命題型の (37b) である．しかし，被験者は，(35) の一般化が予測するように，矛盾しない限り，(27) の式型を用いて「義務の受け手」を特定し，個体型の解釈 (37c) を与える．ただし，たとえ (37c) の解釈が与えられても，その解釈は (37b) を含意しており，(37b) をうち消しているわけではない．

このように，根源的法助動詞文の解釈で，命題型の解釈よりも個体型の解釈が優勢に見えるのは，文解釈機構に関わる一般化 (35) の帰結である．

4.4.4. 根源的法助動詞と θ 基準

上述のように，根源的法助動詞文の解釈に関わる「義務の受け手」，「許可の受け手」等は，文法に関わる言語概念ではなく，Bouchard (1995) の意味での状況意味論 (situational semantics) に属する概念である．これらの概念は，主題標示によって特徴づけられるものではなく，LF 表示に現れる必要のない概念である．これは，この概念が，Chomsky (1995) 等の極小主義プログラムの枠組みでは，LF 表示に現れることのできない概念であることを意味する．

これに対して，Bošcović (1994) は全く異なる主張をしている．Bošcović の分析は，根源的法助動詞文の主語が vP の指定部位置から繰り上げられる点では，本論の分析と同一である．しかし，Bošcović は，伝統的分析に従い，根源的法助動詞文の主語が法助動詞により主題標示されると考えている．したがって，主語は，動詞の外項としての θ 標示と，法助動詞の外項としての θ 標示を受ける．

(38) [TP John may$_R$ [$_{vP}$ t come here again]]

（矢印: may$_R$ → θ$_1$ (John上)、t → θ$_2$）

この分析を根拠として，Bošković は，このような派生が必要であることは，一つの項を二重に主題標示することを禁ずる θ 基準（θ-criterion）を破棄すべきであることを示していると主張している．

しかし，本章の分析によれば，そのような議論は成り立たない．根源的法助動詞は主語を主題標示しないので，主語に対する二重の主題標示は生じていない．したがって，根源的法助動詞の主語の解釈は，θ 基準を破棄すべき経験的根拠とはならない．

4.4.5. 4.4 節のまとめ

以上，本節では，「許可の受け手」等の根源的法助動詞が主語に与えるとされてきた概念は，文法概念ではなく，語用論的概念であることを見た．これは，根源的法助動詞のコントロール分析が，最も重要な経験的根拠を失うことを意味する．4.3 節と本節の議論を総合すると，根源的法助動詞は繰り上げ述語としての特性のみを持つと結論することができる．

4.5. 英語法助動詞の非多義的分析

前節までの議論で，認識様態法助動詞も根源的法助動詞も繰り上げ述語であることを見た．次に，英語の法助動詞は，語彙的に多義であるのかどうかが問題となる．特に，根源的意味と認識様態の意味で多義的であると語彙的に指定されるべきであるかどうかが問題となる．本節では，英語の法助動詞は語彙的に多義ではなく，根源的意味と認識様態の意味に中立的な意味のみを指定すべきであることを論じる．

4.5.1. 英語法助動詞の多義的分析の問題点

　非多義的分析を支持する概念的理由は，多義的分析を採用し，当該の語彙項目を多義的であると分析すると，その語彙項目が異なる文脈で異なる意味を持ち得ることを記述することはできるが，なぜそのような事態になっているかを説明できないからである．これは，多義的分析一般に内在する根本的問題の一つである．多義的分析の概念的問題については，Ruhl (1989) と Bouchard (1995) で詳しい議論がなされている．

　特に法助動詞に関する経験的側面を見ると，法助動詞の根源的意味と認識様態の意味に見られる規則的対応関係をいかに捉えるかが問題となる．例えば may と must を見よう．

(39)　may と must における根源的意味と認識様態の意味の対応関係

	根源的意味	認識様態の意味
may	許可	可能性
must	義務	必然性

(39) のパラダイムは，論理的に見ると極めて自然な対応関係を表している．様相論理 (modal logic) では，可能性は可能世界 (possible worlds) に対する存在量化と分析され，許可は義務的理想世界 (deontic ideal worlds) に対する存在量化と分析される．一方，必然性は可能世界に対する普遍量化と分析され，義務は義務的理想世界に対する普遍量化と分析される．[11] 一般に，個々の法助動詞が持つ根源的意味における量化の種類と，認識様態の意味における量化の種類は同一である．

　Jenkins (1972: 37) が指摘するように，根源的意味と認識様態の意味を法助動詞が多義的に持つ意味であるとすると，二つの意味の間に見られる上記

---

11. 様相論理に関する簡潔な解説としては，Allwood et al. (1977) を参照．より詳しい解説には，Chierchia and McConell-Ginet (1990), Gamut (1991), 三浦 (1997) がある．

の対応関係は偶然にすぎず，そのような関係が存在すべき必然性はない．したがって，例えば，may が義務（普遍量化）と可能性（存在量化）の多義性を持ち，must が許可（存在量化）と必然性（普遍量化）の多義性を持つことも，原理的にはあり得ることになる．しかし，そのような組み合わせは，自然言語には存在しない．

以上のような多義的分析が持つ概念的，経験的問題を克服するには，非多義的分析を採用することが必要である．[12]

4.5.2. 法助動詞の単一的意味論

近年，英語の法助動詞に対する非多義的説明がいくつか提案されている．例えば，Kratzer (1981, 1991)，Perkins (1982)，Brennan (1993)，Klinge (1993)，Grofsema (1995)，Papafragou (1998, 2000) 等をあげる

---

12. Sweetser (1990) は，法助動詞の認識様態の意味は，対応する基本的意味である根源的意味からメタファーによる拡張によりもたらされると主張することにより，多義的分析を保持しながら，二つの対応関係に説明を与える分析を提示している．Sweetser によれば，この拡張は，「外的世界 (external world)」の領域に属する根源的意味が，「内的世界 (internal world)」の領域に属する認識様態の意味に投射されるものとして説明される．しかし，この説明は，さらに根本的な疑問に答えなければならない．すなわち，なぜ「外的世界」の領域が「内的世界」の領域より基本的であるのかに答えなければならない．換言すると，なぜ拡張は，「外的世界」領域から「内的世界」領域に行われ，その逆ではないのかが問題となる．この問題に答えるとすれば，結局，我々の認知にとって，「外的世界」領域のほうが，「内的世界」領域よりも知覚しやすいためと思われる．もし，それが正しければ，根源的意味と認識様態の意味の非対称性は，我々の「外的世界」領域を利用する認知様式と「内的世界」領域を利用する認知様式の非対称性の帰結として説明される．すなわち，根源的意味が認識様態の意味よりも基本的であるように見えるのは，法助動詞の中核的（かつ中立的）意味に対して，根源的（外的世界）認知様式のほうが，認識様態（内的世界）の認知様式よりも，当てはめやすいためである．この説明によれば，根源的意味から認識様態の意味への見かけ上の「メタファーによる拡張」は，根源的認知様式と認識様態の認知様式の間に存在する根本的な非対称性の帰結として説明される随伴現象の一つにすぎない．したがって，根源的解釈が認識様態の解釈よりも基本的であるという Sweetser の所見を受け入れるとしても，語彙的多義性やメタファーによる拡張を持ち出さなくとも，二つの解釈の非対称性を説明することができる．メタファーに基づく分析一般に関わる問題については，Bouchard (1995) を参照．また，Sweetser による分析のその他の問題については，Groefsema (1995)，Papafragou (1998) 等々を参照．

ことができる。[13] これらは，形式意味論，語用論，関連性 (relevance) 理論等々，用いられている理論的枠組みは多様である．しかし，英語の法助動詞には語彙的多義性が存在せず，個々の法助動詞は単一の中核的意味を持ち，法助動詞文の解釈は，それらの中核的意味と発話の文脈の情報に基づいてなされるとする点で，一致している．

ここでは，具体的枠組みとして，Kratzer (1981, 1991) を仮定することにし，その趣旨を概観する．

Kratzer の枠組みでは，法演算子は，法関係 (modal relation) と法基盤 (modal base) の二つのパラメータにより特徴づけられる．[14] 法関係は，普遍量化子∀（あるいは必然演算子□），または存在量化子∃（あるいは可能演算子◇）のいずれかに対応する．例えば，次の例を見よう．

(40) a. Joan must have the ace of spade.　　(Brennan (1993: 11))
b. Joan may have the ace of spade.　　　　　　　(ibid.)

must の法関係は普遍量化子∀により特徴づけられるので，(40a) は，発話の世界 w から「接近可能な (accessible)」すべての可能世界において，命題 'Joan has the ace of spade' が真であることを意味する．一方，may の法関係は存在量化子∃により特徴づけられる．したがって，(40b) は，上記の命題が，発話の世界 w から接近可能な可能世界の集合に含まれる少なくとも一つの可能世界で真であることを意味する．

法基盤とは，比喩的に言えば，ものの見方であり，その見方によって限定される視野に入ってくる世界を「接近可能な」世界と呼ぶ．認識様態，義務

---

13. この他に，個々の法助動詞についての単一的意味分析もある．McDowell (1987) は can, should, will について，Smith (1989) は must について，Huddleston (1995a) と Enç (1996) は will について，単一的意味分析を提案している．

14. 厳密には，可能世界の間に順序づけを与える ordering source と呼ばれるもう一つのパラメータが仮定されている．ここでは，議論を簡略化するため，このパラメータは考慮外とする．なお，このパラメータ，および可能世界に基づくアプローチに対する批判的立場としては，Papafragou (1998) を参照．

的, 動的, 真理的 (alethic) 等々の伝統的な法 (様相) の名称は, これらの法基盤を特徴づける名称と見なすことができる. 接近可能な世界は, 発話の文脈から得られる「接近可能関係 (accessibility relation)」に基づいて決定される. どの文脈においても, 法演算子の量化の領域 (domain) が可能世界全体の領域ということはなく, 文脈上関わりを持つ重要な命題の集合によって語用論的に制限 (restriction) を受ける.[15] 法基盤は, 特定の発話の文脈において, 法演算子に対しこの命題の集合を語用論的に抽出する関数である. 換言すると, 法基盤は, その文脈で, 法演算子により量化が行われる可能世界の集合, すなわち, 接近可能世界の集合を指定する.

法基盤は, しばしば言語的に顕在化せず, 文脈上の情報から補給されなければならないが, from what we know, in view of his living conditions 等々の表現により明示的に現れる場合もある. 条件の if 節はその典型例であり, 法演算子の量化の領域を, 条件節で表現されている条件が成立する可能世界に限定する. このようにして, 法基盤は, 法演算子の量化の領域に制限部を与える.

具体例として, must を見よう. 上述のように must は普遍量化の法関係を持ち, 以下の真理条件によって特徴づけられる.

(41) MUST: *must* ϕ is true in w relative to R iff for all w' such that $<w, w'> \in R$, ϕ is true in w'. (ϕ: the core proposition; R: the accessibility relation; w: the world of utterance, or (the world considered as) the actual world; w': a world accessible to w)　　　　　　　　　　(Roberts (1996: 222))

must を含む法助動詞文の解釈の文脈依存性は, 'relative to R' という表現に表されている. (41) により, 下記 (42a) は (42b) の真理条件を持つ.

---

15. 量化の領域が必ず制限を受けるのは, 法演算子による量化に限らず, 自然言語の量化現象一般に見られる特性である. Kennedy (1997) を参照.

Heim 流の三部分からなる LF 構造 (cf. Diesing (1992a, b)) を与えるなら，(42c) のようになる．

(42) a. John must have a car.
b. must [John has a car] is true in *w* relative to R iff for all *w'* such that $<w,w'>\in$R, [John has a car] is true in *w'*.
c. MUST [$_{\text{Restrictor}}$ Unspecified] [John has a car]

(42c) の制限部はまだ無指定であり，この部分に法基盤が語用論的情報に基づいて供給される (cf. Roberts (1996: 222))．

いかなる種類の法基盤が供給されるかにより，(42a) には多様な解釈が可能となる．Krifka et al. (1995) は下記の多様な文脈により，これを例証している．

(43) a. Epistemic modality: Given the evidence we have (e.g., that John was in Tübingen at 5:00 and in Stuttgart at 5:30), it is necessary that John has a car.
b. Deontic modality: In order to fulfill some requirement (e.g., to be a salesperson), it is necessary that John has a car.
c. Instrumental modality: In order to achieve some goal (e.g., commuting between Tübingen and Stuttgart), it is necessary that John has a car.

個々の文は，LF で未指定だった制限部に，それぞれの文脈によって法基盤が供給され，その法基盤に応じた解釈がなされる．このように，must は，普遍量化の法演算子であることだけが語彙的に指定されており，話者が認識様態，義務等々のどの視点（モダリティ）から見ているかは，語用論的に決定され，それぞれの解釈が生み出される．

法関係に加えて，個々の法助動詞には，特定の種類の可能世界をあらかじ

め選択する場合があり，これが個々の法助動詞に固有の特性を与える．例えば，should は，法関係は must と同様に普遍量化であるが，量化する世界として話者にとっての規範世界 (normative worlds) をあらかじめ選択する (McDowell (1987))．したがって，法演算子の制限部は無指定ではなく，話者の規範世界であると指定されている．さらに，発話の文脈から法基盤が決定され，選択されている規範世界をさらに限定する．

(44) a. You should$_R$ do as you're told. (normative from a deontic viewpoint) (Perkins (1982: 269))
b. That should$_E$ be the postman now. (normative from an epistemic viewpoint) (ibid.)

(44a) では，義務的モダリティの視点に合致する規範世界へと制限が強められている．一方，(44b) では，認識様態のモダリティの視点に合致する規範世界へと制限が強められている．

以下にいくつかの法助動詞の法関係と，語彙特性として選択する可能世界の種類をあげる (cf. Kratzer (1981, 1991), McDowell (1987), Huddleston (1995a), Enç (1996), Groefsema (1995))．

(45) 法助動詞の法関係と選択される可能世界

	法関係	選択される可能世界
must	普遍量化（∀）	無指定
may	存在量化（∃）	無指定
should	普遍量化（∀）	話者の規範世界
can	存在量化（∃）	現実世界と整合する世界
will	普遍量化（∀）	予測される未来世界

個々の法助動詞の語彙記載項の意味情報は，(45) の指定のみを含み，認識様態・根源的モダリティの選択は未指定である．例えば should は普遍量化の法関係をもち，量化の領域として「話者の規範世界に合致する世界の集

合」が選択されている．(44a) の文脈では根源的モダリティ（義務的モダリティ）が選択され，命題 'You do as you're told.' が，「話者の規範に合致するすべての義務的世界」で真となることが述べられていると解釈される．一方，(44b) では認識様態のモダリティが選択され，命題 'That is the postman now.' が，「話者の規範に合致するすべての可能世界」において真となることが述べられていると解釈される．実際の談話においては，文脈からの情報により，これらの世界はさらに制限されることになる．このようにして，個々の法助動詞を語彙的多義性をもつと分析することなく，生起する文脈に応じてそれらが多様な解釈をもたらすことを説明することができる．

4.5.3. 4.5 節のまとめ

以上，Kratzer の枠組みに基づき，英語の法助動詞の非多義的分析を概観した．このような分析によれば，法助動詞を含む文が，文脈に応じて多様な解釈を許容する事実を，個々の法助動詞に数多くの語彙記載項を仮定せずに，自然に説明することができる．法助動詞構文が多様な解釈を許容するのは，個々の法助動詞が，多様な文脈に当てはめるのに十分な抽象性を有する中核的意味をもつことの帰結である．言い換えると，これらの解釈の多様性は，Bouchard (1995) の言う状況意味論に属するものであり，極小主義プログラムにおいては，語彙情報に組み入れてはならない要素である．また，英語の個々の法助動詞は，語彙的には，それぞれ単一の統語特性と単一の意味特性を持ち，多義性は存在しないと結論することができる．

4.6. 法助動詞と LF 構造

ここまで，英語の法助動詞は繰り上げ述語であり，個々の法助動詞はそれぞれ単一の語彙的意味を持つことを示した．本節では，個々の法助動詞が生ずる文の叙述形式に応じて，英語の法助動詞文は，二つのタイプの LF 構造に生じ，その LF 構造の相違が様々な意味現象を説明することを示す．

4.6.1. 二つのタイプの LF 構造

ここまでの分析によれば，英語の法助動詞文は，(46a) の派生構造を持ち，(46b) の連鎖 (chain) が形成される．

(46)　a.　[$_{TP}$ DP　[$_{ModP}$ Modal [$_{vP}$ t_{DP} VP]]]
　　　b.　(DP, t_{DP})

Chomsky (1995) の提案に従い，痕跡は空範疇ではなく，移動された要素のコピー (copy) であると考えよう．さらに，極小主義プログラムの完全解釈の原理 (Principle of Full Interpretation) の精神に従い，LF 表示のある位置に生じる要素は，その位置で何らかの解釈上の役割を果たさなければならないと考えよう．その上で，(46b) の連鎖を考えると，痕跡の解釈上の資格は明白であり，その位置で述語から主題標示される．しかし，連鎖の先頭要素の解釈上の資格は明白ではない．上述のように，痕跡は空範疇ではなくコピーであるから，従来の統率・束縛理論のように痕跡を照応形 (anaphor) の一種とは考えないので，痕跡を束縛する先行詞としての役割は存在しない．したがって，TP 指定部に移動した主語が，その位置にとどまり続けるには，その位置で何らかの解釈上の役割を持たなければならない．

ここでは，解釈上の役割の一つとして，叙述の主題 (the topic of predication) (あるいは叙述の主語 (subject of predication)) を提案し，[＋Topic] で表示することにする．もし TP 指定部位置の主語が [＋Topic] のような解釈上の役割を持たない場合は，LF 表示から削除されなければならない．

以上を仮定すると，(46a) の構造は，TP の指定部位置の主語が叙述の主題であるかいなかによって，(47a) あるいは (47b) のいずれかの LF 表示へと派生される．

(47)　a.　タイプ I ：　[$_{TP}$ [$_{ModP}$ Modal [$_{vP}$ DP VP]]]
　　　b.　タイプ II：　[$_{TP}$ DP$_{[+Topic]}$ [$_{ModP}$ Modal [$_{vP}$ t_{DP} VP]]]

タイプ I の構造は，叙述の主題が存在せず，主述関係が形成されない．これは，Kuroda (1972) で論じられた定立 (thetic) 判断を，法助動詞が包み込んでいる構造と見なせるかもしれない．一方，タイプ II の構造は，叙述の主題が存在し，主述関係が形成されている．これは，Kuroda (1972) で論じられたもう一つの判断形式である定言 (categorical) 判断の一種と見なせるかもしれない．この構造では，法助動詞と動詞句が一緒になって主題に対する叙述を行っている．この構造の vP 内部主語の痕跡は，その痕跡を含む vP を叙述に用いられる開放述語 (open predicate) に変えるため，変項 (variable) と解釈されるものとしよう．

以上を仮定して，法助動詞を含む文の解釈は，どちらのタイプの LF 構造と整合するかに応じて，二つに大別されると提案する．

(48) 法助動詞文の LF 構造
  a. 認識様態 (E) 法助動詞文と命題型義務的 (Dn) 法助動詞文
    [$_{TP}$ [$_{ModP}$ Modal$_{E/Dn}$ [$_{v\text{P}}$ DP VP]]]　（タイプ I）
  b. 動的 (Dy) 法助動詞文と個体型義務的 (Dn) 法助動詞文
    [$_{TP}$ DP$_{[+\text{Topic}]}$ [$_{ModP}$ Modal$_{Dy/Dn}$ [$_{v\text{P}}$ t_{DP} VP]]]　（タイプ II）

認識様態のモダリティは，命題の蓋然性に対する話者の査定を示すので，主語の叙述に参加することはない．したがって，タイプ I の構造のみが整合する．一方，動的モダリティは主語の何らかの特性を問題にするので，タイプ II の構造と整合する．義務的モダリティは，義務の内容全体について語る場合（命題型）と，個人の義務について語る場合（個体型）の両方が可能であるので，両方のタイプの構造と整合する．[16]

以下，(48) の提案によってどのような現象が説明されるかを見ていく．

---

[16] ただし，法助動詞がどのタイプの解釈で用いられているかが，LF 表示ですでに決定されていると主張しているわけではない．そうではなくて，LF 表示でどのタイプの叙述構造を選択するかが，モダリティを特定する手がかりの一つになる．

4.6.2. 態感応性

4.3.1 節で述べたように，認識様態の解釈と命題型の義務的解釈の場合，態が交替しても解釈は変わらず，一方，動的解釈と個体型の義務的解釈では態の交替に伴い解釈が変わる．

(49) a. John may$_E$ visit Mary.
 = b. Mary may$_E$ be visited by John.
(50) a. The doctor may$_{Dn}$ examine John. （命題型）
 = b. John may$_{Dn}$ be examined by the doctor. （命題型）
(51) a. The doctor may$_{Dn}$ examine John. （個体型）
 ≠ b. John may$_{Dn}$ be examined by the doctor. （個体型）
(52) a. Mothers will$_{Dy}$ smack their babies.
 ≠ b. Babies will$_{Dy}$ be smacked by their mothers.

この現象は，(48) の分析によって次のように説明される．例えば，命題型義務的用法の (50a) と (50b) の LF 構造は，それぞれ，(53a) と (53b) である (PassP = Passive Phrase)．

(53) a. [$_{TP}$ [$_{ModP}$ may [$_{vP}$ the doctor examine John]]]
 b. [$_{TP}$ [$_{ModP}$ may [$_{PassP}$ be [$_{vP}$ examined John by the doctor]]]]

(53a) と (53b) の間には，態の交替以外の相違が存在しないので，両者に解釈の相違がないことが明白に捉えられている．認識様態用法の (49) の態中立性も同様に説明される．

一方，個体型義務的用法の (51a, b) の LF 構造は，それぞれ，(54a, b) である．

(54) a. [$_{TP}$ the doctor$_{[+Topic]}$ [$_{ModP}$ may [$_{vP}$ $t_{\text{the doctor}}$ examine John]]]
 b. [$_{TP}$ John$_{[+Topic]}$ [$_{ModP}$ may [$_{PassP}$ be [$_{vP}$ examined t_{John} by the doctor]]]]

(54a) では，the doctor を主題とし，許可の内容 'x examines John' が叙述に用いられている．これに対し，(54b) では，John を主題とし，許可の内容である 'x is examined by the doctor' が叙述に用いられている．したがって，この二つは，主題も叙述内容も異なっており，この相違が，解釈の相違の大きな要因となる．動的解釈 (52) の態感応性も同様に説明される．

4.6.3. 法助動詞と量化主語

　Brennan (1993) の観察によれば，主語が量化名詞句である場合，認識様態の法助動詞文は，量化名詞句と法助動詞の作用域 (scope) 関係に関して多義性を示す (5.4 節も参照)．一方，動的法助動詞文は非多義的であり，量化主語は常に法助動詞よりも広い作用域を持つ．この相違は，以下の文に例証される．

(55)　Every radio may$_E$ get Chicago stations and no radio may$_E$ get Chicago stations.　　　　　　(Brennan (1993: 34))

(56)　#Every radio can$_{Dy}$ get Chicago stations and no radio can$_{Dy}$ get Chicago stations.　　　　　　　　　　　　(ibid.)

認識様態の法助動詞文 (55) は，(57a) と (57b) の多義性を持つ．ただし，(57b) は矛盾であるので，変則的解釈となる．

(57)　a.　For all I know, it could be that every one of the radios here gets Chicago stations and it could equally well be that none of them do.
　　　　　(may＞every radio / no radio)　　(Brennan (1993: 34))
　　b.　All the radios are such that it's possible that they get Chicago stations and none of them are.　(矛盾)
　　　　　(every radio / no radio＞may)　　　　　　(ibid.)

一方，動的法助動詞文 (56) は，(57b) に対応する作用域関係のみを許すた

め，矛盾した解釈のみを生み出す．

(48) の一般化に基づくと，この相違は次のように説明される．まず，動的解釈は，タイプ II の解釈とのみ整合する．

(58) タイプ II: [$_{TP}$ DP$_{[+Topic]}$ [$_{ModP}$ Modal [$_{vP}$ t_{DP} VP]]]

ここで，標準的な分析に従い，量化名詞句は QR (quantifier raising) により，A′位置に移動されるものとする．上述のように，タイプ II の構造では，vP 内の主語の痕跡は変項と解釈されるので，QR の適用を受けない．したがって，QR の適用を受けるのは TP 指定部位置の量化主語であり，これが TP に付加される．その結果，量化主語が法助動詞より広い作用域を持つ (59) が派生される．

(59) [$_{TP}$ DP [$_{TP}$ t_{DP} [$_{ModP}$ Modal [$_{vP}$ t_{DP} VP]]]]

一方，認識様態の法助動詞文は，タイプ I の構造と整合する．

(60) タイプ I: [$_{TP}$ [$_{ModP}$ Modal [$_{vP}$ DP VP]]]

この構造で，vP 指定部位置の量化名詞句に QR が適用されると，派生構造として二つの可能性が存在する．一つは，vP に付加される場合で，下記 (61a) が示すように，法助動詞より作用域が狭くなる．もう一つは，TP (または ModP) に付加される場合で，(61b) が示すように法助動詞よりも広い作用域をもつ．

(61) a. [$_{TP}$ [$_{ModP}$ Modal [$_{vP}$ DP [$_{vP}$ t_{DP} VP]]]]
b. [$_{TP}$ DP [$_{TP}$ [$_{ModP}$ Modal [$_{vP}$ t_{DP} VP]]]]

このように，認識様態法助動詞文には (61a, b) の二つの LF 構造の可能性があるので，(55) は多義性を示す．

義務的法助動詞文の場合は，Brennan (1993) の観察によれば，量化主語

と法助動詞の作用域関係は多義性を示す．

(62) All the air traffic controllers may$_{Dn}$ belong to the union and none may$_{Dn}$ belong to the union.　　　(Brennan (1993: 39))

Brennan の所見によれば，(62) は，(63a) と (63b) にパラフレーズされる二つの解釈の可能性がある．ただし，(63b) の解釈は矛盾であるので，変則的である．

(63) a. It is permissible that all the air traffic controllers belong to the union and it is also permissible that none do (possible continuation: but union rules prohibit a situation where some belong and others don't.)
　　　(may＞all the air traffic controllers / none)
　　　　　　　　　　　　　　　　　　　(Brennan (1993: 40))
b. Each air traffic controller has the right to belong to the union and no air traffic controller has that right.　(矛盾)
　　　(all the air traffic controllers / none＞may)　　　(ibid.)

さらに，Brennan は，(62) の個体型義務的解釈のパラフレーズ (64) は，(63b) の解釈のみが可能であり，変則的解釈となることを観察している．

(64) #All the air traffic controllers have the right to belong to the union and none have that right.　　　(Brennan (1993: 40))

この観察は，対応する法助動詞文でも，個体型の義務的解釈では問題の多義性が生じないことを強く示唆している．これは，個体型の義務的解釈はタイプⅡの構造とのみ整合するので，動的法助動詞文と同じ振る舞いをするという予測を裏付けるものである．したがって，(62) が示す多義性は，義務的解釈が，タイプⅡの構造（個体型の解釈）に加えて，タイプⅠの構造（命題型の解釈）を選択する二つの可能性を持つ帰結であることを強く示唆して

いる．

4.6.4. 法助動詞と定記述表現の不透明性

Brennan (1993) によれば，認識様態の法助動詞文の主語位置は，定記述 (definite description) の言表的 (de dicto) 読みを許す点で不透明 (opaque) であるが，動的法助動詞文の主語位置は，事象的 (de re) 読みだけを許し，透明 (transparent) である．事象的解釈で問われるのは，定記述の指示対象 (referent) であるので，外延 (extension) が等しい表現で置き換えると，文の真理値は変わらない．一方，言表的解釈では，定記述の言語的意味（内包 (intension)）が問われ，外延が等しくても意味が異なる表現で置き換えると，文の真理値 (truth value) が変わる可能性がある．

例えば，認識様態の法助動詞文の (65a) と (66a) では，主語位置の定表現の言表的解釈を許すので，(65a) と (66a) が成り立っても，外延の等しい他の表現に置き換えた (65c) と (66c) が成り立つとは限らない．

(65) a. The bartender may$_E$ be drinking a martini.
     b. The proprietor is the bartender.
↛c. The proprietor may$_E$ be drinking a martini.

(Brennan (1993: 35))

(66) a. Superman must$_E$ have blown the walls down.
     b. Superman is the Daily Planet's crime reporter.
↛c. The Daily Planet's crime reporter must$_E$ have blown the walls down.

(ibid.)

一方，動的法助動詞文 (67a) と (68a) では，主語位置の定表現は事象的解釈のみをもつので，外延の等しい他の表現に置き換えることができる．

(67) a. The bartender can$_{Dy}$ swallow fire.

b. The reporter is the bartender.

⟶c. The reporter can$_{Dy}$ swallow fire.

(Brennan (1993: 35))

(68) a. The newest jockey will$_{Dy}$ ride any horse in the stable.

b. The former stablehand is the newest jockey.

⟶c. The former stablehand will$_{Dy}$ ride any horse in the stable.

(ibid.)

　この相違は，法助動詞が内包的不透明領域をもたらすとする標準的分析を仮定すると，次のように説明される．(48)の提案では，認識様態の法助動詞文はタイプⅠの構造と整合し，動的法助動詞はタイプⅡの構造と整合する．

(69) a. タイプⅠ: [$_{TP}$ [$_{ModP}$ Modal [$_{vP}$ DP VP]]]

b. タイプⅡ: [$_{TP}$ DP$_{[+Topic]}$ [$_{ModP}$ Modal [$_{vP}$ t_{DP} VP]]]

タイプⅠの構造 (69a) では，定表現の主語が法助動詞の作用域に含まれるのに対して，タイプⅡの構造 (69b) では定名詞句主語は法助動詞の作用域の外にある．上述のように，タイプⅡの構造では，vP内に残された主語の痕跡は変項と解釈され定名詞句とは見なされないので，法助動詞の不透明効果を受けず，言表的解釈を許さない．

　義務的法助動詞文については，不透明現象を示すと予測される．義務的法助動詞文はタイプⅡの構造に加えて，タイプⅠの構造とも整合するので，結果的に言表的解釈を許すため，認識様態の法助動詞文と同様の指示の不透明性を示すと予測されるからである．Brennanの観察は，この予測を裏付ける．

(70) a. The scorekeeper for the basketball team may$_{Dn}$ skip practices.

b. The scorekeeper for the basketball team is the captain of the team.

⟶⤨c. The captain of the team may$_{Dn}$ skip practices.

(Brennan (1993: 40))

さらに，Brennan の所見では，個体型の義務的解釈をパラフレーズした (71) では定名詞句主語の言表的解釈が許されず，したがって，外延の等しい表現で置き換えることが可能である．

(71) a. The scorekeeper for the basketball team has an obligation to show up for game.
b. The scorekeeper for the basketball team is the captain of the basketball team.
⟶c. The captain of the basketball team has an obligation to show up for game.

(Brennan (1993: 40))

この所見は，対応する法助動詞文でも，個体型の義務的解釈がタイプ II の構造をとっていることを強く示唆している．それが正しければ，義務的法助動詞文が指示の不透明性を示すのは，命題型の義務的解釈がタイプ I の構造を選択するためであることをさらに裏付ける．

4.6.5. 法助動詞と無冠詞複数形主語

本節では，不定 (indefinite) 名詞句を主語とし法助動詞を含む文において，ステージレベル (stage-level) 述語と個体レベル (individual-level) 述語に関して許容される解釈が，本章の提案によってどのように分析されるかを考察する．

Kratzer (1995), Diesing (1992a, b) 等で論じられているように，無冠詞複数形 (bare plural) 名詞句を主語とする文は，述語がステージレベル述語である場合と個体レベル述語である場合とでは解釈の可能性が異なる．

(72) a. Firemen are available.
b. Firemen are altruistic.

(72a) の述語 available は，ステージレベルの述語であり，特定の時点での一時的特性を表している．この場合，無冠詞複数形主語の firemen は，「現在出動可能な態勢にある複数の消防士がいる」という存在（existential）の解釈と，「消防士というものは出動可能な態勢にあるものだ」という総称的（generic）解釈が可能である．これに対して，(72b) の述語 altruistic は，個体レベルの述語であり，恒常的特性を表している．この場合，firemen は総称的解釈のみが可能であり，(72b) は「消防士というものは，自己を犠牲にしてでも他人のためにつくすものだ」と解釈される．

Diesing (1992b) は，法助動詞を含み，無冠詞複数形名詞句を主語とする文には，認識様態の解釈と根源的解釈のいずれの場合も，無冠詞複数形主語がステージレベルと個体レベルの述語に関して許容するすべての解釈が実際に存在することを観察している (Diesing (1992b: 139, note 14))．例えば，下記の二つの文を見よう．

(73) a. Firemen must be available.
b. Opera singers must know Hittite.

(73a) の述語 (be) available は，ステージレベルの述語である．Diesing によれば，この文には，(i) 法助動詞 must が認識様態の解釈で無冠詞複数形 firemen が存在の解釈，(ii) must が根源的（義務的）解釈で firemen が存在の解釈，(iii) must が認識様態の解釈で firemen が総称的解釈，(iv) must が根源的解釈で firemen が総称的解釈，の四とおりの解釈が存在する．一方，(73b) の述語 know Hittite は個体レベルの述語であり，この文には，(v) must が認識様態の解釈で opera singers が総称的解釈，(vi) must が根源的解釈で opera singers が総称的解釈の二とおりの解釈が存在する．したがって，(i) から (vi) の六とおりの解釈が存在することを説明しなければ

第 4 章　英語法助動詞の統語論と意味解釈　　　179

ならない.

　Diesing (1992b: 139, note 14) では，これらの解釈について，(i) ステージレベルの述語を補部とする T は繰り上げ述語であり，個体レベルの述語を補部とする T はコントロール述語である，(ii) 根源的解釈の法助動詞はコントロール述語であり，認識様態の法助動詞は繰り上げ述語であるとする二つの仮説に基づいて分析可能であることを示唆している．しかし，本章で論じたように，(ii) の仮説は妥当ではない．(i) の仮説は，Diesing (1992a, b) の中核的主張である写像仮説（2.3.2 節参照）において重要な役割を果たす仮定である．その分析によれば，上記 (72a, b) は，それぞれ (74a, b) の派生構造をもつ．

　(74)　a.　[$_{TP}$ firemen are [$_{VP}$ t_{are} $t_{firemen}$ available]]
　　　　b.　[$_{TP}$ firemen are [$_{VP}$ t_{are} PRO altruistic]]

Diesing の写像仮説によれば，TP レベルに生起する不定名詞句は量化子の制限部に写像される．一方，VP 内部の不定名詞句は，デフォルトの手段として存在量化子に束縛される解釈を受ける（存在閉包 (existential closure)）．ステージレベル述語の (74a) の場合，無冠詞複数形 firemen は，解釈を受ける位置として，痕跡の位置（AP 指定部）と TP 指定部の位置の可能性がある．痕跡の位置で解釈を受ける場合，存在量化子に束縛される解釈を受けるので，存在の解釈を受ける（下記 (75a)）．TP の指定部で解釈を受けると，抽象的な総称演算子 (generic operator = Gen) に束縛される解釈を受け，firemen の記述内容は総称演算子の制限部（{ } の部分）に写像される（下記 (75b)）．

　(75)　a.　[$_{TP}$ are [$_{VP}$ t_{are} [$_{AP}$ firemen available]]]
　　　　b.　[$_{TP}$ Gen$_x$ {x is a fireman} (are) [$_{VP}$ t_{are} [$_{AP}$ x available]]]

これに対して，個体述語の (74b) の場合，firemen は VP 内に痕跡を含まないので，総称演算子に束縛される解釈のみが存在する．

(76) [$_{TP}$ Gen$_x$ {x is a fireman} [$_{VP}$ t_{are} PRO altruistic]]

しかし，この分析には次のような問題が存在する．Burton and Grimshaw (1992), Chierchia (1995) が指摘するように，Diesing の分析は，ステージレベル述語と個体レベル述語の等位接続は，等位構造制約 (CSC) の違反を引き起こすので，排除されると予測する (4.3.4 節参照).

(77) [$_{TP}$ DP [$_{VP}$ PRO V$_{individual-level}$ ...] and [$_{VP}$ t_{DP} V$_{stage-level}$ ...]]

しかし，実際には，この予測に反して，ステージレベル述語と個体レベル述語の等位接続は可能である．

(78) a. He may know French but speak / be speaking English to make me mad. (Burton and Grimshaw (1992: 311))
b. Sue married John thirty years ago and still loves him very much. (Chierchia (1995: 220))

これらの文は，等位接続されている動詞句の指定部から，主語が全域的に TP へ移動していることを示唆している．したがって，個体レベルの動詞句でも指定部から主語の繰り上げが生じており，この点でステージレベルの述語との相違はない．[17]

以上を考慮して，以下では，不定名詞句の解釈に関するステージレベル述語と個体レベル述語の相違に関する分析としては，Diesing (1992a, b) の分析ではなく，Chierchia (1995) の提案に基づく分析を仮定する．Chierchia (1995) は，個体レベル述語を内在的総称要素 (inherent generics) とする分析を提案している．Chierchia は個体レベルの述語を「総称極性項目 (generic polarity item)」と分析し，個体レベル述語の動詞句構造として，

---

17. Fernald (2000), および Merchant (2001) も独立した観点から同趣旨の結論に至っている．

(79) を提案している (Chierchia (1995: 202))．

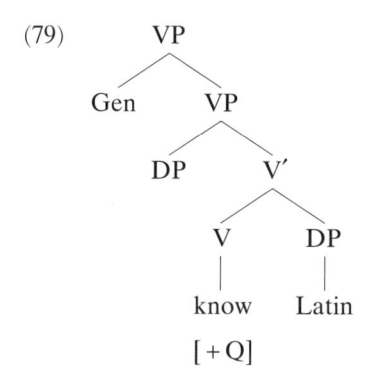

(79)
```
        VP
       /  \
     Gen   VP
          /  \
         DP   V'
             /  \
            V    DP
            |    |
          know  Latin
          [+Q]
```

個体レベル述語は，内在的に習慣性を示す形態素 (habitual morpheme) である Hab を含み，形態素 Hab は総称演算子 Gen を要求する素性 [+Q] を含んでいる．(79) の構造では，この要求が V の最大投射 VP 内で局所的に満たされている．

ここでは，この提案の趣旨を採用し，以下の構造と派生を仮定する．まず，(80a) の構造から，個体レベル動詞 know が v に付加されて (80b) の構造が派生され，動詞 know と vP の指定部要素 Gen と選択関係が照合される．

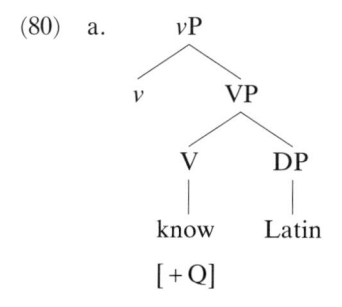

(80) a.
```
        vP
       /  \
      v    VP
          /  \
         V    DP
         |    |
       know  Latin
       [+Q]
```

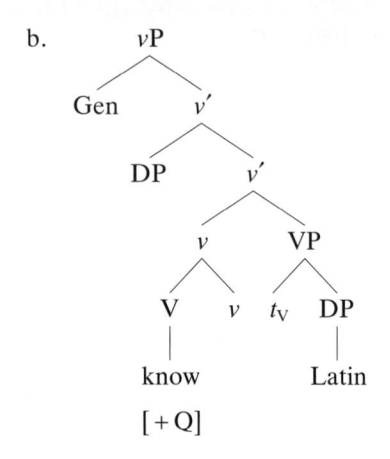

b.
```
        vP
       /  \
     Gen   v'
          /  \
         DP   v'
             /  \
            v    VP
           / \   / \
          V   v t_V DP
          |      |
         know   Latin
         [+Q]
```

さらに，個体レベルの述語の主語は，特定的 (specific) 名詞句を要求する機能範疇 Sp の指定部 (cf. Kiss (1996), Ramchand (1996)) へ移動されると仮定しよう．これによって (81) が派生されるが，この構造によって，個体レベルの述語は特定的名詞句に対する叙述を行う述語であることが捉えられる．無冠詞複数形の場合，特定の類（例えば，「消防士というもの」）を指すと解釈される．

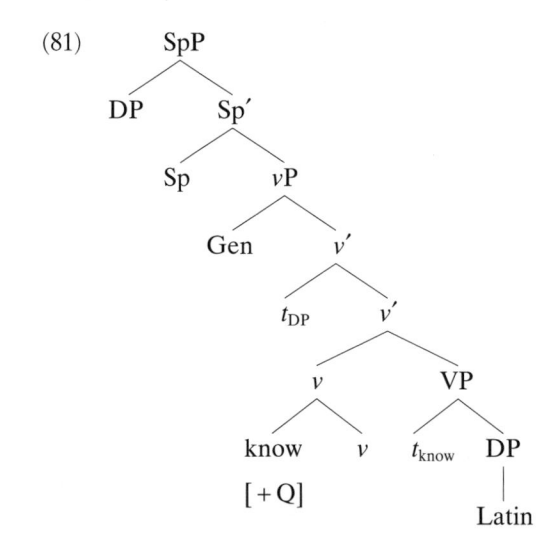

(81)
```
        SpP
       /  \
     DP    Sp'
          /  \
        Sp    vP
             /  \
           Gen   v'
                /  \
              t_DP  v'
                   /  \
                  v    VP
                 / \   / \
                V   v t_know DP
                |            |
              know         Latin
              [+Q]
```

第4章　英語法助動詞の統語論と意味解釈　　183

主語は SpP の指定部を経由して特定的解釈 [＋Specific] を認可された後，EPP 特性により TP の指定部に繰り上げられる．

　これに対して，ステージレベル述語は内在的形態素 Hab を含まない．この場合，vP の上に総称演算子 Gen を主要部とする機能範疇 Asp が生起する場合に限り，総称的解釈を引き起こす (Chierchia (1995: 197))．[18]

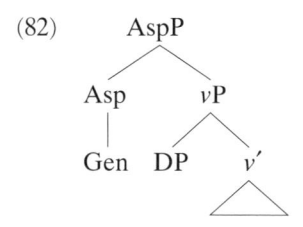

(82)　　　　AspP
　　　　　／＼
　　　　Asp　　vP
　　　　｜　　／＼
　　　　Gen　DP　v'
　　　　　　　　△

主語は AspP の指定部を経由して，TP の指定部に移動される．

　(83) のように，ステージレベル述語が総称演算子を含む AspP を伴わない場合，vP の指定部には「デフォールト」選択として存在量化子 Ex が存在し，存在閉包により不定名詞句は存在の解釈を受ける．

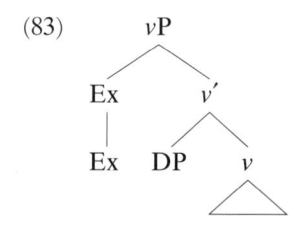

(83)　　　vP
　　　　／＼
　　　Ex　　v'
　　　｜　　／＼
　　　Ex　DP　v
　　　　　　　△

---

18. ただし，Chierchia (1995: 197) は，(i) に示されるように，AspP は，Hab [＋Q] を主要部とし，演算子 Gen を指定部とする構造をもつと考えている．

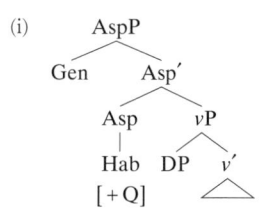

(i)　　　　AspP
　　　　　／＼
　　　Gen　　Asp'
　　　　　　／＼
　　　　　Asp　　vP
　　　　　｜　　／＼
　　　　　Hab　DP　v'
　　　　　[＋Q]　　△

無冠詞複数形名詞句の記述内容は，論理表記に翻訳される際，総称演算子 Gen や存在量化子 Ex の制限部（下記 (84) の {x: ...} の部分）に収容 (accommodation) されて，総称的解釈と存在の解釈を受ける．

(84) a. Gen x {x: firemen} [x are available]. （総称の解釈）
　　 b. Ex x {x: firemen} [x are available]. （存在の解釈）

Chierchia は，演算子の制限部へ要素が収容される際の制約として，次の制約を仮定している．

(85) [$_{XP}$ $\underbrace{DP_1, ..., DP_n}_{\text{restriction}}$ ADV $\underbrace{XP_S}_{\text{scope}}$], where XP_S is a clausal constituent.

この制約の趣旨は，Gen のような量化の副詞 (Q-ADV) の制限要素となるには，その Q-ADV の作用域の外部にあり，Q-ADV を構成素統御する位置になければならない，ということである．この趣旨を受け入れ，次の条件を仮定しよう．

(86) 演算子制限部への収容条件
　　 演算子 α を構成素統御する要素のみが，α の制限部へ収容することができる．

この条件によれば，裸複数名詞句の内容が演算子 Gen や Ex の制限部に収容されて，総称的解釈や存在の解釈を認可されるためには，Gen や Ex を構成素統御する位置になければならない．

以上の仮定に基づき，本章の提案が Diesing の観察をどのように分析するかを見る．まず，ステージレベル述語の場合を見てゆく．

(87) Firemen must be available.

法助動詞 must が認識様態の解釈で用いられる場合，(88) の二とおりの LF が可能である．ここでは，繋辞 (copula) の be が用いられているので，

第4章　英語法助動詞の統語論と意味解釈　　　185

*v*P にかわって CopP (cf. 1.3.5 節) が生起している．

(88)　認識様態の解釈

a.　[TP (~~firemen~~) [ModP must$_E$ [CopP Ex $\{_x$: firemen$\}$ [Cop′ be [AP t_{DP} available]]]]]　（タイプ I）

b.　[TP (~~firemen~~) [ModP must$_E$ [AspP (~~firemen~~) [Asp′ Gen $\{_x$: firemen$\}$ [CopP be [AP t_{DP} available]]]]]]　（タイプ I）

(88a) では，削除の前に TP の指定部にあった firemen の記述内容が，存在量化子 Ex の限定要素としてコピーされ，収容されている．AP 指定部位置の firemen の痕跡は変項として解釈される．このようにして，firemen には存在の解釈が与えられる．(88b) では，AspP 指定部の firemen の痕跡が総称演算子 Gen の制限部へ収容され，総称的解釈を受ける．

次に，must が根源的解釈で用いられる場合は，下記の四とおりの LF が考えられる．

(89)　根源的解釈

a.　[TP firemen$_{[+Topic]}$ [ModP must$_{Dn}$ [CopP Ex$\{x$: firemen$\}$ [Cop′ be [AP t_{DP} available]]]]]　（タイプ II・個体型）

b.　[TP firemen$_{[+Topic]}$ [ModP must$_{Dn}$ [AspP (~~firemen~~) [Asp′ Gen$\{x$: firemen$\}$ [CopP be [AP t_{DP} available]]]]]]　（タイプ II・個体型）

c.　[TP (~~firemen~~) [ModP must$_{Dn}$ [CopP Ex$\{x$: firemen$\}$ [Cop′ be [AP t_{DP} available]]]]]　（タイプ I・命題型）

d.　[TP (~~firemen~~) [ModP must$_{Dn}$ [AspP (~~firemen~~) [Asp′ Gen$\{x$: firemen$\}$ [CopP be [AP t_{DP} available]]]]]]　（タイプ I・命題型）

(89a) では，TP の指定部位置の firemen から，構成素統御する存在量化子 Ex の制限部にその記述内容が収容され，存在の解釈を受ける．(89b) では，AspP の指定部位置にある firemen の痕跡が総称演算子 Gen の制限部に収容され，総称的解釈を受ける．命題型の解釈を受ける (89c) では，TP の指

定部位置にあった firemen から，その記述内容が存在量化子 Ex の制限部にコピーされ，存在の解釈を受ける．同様に命題型の解釈を受ける (89d) の場合には，AspP の指定部にある firemen の痕跡が演算子の制限部に収容され，総称的解釈を生みだす．

　次に，個体レベルの述語に移ろう．

(90)　Opera singers must know Hittite.

まず，must が認識様態の解釈で用いられる場合，(91) の LF 構造をもつ．

(91)　認識様態の解釈
　　　[TP (opera singers) [ModP must$_E$ [SpP (opera singers) [$_{vP}$ Gen {x: opera singers} [$_{v'}$ t_{DP} know Hittite]]]]]　（タイプ I）

SpP の指定部位置にある opera singers の痕跡は，総称演算子 Gen を構成素統御するので，Gen の制限部に収容され，総称的解釈を受ける．

　法助動詞が根源的意味で用いられる場合は，下記の二とおりの可能性がある．

(92)　根源的解釈
　　a.　[TP (opera singers) [ModP must$_{Dn}$ [SpP (opera singers) [$_{vP}$ Gen {x: opera singers} [$_{v'}$ t_{DP} know Hittite]]]]]　（タイプ I・命題型）
　　b.　[TP opera singers$_{[+Topic]}$ [ModP must$_{Dn}$ [SpP (opera singers) [$_{vP}$ Gen {x: opera singers} [$_{v'}$ t_{DP} know Hittite]]]]]　（タイプ II・個体型）

(92a) では，SpP の指定部にある opera singers の痕跡が総称演算子 Gen を構成素統御するので，Gen の制限部に収容され，総称的解釈を受ける．(92b) でも，SpP の指定部位置の痕跡が Gen の限定部に収容され，総称的解釈を受ける．

ここで，Diesing が指摘した六とおりの解釈の可能性と，それらの解釈に対応する LF 構造の対応関係をまとめておく．

(93)

	法助動詞	述語	無冠詞複数主語	対応 LF
①	認識様態	ステージ	存在	(88a)
②	根源的	ステージ	存在	(89a) (II)，(89c) (I)
③	認識様態	ステージ	総称	(88b)
④	根源的	ステージ	総称	(89b) (II)，(89d) (I)
⑤	認識様態	個体	総称	(91)
⑥	根源的	個体	総称	(92a) (I)，(92b) (II)

以上のように，本節で提案した法助動詞を含む文の LF 構造は，Diesing が指摘したすべての解釈の可能性を，正しく予測することができる．[19]

---

19. 2.3.2 節で論じた for five years のような付加詞の特定的，非特定的（存在）解釈については以下のように分析される．

まず，非特定的解釈を受ける (i) の場合，PP は，(ii) のように VP に付加されて導入される．その後，焦点 (focus) 要素として外置され，(iii) のように存在量化子 Ex を含む vP に付加される．(live はステージレベルの述語と考える．)

(i) Martha has lived in Boston for five years.
(ii) [$_{VP}$ [$_{VP}$ live in Boston] [$_{PP}$ for five years]]
(iii) [$_{v\text{P}}$ [$_{v\text{P}}$ Ex [$_{v'}$ [$_{v'}$ Mary v-live [$_{VP}$ [$_{VP}$ t_{live} in Boston] t_{PP}]]]] [$_{PP}$ for five years]]

この構造で，for five years は存在量化子 Ex を構成素統御する．したがって，LF で Ex の制限部へ収容され，存在の解釈を受ける．

次に，特定的解釈を受ける (iv) の場合を見よう．

(iv) For five years Martha has lived in Boston.

この場合，PP は vP の外部の SpP の指定部に導入されて特定的解釈を受ける．

(v) [$_{\text{SpP}}$ [$_{PP}$ for five years] [$_{\text{Sp}'}$ Martha [$_{\text{Sp}'}$ Sp [$_{v\text{P}}$ Ex [$_{v\text{P}}$ t_{Martha} v-live in Boston]]]]]

この後，文頭に移動され，TP に付加される．

4.6.6. 4.6節のまとめ

　本節では，法助動詞文には，叙述様式に基づく二つのタイプのLF構造が用いられることを見た．個々の法助動詞文がどちらのタイプの構造を持つかは，認識様態のモダリティ，義務的モダリティ，動的モダリティのそれぞれの性質と叙述様式との整合性に左右される．このように，法助動詞構文の解釈には，叙述様式も深く関与している．

4.7. まとめ

　本章では，英語の法助動詞は，すべての解釈において繰り上げ述語であり，また，語彙的意味も，個々の法助動詞にはそれぞれ唯一的な意味の指定のみが与えられることを論じた．したがって，英語の法助動詞には，語彙的多義性は存在しない．英語の法助動詞文の多様な解釈の可能性は，個々の法助動詞が持つ唯一的意味と，談話の状況から得られる情報との相互作用の帰結である．また，法助動詞文の解釈には，叙述様式も重要な役割を果たしていることを論じた．

　　(vi)　[$_{TP}$ [$_{PP}$ for five years] [$_{TP}$ Martha has lived in Boston]]

　このようにして，for five years が vP 内部に生起する場合は存在の解釈を受け，vP の外部に生起する場合は特定的解釈を受けることが説明される．

第 5 章

法助動詞と条件の if 節*

5.1. はじめに

　本章では，TP 内の ModP の主要部としての法助動詞に加えて，TP の外部の領域に，発話行為に関わる抽象的な法助動詞が存在することを主張する．議論の手がかりとして，条件の if 節内で観察される代名詞束縛現象の有無に関わる von Fintel and Iatridou (2001) の分析を批判的に検討し，彼らの分析の根幹を成す認識様態法助動詞の作用域特性に関する仮説が，上記の代名詞束縛現象には無関係であることを論ずる．代案として，問題の代名詞束縛現象は，TP 外部の発話行為に関わる機能範疇内に非顕在的な法助動詞（法演算子）が存在し，ある種の if 節は，その抽象的な法演算子の制限節となると考えると，より簡潔な分析が可能となることを示す．

---

* 本章の内容は，Kaneko (2002) に大幅に改訂を加えたものである．

5.2. von Fintel and Iatridou (2001) の分析の概要

まず，von Fintel and Iatridou (2001) の分析を概観する。[1] von Fintel and Iatridou は，下記の (1) と (2) に，条件の if 節内の代名詞束縛の可能性に関して相違が見られることを観察している．(von Fintel and Iatridou (2001) のカンマに続く（　）内の番号は例文番号を示す．)

(1) Chris must be home if his light is on.
   (von Fintel and Iatridou (2001), (1))

(2) *Every student_i must be home if his_i light is on.
   (von Fintel and Iatridou (2001), (2))

二つの文の must は，ともに認識様態の解釈を受けている．von Fintel and Iatridou の観察によれば，(1) の if 節内の代名詞 his は，主節の指示的代名詞 Chris と同一指示の解釈が可能である．一方，(2) の if 節内の代名詞 his は，主節の量化表現の主語 every student によって束縛される解釈が不可能である．

これに対して，彼らの観察によれば，must が義務的解釈を受けている (3) においては，if 節内の代名詞 he は，主節の量化表現の主語 every student によって束縛される解釈が可能である．

(3) Every student_i must contact the dean if he_i wants to take a semester off.　　(von Fintel and Iatridou (2001), (13))

von Fintel and Iatridou は，(1) から (3) に見られる代名詞束縛現象の有無を，(4), (5), (6) の条件によって説明する．

---

[1] von Fintel and Iatridou (2001) の分析は，その後，von Fintel and Iatridou (2002a, b, 2003) として改訂されている．しかし，主張の趣旨は同じであるので，本章では von Fintel and Iatridou (2001) に言及して議論する．

(4) 変項束縛に対する LF 条件
Quantifiers (or the λ-operators associated with them) can only bind variables in their LF c-command domain.
(von Fintel and Iatridou (2001), (3))

(5) 認識様態包含原理(The Epistemic Containment Principle (ECP))
An epistemic modal cannot intervene between a quantifier and its trace. (von Fintel and Iatridou (2001: 31))

(6) 法の if 仮説 (The Modal *If* Hypothesis (MIH))
An *if*-clause can only restrict quantifiers over possible situations/worlds, not quantifiers over individuals.
(von Fintel and Iatridou (2001), (12))

(4)は,変項束縛に関する適正束縛条件である.(6)は,条件の if 節は,量化子(具体的には法演算子)が量化の領域とする可能状況・可能世界を制限するということであり,if 節に関する Lewis および Kratzer の分析に基づくものである.[2] if 節は法演算子の制限要素となると言ってもよい.本章でも,これらの条件の主旨は正しいものと考える.

(5)の原理 ECP の主旨は,量化表現は,同一節内の認識様態の法助動詞よりも広い作用域を持つことができないということである.[3]

(7) *[QP ... [$_{ModP}$ Modal$_{Epistemic}$ [... t_{QP} ...]]]

彼らの主眼は,この ECP の妥当性を示すことに注がれており,上述の if 節内の代名詞束縛現象は,この原理の裏づけとして提示されている.本章の以下の議論も,この ECP の妥当性の批判的検討に基づいて展開される.

---

2. Lewis (1975), Kratzer (1986) を参照.
3. (5)の ECP は,記述上の一般化である.von Fintel and Iatridou (2001) は,ECP を LF における QR の適用を制限する一種の派生制約として定式化することを示唆している.本章では,説明の便宜上,(5)の記述的一般化を用いることにする.

ここで，von Fintel and Iatridou の (4)，(5)，(6) の提案により，(2) の代名詞束縛がどのように排除されるかを見よう．下記の (8a-d) は，(2) の LF としてあり得る構造を列挙したものである．

(8) (2) の可能な LF 表示　　(von Fintel and Iatridou (2001: 4))

a. **every + if > must:** *ECP, *MIH

every [$\lambda x.$ student$_x$ if his$_x$ light is on] [$\lambda x.$ must [$\lambda w.$ x be$_w$ home]]

b. **must > every + if:** *MIH

must [$\lambda w.$ every [$\lambda x.$ student$_x$ if his$_x$ light is$_w$ on] [$\lambda x.$ x be$_w$ home]]

c. **every > must + if:** *ECP

every [$\lambda x.$ student$_x$] [$\lambda x.$ must [$\lambda w.$ if his$_x$ light is$_w$ on] [$\lambda w.$ x be$_w$ home]]

d. **must + if > every:** *LF-Condition on Variable-Binding

must [$\lambda w.$ if his$_x$ light is$_w$ on] [$\lambda w.$ every [$\lambda x.$ student$_x$] [$\lambda x.$ x be$_w$ home]]

(8a) は ECP によって排除される．(8a) の表示を得るためには，(9) が派生されなければならないが，(9) の構造では，認識様態の解釈の must が量化表現の every student とその痕跡の間に介在するため，ECP に違反する．

(9) [every student [... must ... $t_{\text{every student}}$ ...]]

さらに，(8a) の表示は，if 節の制限機能に関する制約 (6) に違反する．(8a) では，if 節が，法演算子 (must) ではなく数量詞 every の制限節となっている．every は (可能) 世界ではなく個体の領域を量化するので，制約 (6) に違反している．

(8b) の表示も，if 節が法助動詞ではなく every の制限節になっているので，制約 (6) に違反している．

第 5 章　法助動詞と条件の if 節

(8c) の表示では，if 節は数量詞 every ではなく法助動詞 must の制限節となっているので，制約 (6) には違反しない．しかし，every が must より広い作用域を持つためには，(8a) と同様に，(9) の構造が派生されなければならないので，ECP に違反する．

(8d) の構造は，ECP にも制約 (6) にも違反していない．しかし，変項束縛に対する適正束縛条件 (4) に違反する．[4]

(10) 　must [λw. if his$_x$ light is$_w$ on] [λw. every [λx. student$_x$] [λx. x be$_w$

*c-command

home]]

このようにして，例文 (2) で every student が代名詞 his を束縛する解釈をもつ場合に考えられるすべての構造は，(4), (5), (6) のいずれかの原理・制約に違反して排除される．

これに対して，例文 (1)（＝下記 (11a)）では，法助動詞 must は (2) と同様に認識様態の解釈を受けるが，Chris と his との関係は，数量詞と変項との束縛関係ではなく同一指示 (coreference) 関係であるので，変項に対する適正束縛条件 (4) も ECP (5) も無関係である．

(11) 　a.　Chris must be home if his light is on.
　　　b.　must [λw. if his$_i$ light is$_w$ on] [λw. Chris$_i$ be$_w$ home]

von Fintel and Iatridou は，(11a) の LF 表示を明示していないが，(11b) に示す表示をもつはずである．(11b) の表示で，if 節は法演算子 must の制限要素となっており，if 節の制限機能に関する制約 (6) にも違反しない．

法助動詞が根源的解釈（義務）をもつ (3)（＝下記 (12)）を見よう．

---

4. von Fintel and Iatridou (2001) は，if 節が数量詞あるいは法助動詞の制限節となる場合，どのような統語構造をとるのか明示していない．ここでは，法助動詞を制限する場合，ModP の指定部に生起して法助動詞を制限すると考えよう．

(12) Every student$_i$ must contact the dean if he$_i$ wants to take a semester off.

この例では，変項束縛に対する適正束縛条件 (4) と if 節の制限機能に関する制約 (6) は関与するが，法助動詞 must が認識様態ではないので，ECP は無関係である．von Fintel and Iatridou は (12) の LF 表示を明示していないが，上記の (8c) と同等の解釈 (13a) をもつと思われる．(13a) の解釈のためには，(13b) の構造が派生されなければならない．

(13) a. every [λx. student$_x$] [λx. must [λw. if he$_x$ wants$_w$ to take a semester off] [λw. x contact$_w$ the dean]]

b. [every student [must-{if he wants …}] [$t_{\text{every student}}$ contact the dean]]]
  ^{OK}c-command

(13b) の構造では，must が every student とその痕跡の間に介在しているが，認識様態の解釈ではないので，ECP に違反しない．

(2) と (3) (=(12)) の対比が示すように，ECP にとって決定的要因となるのは，当該の法助動詞が認識様態の意味で解釈されるかいなかである．von Fintel and Iatridou の観察によれば，法助動詞が義務的解釈や未来時点を示す解釈の場合，量化表現の主語と法助動詞の作用域関係には多義性が見られる．例えば，(14) の will は，未来を示す時間モダリティを示している．彼らによれば時間モダリティは認識様態の解釈とは異なるので，ECP の適用を受けない．[5] その結果，(14b) のように will が量化表現の主語よりも広い作用域をもつ事例に加えて，(14a) のように量化表現の主語が広い作

---

5. von Fintel and Iatridou (2001) は，will の未来予測（いわゆる単純未来）の解釈を認識様態の解釈の一種と考えていない．この点で，may と must にのみ認識様態の意味を認める McDowell (1987) の分析と同じ立場をとっている．

用域をもつことも可能となる．

(14) a. Most of our students will be professors in a few years.
(most of our students > will)
(von Fintel and Iatridou (2001), (5))
b. Most of our students will be foreigners in a few years.
(will > most of our students)
(von Fintel and Iatridou (2001), (6))

同様に，(15) の ought は義務的解釈をもつので，ECP の適用を受けない．その結果，ought と量化表現の主語の作用域関係には，(15a, b) に示すような二とおりの可能性がある．

(15) a. Most of my neighbors ought to water their lawns more often.
(most of my neighbors > ought)
(von Fintel and Iatridou (2001), (7))
b. Most of my books ought to be returned by Friday.
(ought > most of my books)
(von Fintel and Iatridou (2001), (8))

要約すると，von Fintel and Iatridou (2001) は，例文 (2) の非文法性を，法助動詞の作用域に関わる制約 ECP，条件の if 節の修飾機能に関する制約 MIH，変項に関する適正束縛条件によって説明する．特に，ECP の適用に関しては，法助動詞の解釈が認識様態の解釈であるかいなかが決定的な要因となる．

5.3. 条件の if 節と ECP

本節では，前節で概観した条件の if 節に関する代名詞束縛現象が，法助動詞の作用域に関わる制約 ECP の妥当性を支持する現象であるのかを検証

する．検証の結果，それらの if 節は主節の TP 領域の法助動詞を修飾するのではなく，TP 外部の領域に存在する抽象的な法演算子を制限する要素であることを主張し，それらの if 節は ECP の妥当性とは無関係であることを示す．

5.3.1. 認識様態の条件節と因果関係の条件節

前節で概観したように，von Fintel and Iatridou (2001) の分析では，(2) ((16) として再掲) において代名詞に束縛変項としての解釈が存在しないことが，ECP の主要な動機づけの一つになっている．

(16) *Every student$_i$ must be home if his$_i$ light is on.

しかし，von Fintel and Iatridou は，類似した例文 (17) においては，(16) では不可能な代名詞束縛が可能であることを観察している．

(17) Every student$_i$ must hate his advisor if his$_i$ dissertation is a failure.　　　　　　　　　(von Fintel and Iatridou (2001), (87c))

(17) の主節の法助動詞 must は認識様態の解釈であるが，主節の量化主語 every student が if 節内の代名詞 his を束縛する解釈が可能である．

von Fintel and Iatridou は，(16) と (17) の相違を二つの仮定に基づいて説明する．第一に，(16) の if 節が属するクラスと (17) の if 節が属するクラスを区別し，前者を認識様態の if 節 (epistemic *if*-clause)，後者を因果関係の if 節 (causal *if*-clause) と呼ぶ．二つの if 節はそれぞれ次のように特徴づけられる (von Fintel and Iatridou (2001: 30))．

(18) a. 認識様態の if 節 (16)：　各々の学生が在宅していると結論しうる理由 (the reason for which we would conclude that each student is home)
　　　b. 因果関係の if 節 (17)：　学生が自分の指導教授を嫌う理由 (the reason for which a student might hate his advisor)

第5章 法助動詞と条件の if 節

この区別自体は目新しいものではなく，妥当なものである．この点については 5.3.2 節で立ち戻る．

第二に，every は，個体 (individual) のみならず，世界 (world) を領域として量化することができると仮定する (von Fintel and Iatridou (2001: 29))．von Fintel and Iatridou によれば，(19) には (20) に示す二つの解釈が存在する．

(19) Every friend of John's is a socialist.
(von Fintel and Iatridou (2001), (84))

(20) a. Reading A: every$_x$ [x friend of John's in w_0][x socialist in w_0]
b. Reading B: every$_{x,\,w}$ [x friend of John's in w][x socialist in w]

(20a) に示される解釈 A では，every は個体を領域として量化しており，現時点での現実世界 (w_0) で，「今現在 John の友人であるすべての個体が社会主義者である」ことが偶発的に成り立っている一般化 (accidental generalization) として述べられている．したがって，この一般化の背後に何らかの原則が存在しているかどうかはわからない．これに対して，(20b) に示される解釈 B では，every は個体と世界からなる対 (pair) $<x, w>$ の集合を量化の領域としている．したがって，ある個体 x が John の友人である世界 w の対 $<x, w>$ のすべてについて，その個体が社会主義者であることが成り立つと述べられている．

von Fintel and Iatridou は，if 節が決定詞（量化子）を制限できるのは，every のように世界を量化の領域としうる場合のみであると主張している．その典型例として，下記 (21) があげられている．

(21) a. Every letter will be answered if it is less than 5 pages long.　　(von Fintel and Iatridou (2001), (85))
b. every$_{x,\,w}$ [x letter & x is less than 5 pages long in w] [x is answered in w]

この例では，手紙である個体 x とその手紙が 5 ページ未満である世界 w の対 $<x, w>$ のすべてについて，その手紙には返事が出されることが述べられている．

この二つの仮定に基づいて，(17)((22a) として再掲)の因果関係の if 節は，主語の量化子 every による量化の領域である可能世界 w の集合を制限すると主張されている．彼らはその LF 表示を明示していないけれども，(21b) と同等の表示である (22b) が与えられるはずである．

(22) a. Every student must hate his advisor if his dissertation is a failure.
 b. LF-structure:
 must [every$_{x, w}$ [x student & x's dissertation is a failure in w]
 ^{OK}c-command
 [x hates x's advisor in w]]

この構造では，量化子 every は，その制限節である if 節内の代名詞を適正に束縛し，また，認識様態の解釈の法助動詞 must よりも狭い作用域をもつので ECP にも違反しない．

しかし，この説明には次の三つの問題がある．第一の問題は，法助動詞 must の量化に関わる問題である．von Fintel and Iatridou も依拠しているはずの法演算子に関する標準的な分析に従えば，must を含む法助動詞は世界を領域とする量化子であるので，(22) においても must は世界 w を束縛しなければならない．しかし，(22b) の構造で must がどの w を束縛するのか明らかではない．仮に，must が，すでに every によって束縛されている w を束縛するのであれば，w は複数の量化子に束縛されるので，一つの変項が複数の量化子に束縛されるのを禁ずる何らかの制約 (例えば Koopman and Sportiche (1982) の一対一対応の原則 (Bijection Principle)) により排除される．これに対して，must がいかなる w も束縛しないならば，

空虚な量化 (vacuous quantification) を禁ずる制約 (Chomsky (1986b)) に違反する.

　第二に，every が量化の領域とする世界を制限できるのが，なぜ因果関係の if 節だけであり，認識様態の if 節には不可能であるのかが問題となる. もし，認識様態の if 節も every の量化の領域を制限できるのであれば，5.2 節で排除された (8b) の解釈に対して，排除された構造 (23a) ではなく (23b) の構造が与えられて，適格となることが予測されてしまう.

(23)　**must > every + if**
　　a.　must [λw. every [λx. student$_x$ if his$_x$ light is$_w$ on] [λx. x be$_w$ home]]
　　b.　must [every$_{x,w}$ [λx. student$_x$ if his$_x$ light is$_w$ on] [λx. x be$_w$ home]]

(23a) の構造は，if 節が，世界ではなく個体の集合を制限しているために，if 節の制限対象に関する制約 MIH の違反として排除された. しかし, (22b) と同様に，every が個体と世界の対を束縛し，if 節が every に束縛される世界の集合を制限するのであれば，適格な構造 (23b) が派生されるはずであり，(8b) の解釈を排除することはできない.

　von Fintel and Iatridou もこの問題に気づいており，以下の例をあげている.

(24)　a.　*Every student$_i$ hates his advisor if he$_i$ is wearing a black sweater.　　(von Fintel and Iatridou (2001), (88a))
　　b.　*Every student$_i$ must hate his advisor if he$_i$ is wearing a black sweater.　　(von Fintel and Iatridou (2001), (88b))

これらの例では，(22a) の因果関係の if 節が認識様態の if 節で置き換えられているため，不適格になっている. これらの事例に対処するため，彼らは，法演算子と同様に世界を量化の領域とする every を制限する要素として，

因果関係の if 節を用いることはできるが認識様態の if 節を用いることはできないことを示唆している (von Fintel and Iatridou (2001: 31))．しかし，これは事実関係をそのまま述べているにすぎず，なぜそうでなければならないのかは説明されていない．

　第三に，認識様態の法助動詞が生起する文で，主節の主語から因果関係の if 節内要素への束縛が可能である現象にとって，主節の主語が量化子 every を含むことが必要ではないことを示す例が存在する．Iatridou (1991)，Bhatt and Pancheva (2001) は，次のような例を指摘している．

(25) a. [Mary and Bill]$_i$ will become rich if each other$_i$'s photographs are published. (Iatridou (1991: 56))
　　 b. [Mary and Bill]$_i$ will become rich if pictures of themselves$_i$ are on sale. (ibid.)
　　 c. John$_i$ will be happy if pictures of himself$_i$ are on sale.
(Bhatt and Pancheva (2001: 14))

これらの例において，if 節内の照応形が可能であることは，主節の主語が if 節内の照応形を束縛していることを示している．固有名詞 John は every を含まないので，(22a) に与えられた分析を適用することはできない．したがって，これらの例は，表層の構造において，主節主語が if 節内の要素を構成素統御していることを示唆している．von Fintel and Iatridou の分析では(22a) と (25) の文法性を統一的に説明することはできない．

　このように，von Fintel and Iatridou の分析は，議論の発端となった例 (2) (= (16)) と類似の例 (17) との相違を説明するには二つの仮定を追加することが必要である．そのうち，第二の仮定，すなわち，量化子 every が，個体に加えて世界を束縛することが可能であり，因果関係の if 節は every に束縛される世界を制限することができるとする仮定は，新たに三つの問題を引き起こす．5.3.2 節では，これらの問題を回避する分析を提示する．

5.3.2. 遂行法助動詞を制限する認識様態の if 節

上述のように，von Fintel and Iatridou の分析は，三つの問題を引き起こす．本節では，代替案を提案し，主節主語による if 節内の代名詞束縛の可否に関する (16) と (17) の相違は，認識様態の if 節と因果関係の if 節の LF における統語的位置の相違によって説明されることを論ずる．

Iatridou (1991) は，if 節を，統語的・意味的特性に基づき，仮定条件節 (hypothetical conditional (=HC))，叙実的条件節 (factual conditional (=FC))，関連性条件節 (relevance conditional (=RC)) の三つのタイプに分類する．

(26) If John gets a good education, (then) he'll get a job.　(HC)

(Iatridou (1991: 99))

(27)　A:　Bill is very unhappy here.

　　　B:　If he is so unhappy, (then) he should leave.　(FC)

(Iatridou (1991: 63))

(28) If you want to know, (*then) 4 isn't a prime number.　(RC)

(Iatridou (1991: 54))

(26) の仮定条件節は，最も一般的な条件文に生ずるものであり，主節の命題が真となる条件を表している．叙実的条件節は，他の誰かの陳述を受けて，それが真であることを前提とすると主節の内容が成り立つことを述べている．例えば，(27) では，A の「ビルはここではとても不幸だ」という発言を受けて，「そんなに不幸なら出ていくべきだ」と述べている．関連性条件節は，主節の命題が真となる条件ではなく，主節の内容を述べることが談話上適切であるための条件を述べている．以下では，主として仮定条件節と関連性条件節に焦点をあてて議論を進める．[6]

---

6. 叙実的条件節については，Iatridou (1991), Bhatt and Pancheva (2001) を参照．Haegeman (2003) は，条件節を事象条件節 (event-conditional) と前提条件節 (premise-

5.3.1 節で述べたように,認識様態の if 節は,主節の命題が真である条件ではなく,主節を断定しうる条件を述べており,上記の関連性条件節に相当する.一方,因果関係の if 節は,主節の命題が真となる条件を述べており,仮定条件節に相当する.

(29) (= (16)) *Every student$_i$ must be home if his$_i$ light is on.

(30) (= (17)) Every student$_i$ must hate his advisor if his$_i$ dissertation is a failure.

(31) (= (18))

  a. 認識様態の if 節 (29): 各々の学生が在宅していると結論しうる理由 (the reason for which we would conclude that each student is home)

  b. 因果関係の if 節 (30): 学生が自分の指導教授を嫌う理由 (the reason for which a student might hate his advisor)

---

conditional) に大別し,事象条件節は TP 内部の付加詞であるのに対して,前提条件節は TP 外部の付加詞であることを論じている.Haegeman の事象条件節は Iatridou の仮定条件節に対応している.一方,前提条件節の典型例としてあげているのは,Iatridou の叙実的条件節である.

(i) a. If it rains we will all get terribly wet and miserable. (事象条件節)

                   (Haegeman (2003: 317))

 b. If [as you say] it is going to rain this afternoon, why don't we just stay at home and watch a video? (前提条件節)   (ibid.)

角括弧内の挿入節が示すように,(ib) は,聞き手の発言を,主節の疑問文を発する前提条件としている.ただし,前提条件節と分析されているものの中には,Iatridou の関連性条件節と思われる例も存在する.

(ii) If John lives in Rome, he probably never uses his bike.

                   (Haegeman (2003: 322))

したがって,Haegeman の分析が正しいのであれば,Iatridou の叙実的条件節と関連性条件節は,Haegeman の前提条件節の下位分類であり,一定の共通性を有することになる.本章では関連性条件節について論じるが,その分析が叙実的条件節にどの程度まで適用できるかは今後の課題とする.

Iatridou (1991) は，因果関係（すなわち仮定）の条件節と認識様態（すなわち関連性）の条件節の分布に関して，因果関係の条件節は TP (IP) 内に生起可能であるが，認識様態の条件節は常に TP の外に生起することを示している．[7]

(32)　二つのタイプの if 節の分布
[$_{CP}$ ... Epistemic *if*-clause ... [$_{TP}$ ... Causal *if*-clause ...]]
Epistemic *if*-clauses = Relevance conditionals in Iatridou (1991)
Causal *if*-clauses = Hypothetical conditionals in Iatridou (1991)

因果関係の条件節は，TP 内部に生起可能なので，VP 前置に随伴して移動することが可能であるが ((33a))，認識様態の条件節は常に TP の外部に生起するので，VP 前置に随伴して移動することができない ((33b))．

(33)　a.　Take the dog out if it rains though Peter may, he is still afraid of water.　(Iatridou (1991: 12))
　　　b.　*Look sick if I may say so though John does, he is still one of the handsomest guys in the department.
(Iatridou (1991: 55))

二種類の条件節の分布上の相違は，主節の主語と条件節内の照応形の束縛の成否にも窺うことができる．(34a, b) は，因果関係の条件節が主語に構成素統御される位置に生起できることを示しており，一方，(34c, d) は認識様態の条件節が主語に構成素統御される位置には生起できないことを示している (cf. (25))．

7.　因果関係（仮定）条件節は，話題化によって TP の外部に生起することもある．例えば，以下の例は，因果関係の if 節が疑問文の文頭にあるので，TP の外部に生起していることを示している．

(i)　a.　If it rains, what shall we do?　(Iatridou (1991: 13))
　　b.　If it rains, are we going to leave?　(ibid.)

(34) a. Mary and Bill will become rich if each other's photographs are published. (Iatridou (1991: 56))
b. Mary and Bill will become rich if stories about themselves are published. (ibid.)
c. *Mary and Bill will know where to find me if each other's friends want to talk to me. (ibid.)
d. *Mary and Bill will know where to find me if stories about themselves are told. (ibid.)

さらに，因果関係条件節は，TP 内の要素であり，話者の断定 (assertion) の内容に含まれるので，(35) のように否定の対象としたり，(36) のように wh 疑問文の答えとなることができる．

(35) Speaker A: If it rains, Peter takes his dog out.
Speaker B: That's not true, he takes his dog out if it's sunny.
(Iatridou (1991: 53))
(36) Speaker A: I'll invite her to tea if I see her again.
Speaker B: {Under what conditions/When} will you invite her?
Speaker A: If I see her again.
(Iatridou (1991: 60))

一方，認識様態条件節は，話者の断定内容には含まれないので，(37) に示されるように，否定の対象とならない．

(37) Speaker A: If I may be honest you're looking awful.
Speaker B: That's not true. #I look awful if you may be deceitful.
(Iatridou (1991: 53))

これらの事実は，認識様態の条件節は，Parsons (1990) が発話行為の修

飾要素 (speech-act modifiers) と呼ぶ付加詞に属するものであることを示している．より特定的に言えば，Bellert (1977) が領域の副詞類 (domain adverbials) (あるいは Quirk et al. (1985) の視点の下接詞 (view point subjunct)) と呼ぶ付加詞に属する．下記の例がその典型例である．

(38) a. *Architecturally*, it is a magnificent conception.
(Quirk et al. (1985: 568))
b. *As far as mathematics is concerned*, he was a complete failure. (Quirk et al. (1985: 569))
c. *If we consider the financial position*, the country is going to have a bad year. (ibid.)

領域の副詞類は，話者の視点を特定し，主節の命題内容が真であると断定しうる領域を与える．この副詞類に属する認識様態の if 節も，主節の命題内容が真であると結論しうる領域を与える．すなわち，遂行分析 (performative analysis) (cf. Ross (1970), Sadock (1974)) における，遂行節 (performative clause) に属する付加詞と考えることができる．

以上のような分布特性と意味特性を説明するため，認識様態の if 節を含めた発話行為の修飾要素は，TP の外部の機能範疇である遂行句 (performative phrase = PfmP) の領域に属する付加詞であると考えよう．以下の例は，この PfmP の生起する位置が，TP を包含する CP の外側であることを示唆している．

(39) a. Who was the first German to visit Patagonia, if you know? (Sadock (1974: 39))
b. What's the specific gravity of osmium, if you're so smart?
(Sadock (1974: 40))
c. If I may be so blunt as to ask, where were you last night?
(Iatridou (1991: 56, fn. 1))

これらの文の if 節は，疑問詞の作用域内の命題の条件となっているのではなく，話者が疑問の発話行為を行う条件を示している．特に，(39c) の if 節は，疑問詞 where に先行しているので，CP の外側に生起していることは明らかである．

以上に基づき，認識様態の if 節は，他の発話行為の修飾要素と同様に PfmP 内の要素であると考えよう．さらに，認識様態の if 節は，LF において，PfmP の主要部 Pfm に随意的に含まれる抽象的な法演算子 (Mod)（遂行法助動詞と呼ぶことにする）の制限要素となると考えよう．

(40)　遂行法演算子の制限要素としての認識様態の if 節
　　　[PfmP Epistemic *if*-clause [Pfm Mod] [TP ...]]

例えば，下記の (41a)（= (1)）を見よう．(41b) は von Fintel and Iatridou が (41a) に与えているパラフレーズである．(40) の提案によれば，(41a) には (41c) の LF 表示が与えられる．

(41)　a.　Chris must be home if his light is on.
　　　b.　If his light is on, I can conclude that Chris must be home.
　　　c.　(41a) の LF

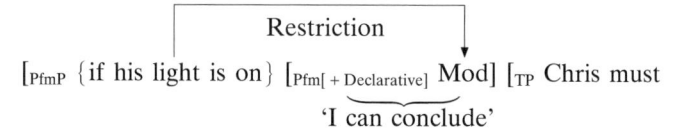

　　　　　　　　　　　　　Restriction
　　　[PfmP {if his light is on} [Pfm[+ Declarative] Mod] [TP Chris must
　　　　　　　　　　　　　　　　　　　　　　'I can conclude'
　　　be home]]

(41c) の LF 表示で，PfmP の主要部は素性 [+Declarative] をもち，抽象的法演算子を含んでいる．談話における語用論的情報に基づいて，[+Declarative] は発語内行為 (illocutionary act) として 'CONCLUDE' を表すものとして，また，抽象的法演算子は CAN に相当するものとして解釈され，全体として 'I can conclude' と解釈される．こうして，(40) の提案に基づく (41c) の表示は，von Fintel and Iatridou が (41a) に与えているパラフ

レーズを直接的に捉えることができる.[8]

このように，認識様態の if 節は，PfmP 内の法演算子を制限する要素と考えることができる．Iatridou 自身も，Iatridou (1991: 52) において，認識様態（関連性）の条件節を遂行節の成分と考えることを示唆している．それにもかかわらず，von Fintel and Iatridou (2001) において，認識様態の if 節を主節の法助動詞を制限する要素と考えたのは，if 節は主節の法助動詞を制限する要素であると考える一般的な想定に従ったためではないかと推察される．[9]

上記の提案により，議論の発端となった現象がどのように説明されるかを見よう．

   (42) (= (2)) *Every student$_i$ must be home if his$_i$ light is on.

(42) は (43a) の LF 表示をもち，概略 (43b) のパラフレーズに対応する解釈が与えられる．

   (43) a. [$_{PfmP}$ {if his$_i$ light is on} [$_{Pfm[+ Declarative]}$ Mod] [$_{TP}$ every student$_i$

                           *c-command

        must be home]]

---

8. 2.2.2 節で，直説法節では，CP の主要部 C [Ind] が，評価時 EvT が発話時 ST と同時であることを指定すると述べた．

  (i) C [Ind]： 評価時 EvT は発話時 ST と同時 (EvT,ST)

しかし，ST が PfmP の主要部 Pfm に含まれ，その主要部が (i) の指定を行うと考えることができるかもしれない．

  (ii) Pfm： 評価時 EvT$_{Ind}$ は発話時 ST と同時 (EvT$_{Ind}$,ST)

この場合，(ii) の指定は，主節の T$_{Ind}$ が含む EvT$_{Ind}$ に対してだけでなく，従属節に生じた T$_{Ind}$ が含む EvT$_{Ind}$ に対しても適用されると考えられる．この分析の可能性については今後の課題とする．

9. Bhatt (1999) は，不定詞関係節 (infinitival relative) の分析において，TP の外部の C を法演算子と解釈する独立した議論を提示している．

b. If his_i light is on, I can conclude that every student_i must be home.

(43a) では，if 節は Pfm 主要部内の法演算子 Mod を制限するため，PfmP の指定部に生起している．そのため，if 節内の代名詞 his は主節の主語 every student に構成素統御されず，束縛変項として解釈されない．

ここで重要なのは，(42) の his に束縛変項の解釈が存在しないことは，認識様態の if 節が主節の TP の外部に存在していることの帰結であり，主節の主語 every student と法助動詞 must の作用域関係は無関係であることである．下記 (44a, b) の構造を見よう．

(44) a. [_CP {if his_i light is on} C [_TP must [every student_i be home]]]　(must＞every)
　　 b. [_CP {if his_i light is on} C [_TP every student_i [must [t_i be home]]]]　(every＞must)

(44a, b) に示されるように，must と every student のいずれが広い作用域をもっても，if 節内の代名詞 his は主節の every student に束縛されない．したがって，(42) に代名詞束縛現象が見られないことは，ECP を支持する根拠とはならない．

要約すると，(42)（＝(2)）の非文法性は認識様態の if 節が生起する構造上の位置の帰結である．また，その認識様態の if 節の分布特性は，TP 外部の機能範疇 PfmP の主要部内に随意的に生起する抽象的法演算子の制限要素としての意味特性の帰結である．

5.3.3. PfmP 内要素としての認識様態の if 節の帰結

本節では，認識様態の if 節を遂行法助動詞の制限要素とする分析の帰結を見ていく．

5.3.3.1. von Fintel and Iatridou の三つの問題点の解消

5.3.1 節で論じたように, von Fintel and Iatridou (2001) の分析は, (45a) (=(17)) の扱いに関して三つの問題を引き起こした.

(45) a. Every student must hate his advisor if his dissertation is a failure.

　　 b. von Fintel and Iatridou (2001) による (45a) の LF:

　　　　must [every$_{x,\,w}$ [x student & x's dissertation is a failure in w]

　　　　　　　　　　　　　　^{OK}c-command

　　　　[x hates x's advisor in w]]

第一の問題は, (45b) の構造では, must がどの世界 w を束縛するのか不明であることであった. 一方, 本章の代案では, 因果関係の if 節は, 認識様態の if 節と異なり, 主節の法助動詞を制限する要素と考えることができる. 例えば, (45a) の if 節は主節の法助動詞 must を制限しているので, (45b) ではなく, (46) の LF をもつ.

(46) [$_{TP}$ every student$_i$ [$_{ModP}$ {if his$_i$ dissertation is a failure} must [t_i

　　　　　　　　　　　　　　^{OK}c-command

　　 hate his advisor]]]

(46) では, TP の指定部位置にある every student は, ModP の指定部位置にある if 節内の代名詞を束縛することができる. ここで注目すべき点は, (46) の構造は, von Fintel and Iatridou (2001) が ECP によって排除した構造 (47c) (=(8c)) に対応することである (cf. 5.2 節).

(47) (=(8))　(2) の可能な LF

　　 a. **every + if > must:** *ECP, *MIH

　　　　every [$\lambda x.$ student$_x$ if his$_x$ light is on] [$\lambda x.$ must [$\lambda w.\,x$ be$_w$ home]]

b. **must > every + if:** *MIH

must [λw. every [λx. student$_x$ if his$_x$ light is$_w$ on] [λx. x be$_w$ home]]

c. **every > must + if:** *ECP

every [λx. student$_x$] [λx. must [λw. if his$_x$ light is$_w$ on] [λw. x be$_w$ home]]

d. **must + if > every:** *LF-Condition on Variable-Binding

must [λw. if his$_x$ light is$_w$ on] [λw. every [λx. student$_x$] [λx. x be$_w$ home]]

(46)の構造が可能であるということは，ECPによって排除される構造は適格な構造であり，ECPの予測が正しくないことを意味する．さらに，(47a-d)のなかで，ECPのみによって排除される構造は，(47c)だけである．これらを考慮すると，ECPは破棄すべきであり，(46)は適格な構造であって，(47c)と類似の解釈(48)が与えられる．

(48) every [λx. student$_x$] [λx. must [λw. if his$_x$ dissertation is a failure in w] [λw. x hates x's advisor in w]]

この表示では，must は通例の方法で変項 w を束縛しており，von Fintel and Iatridou の分析がもつ第一の問題は生じない．

第二の問題は，von Fintel and Iatridou は，因果関係の if 節だけが every のような量化子に束縛される世界変項の領域を制限できると仮定する必要があり，その仮定に何ら説明が与えられないことであった．一方，(46) と (48) の構造に基づく分析によれば，因果関係の if 節は，法助動詞 must が量化の領域とする世界の集合を制限するのであり，every の量化には関与しない．したがって，von Fintel and Iatridou の仮定は不必要であり，彼らの第二の問題は生じない．

第三の問題は，(49)(=(25))のような文の束縛現象と，(45a)の束縛現

象を統一的に扱えないことであった．

(49) a. [Mary and Bill]$_i$ will become rich if each other$_i$'s photographs are published.
b. [Mary and Bill]$_i$ will become rich if pictures of themselves$_i$ are on sale.
c. John$_i$ will be happy if pictures of himself$_i$ are on sale.

(49a) の主節主語は，いずれも every を含まないので，von Fintel and Iatridou が (45a) に与える構造である (45b) に対応する構造をもつことはできない．一方，本章の代案では，例えば (49c) には (50) の LF が与えられる．

(50) [$_{TP}$ John$_i$ [$_{ModP}$ {if pictures of himself$_i$} will [be [t_i happy]]]]
　　　　　　　　　　　　　　^{OK}c-command

因果関係の if 節は，主節の法助動詞 will の制限要素として ModP 内に生起するので，TP 指定部の John は if 節内の照応形を束縛することができる．これは本章の分析が (45a) に与える構造 (46) の状況と同じである．したがって，(45a) と (49) の束縛現象には，同一の構造関係に基づく統一的説明が与えられる．

このように，認識様態の if 節が CP 内の遂行法助動詞を制限し，因果関係の if 節が主節の法助動詞を制限すると考えると，von Fintel and Iatridou の分析が直面した三つの問題は，すべて解消される．

5.3.3.2. Because 節の分析への帰結

von Fintel and Iatridou (2001) は，彼らの if 節の分析を，because 節にも適用できると論じている．because 節にも，認識様態の if 節と因果関係の if 節に対応する区別が存在する (cf. Rutherford (1970))．以下の二つの

例を見よう. (must は認識様態の解釈.)

(51) John must be home because his light is on.
(von Fintel and Iatridou (2001), (14))

(52) John must be home because he is expecting a call from his mother. (von Fintel and Iatridou (2001), (15))

von Fintel and Iatridou (2001: 6) によれば, (51) の because 節は, 話者が主節の内容を結論として述べる根拠を与えており, 認識様態の because 節と呼ばれている. 一方, (52) は, 母親からの電話を待っていることが, John が在宅している原因であるに違いないと主張しており, この because 節は因果関係の because 節と呼ばれている.

von Fintel and Iatridou は, 二つのタイプの because 節の間には, 対応する if 節の間に見られる相違が観察されることを指摘している.

(53) a. Every student$_i$ must be home because his$_{j/*i}$ light is on.
(von Fintel and Iatridou (2001), (17))
b. Every student$_i$ must be home because he$_{j/i}$ is expecting a call from his mother. (von Fintel and Iatridou (2001), (16))

(54) a. Every student$_i$ must be home if his$_{j/*i}$ light is on.
b. Every student$_i$ must hate his advisor if his$_{j/i}$ dissertation is a failure.

彼らは, 認識様態の because 節は, 認識様態の if 節と同様に, 認識様態の法助動詞とともに生起すると仮定して, (53a) と (53b) の対比を (54a) と (54b) の対比と同一の方法で説明する. 彼らは明示的構造を示していないが, (53a, b) の LF 表示は, それぞれ, (55) と (56) のようになる.

(55) (53a) の LF 表示 (his と every student が同一指標をもつ場合):
a. every student$_x$ [must-{because his$_x$ light is on} [x is home]]
b. must-{because his$_x$ light is on} [every student$_x$ [x is home]]

第 5 章　法助動詞と条件の if 節　　213

(56)　(53b) の LF 表示:

must [every student$_x$ [x is home {because x/he$_j$ is expecting a call from his mother}]]

(55a) は，認識様態の解釈の must が every student とその変項の間に介在するので，ECP により排除される．(55b) は，every student が，変項 his を構成素統御しないので，適正束縛の条件 (4) により排除される．これに対して，(56) の表示はどちらの条件にも違反せず，適格となる．[10]

---

10. (53b) は，(56) の構造ではなく，(45a)（= (17)）に対して本章の分析が与える下記の構造 (ii)（= (46)）と同様に，every student が must よりも広い作用域を有する (i) の構造をもつのかも知れない．

(i)　[$_{TP}$ every student$_x$ [must [x is home {because x/he$_j$ is expecting a call from his mother}]]]
　　　　　　　　　　　^{OK}c-command

(ii)　[$_{TP}$ every student$_i$ [$_{ModP}$ {if his$_i$ dissertation is a failure} must [t_i hate his advisor]]]
　　　　　　　　　　　^{OK}c-command

(53b) の構造として，(56) が正しいのか，(i) が正しいのかを決定するのは困難である．というのは，every は個体を変項とする普遍量化子であり，must は世界を変項とする普遍量化子である．両者とも普遍量化子であるので，どちらが広い作用域をとっても，(56) と (i) は，解釈上は同一だからである (cf. Kroch (1979: 184, note 6))．すなわち，(53b) ((iii) として再掲) は，Fox (2000) の意味で，(iv) と同様に「作用域に係わる情報が乏しい (scopally uninformative)」．

(iii)　Every student must be home because he is expecting a call from his mother.
　　　　　∀　　　　　　　∀
(iv)　Every student admires every teacher.　　　　　　(Fox (2000: 2))
　　　　∀　　　　　　∀

同様に，存在量化子同士の組み合わせにおいても，作用域の相対的広さによる解釈の相違を見いだすことはできない．

(v)　Some philosophers might go to those seminars.　(Butler (2003: 982))
　　　∃　　　　　　　∃

しかし，この説明には，次の問題がある．上述のように，von Fintel and Iatridou は，認識様態の because 節は法助動詞と共に生起すると仮定している．if 節の場合，if 節が法助動詞の量化の領域となる可能世界の集合を制限するので，if 節と法助動詞の間に共起関係が存在することは自然である．しかし，なぜ because 節と法助動詞の間に共起関係が存在するのかが明らかではない．さらに，法助動詞との共起関係が，なぜ認識様態の because 節にのみ存在し，因果関係の because 節にはそのような共起関係がないのかが不明である．

このような問題は，本章の if 節の分析を because 節にも適用することにより解消される．すなわち，because 節は，認識様態の because 節も因果関係の because 節も，意味的には，二つの出来事（あるいは状態）A, B を項とし，二つの項の間に因果関係が存在することを表す述語 CAUSE (A, B) であると考えよう (cf. Johnston (1994a))．因果関係の because 節は，TP 内の二つの出来事・状態の間の因果関係を指定する．例えば，(53b) は (57a) の LF 表示をもち，(57b) のように解釈され，学生の在宅と母親からの電話待ちとの間に因果関係が存在することを述べている．

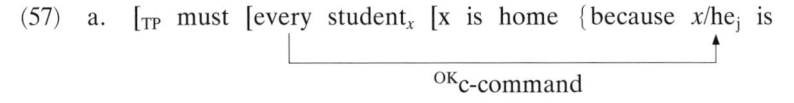

(57) a. [$_{TP}$ must [every student$_x$ [x is home {because x/he$_j$ is

   ^{OK}c-command

   expecting a call from his mother}]]]

   b. must [every student$_x$ [CAUSE ([x is home], [x/he$_j$ is expecting a call from his mother])]]

Fox (2000) の枠組みでは，作用域関係に変化を及ぼす場合にのみ量化表現の再構成 (reconstruction) が許されるので，(iii) の場合，再構成の適用されない (i) の構造が選択される．一方，von Fintel and Iatridou (2001) の分析によれば，(i) は ECP により排除されるので，(56) の構造が選択される．本章の分析では ECP を採用しないので，(56) と (i) の両方の可能性がある．ここでは暫定的に (56) の構造を採用しておく．

第 5 章　法助動詞と条件の if 節　　　　　　　　　　　215

(57) は，von Fintel and Iatridou が (53b) に与える LF 表示である (56) と同一であり，every student が because 節の主語を束縛する解釈が可能である．

これに対して，認識様態の because 節は，because 節の内容と PfmP の主要部 Pfm が表す抽象的発語内行為との因果関係を表す．例えば，(53a) は (58a) の LF 表示をもち，(58b) のように解釈される．

(58)　a.　[PfmP {because his_i light is on} Pfm[+ Declarative] [TP every

　　　　　　　　　　　　　　*c-command

　　　　student_i must be home]]

　　　b.　CAUSE ([his_i light is on], [I CONCLUDE [every student_i must be home]])

(58a) で，認識様態の because 節は，because 節の内容 'his light is on' と話者が主節の内容を結論として述べる行為との因果関係を表している．(58a) の構造では，every student は because 節内の代名詞 his を構成素統御せず，適正束縛の条件に違反するため，代名詞を束縛する解釈は不可能である．

(58a) では，認識様態の because 節は，因果関係の because 節と同様に，二つの出来事・状態の間の因果関係を表しており，主節の法助動詞 must とは何の関係ももたない．したがって，von Fintel and Iatridou の分析とは異なり，認識様態の because 節のみが法助動詞に伴って生起すると仮定する必要はない．

このように，認識様態の if 節と because 節は PfmP の領域の付加詞であり，因果関係の if 節と because 節は TP の領域の付加詞であると考えるなら，if 節は法演算子の制限要素として統一的に分析することが可能となり，because 節は二つの出来事・状態の間の因果関係を表す二項述語として統一的に分析することが可能となる．

5.3.3.3. If 節の未来指示性の例外的現象への帰結

条件の if 節は，when 節，before 節などの時を表す付加詞節と同様に，現在時制形で未来の出来事・状態に言及することができる (cf. 3.4.3 節).

(59) a. If the boat sinks, we will get drowned.
　　 b. John will leave {after / before / when} Mary arrives.

(59) では，主節が未来時に言及する法助動詞 will を含んでおり，その will に依存する形で，if 節と時の付加詞節の現在時制は未来の出来事に言及している.

(60) 　[$_{TP}$ we$_i$ [$_{ModP}$ {if the boat [+Pres] sinks} will [t_i get drowned]]]

　　　　　　　　　　　licensing of future reading

この現象は，次の記述的一般化により捉えることができる (cf. 3.4.3 節).

(61) 　付加詞節現在時制の未来解釈の認可
　　　　条件の if 節と時を表す付加詞節の現在時制は，主節の未来性をもつ助動詞の時の解釈に関与する場合，未来の出来事・状態を指すことができる.

しかし，この一般化に反するように見える現象が存在する.

(62) a. If she doesn't come, I've just whitewashed the gate-posts for nothing. 　　　　　　　(Huddleston (1969: 804))
　　 b. If Mary enjoys herself tomorrow, then I have succeeded.
　　　　　　　　　　　　　　　　　　　　　　(Tedeschi (1976: 124))
　　 c. If Tom wins the race tomorrow, we have not labored in vain. 　　　　　　　　　　　　　　　(ibid.)
　　 d. If Udal defeats Carter in Ohio, we're making progress.
　　　　　　　　　　　　　　　　　　　　　　　　　(ibid.)

これらの文では，主節が未来時に言及する助動詞を含んでいないので，if 節の現在時制が主節の助動詞により未来性を認可されているとは考えられない．ここで注目すべき点は，これらの if 節が主節の出来事の生起条件を表してはいないことである．(62a-c) の主節は現在完了形であるので，発話時以前に生起する出来事に言及している．(62d) の主節は現在進行形であり，発話時点ですでに進行中の出来事に言及している．一方，if 節の内容は発話時以降に生起する出来事に言及している．したがって，これらの例で，if 節の表す出来事が，主節の表す出来事の生起条件となるとは考えられない．すなわち，これらの if 節は因果関係の if 節ではありえない．これらは，主節が表す出来事の生起条件ではなく，話者が主節を発話する条件となっている．

　これらを考慮すると，(62) の if 節は，認識様態の if 節であり，PfmP 内の法演算子を制限する要素であると考えることができる．例えば (62c) は (63) の LF 表示をもつ．

(63) 　[PfmP {If Tom [+Pres] wins the race tomorrow} Mod [TP we

　　　　　　　　　　　　↑_____|
　　　　　　　　　　　licensing of future reading

have not labored in vain]]

(63) において，抽象的演算子 Mod は，語用論的に 'will' と同等の法性を表すと解釈され，概略，'If Tom wins the race tomorrow, I will conclude that we have not labored in vain.' とパラフレーズできる．すなわち，if 節の現在時制は PfmP 内の Mod により未来性が認可されると考えることができる．

　このように，(62) の if 節の現在時制が未来性をもちうることは，(61) の一般化の例外ではなく，この一般化に従う現象として分析することができる．

　さらに，この分析は，if 節内の will の生起可能性に関する Haegeman and Wekker (1984) の分析にも一定の帰結をもたらす．if 節や時を表す付

加詞節が未来の出来事・条件を表す場合，上述のように未来予測（いわゆる単純未来）を表す will が必要でないのみならず，通例，未来予測の will は許されない．

(64) a. *If the boat will sink we will get drowned.

(Declerck (1984: 281))

b. *{When / After / As soon as} you will pull this lever, the roof will slide back. （今井・中島(1978: 399)）

しかし，条件の if 節には，この一般化に従わず未来予測の will が生起する場合がある．

(65) a. If the lava will come down as far as this, all these houses must be evacuated at once. (Close (1980: 103))

b. If it'll be of any help, I'll come along.

(Palmer (1974: 148))

c. If you'll do the shopping for me, I'll give you some money. (Comrie (1985: 119))

d. If the water will rise above this level, then we must warn everybody in the neighbourhood. (Quirk et al. (1985: 1009))

e. It is important, of course, to pay attention to what you eat as well as to how many calories you eat—particularly if your weight problem will involve a lengthy period of dieting. (Haegeman (1983: 153))

Haegeman and Wekker (1984) は，if 節の will の生起・不生起現象を，if 節の統語的位置にもとづいて説明する．彼らは，まず，条件の if 節を，中心的 (central) if 節と周縁的 (peripheral) if 節に大別する．(66a) が中心的 if 節，(66b) が周縁的 if 節の例である．

(66) a. John will help you if you ask him kindly.

(Haegeman and Wekker (1984: 53))

b. If you like her so much, why don't you invite her to tea?

(ibid.)

彼らの特徴づけによれば，(66a) の if 節は主節の命題が表す出来事・状態が生起する条件を述べている．一方，(66b) は，主節の命題内容の生起条件ではなく，話者が主節を発話する条件になっている．すなわち，彼らの中心的 if 節は因果関係の if 節に対応し，周縁的 if 節は認識様態の if 節に対応する．

さらに，Haegeman and Wekker は，中心的 if 節は主節の修飾要素であり，周縁的 if 節は主節の外部（彼らは Banfield (1973) の E (= expression) 節点としている）の修飾要素としている．

(67) [$_E$ ... peripheral *if*-clause ... [$_{TP}$ ... central *if*-clause ...]]

彼らによれば，中心的 if 節は主節 TP の主要部 Infl (= T) に構成素統御されるので，中心的 if 節の時制演算子および法演算子は主節の T の作用域に属する．一方，周縁的 if 節は主節の T に構成素統御されないので，その作用域に入らない．そのため，周縁的 if 節の時制演算子および法演算子は主節の T から独立した解釈を受けるので，周縁的 if 節が未来の出来事・状態に言及する場合，未来予測の will が生起する．

しかし，(62) のような例の存在は，彼らの説明が不十分であることを示している．すなわち，(62) の例の if 節は認識様態（周縁的）の if 節であるので，主節の T（および will）の作用域から独立している．さらに，これらの if 節は未来の出来事・状態に言及している．したがって，彼らの分析によれば，(62) の if 節には，事実に反して，未来予測の will が必要であると予測される．

Hageman and Wekker の分析の不備は，次のように考えることで解消さ

れる．すなわち，上記 (61) の一般化に従って，if 節が現在時制で未来時に言及するには，その if 節が制限要素となる法助動詞の未来性に依存すると考えよう．認識様態の if 節は PfmP の領域に属するので，主節の will の未来性に依存することはできない．しかし，PfmP の主要部が抽象的法演算子 Mod を含み，それが未来性を有すると解釈可能なら，認識様態の if 節は Mod に依存することにより，現在時制で未来時に言及することが可能となる．これが (62) の例である（下記 (68a)）．一方，PfmP の主要部がそのような Mod を含まない場合は，認識様態の if 節が未来の出来事・状態に言及するためには，他の要素に依存して未来性を得ることができないので，未来予測の will が必要となる．これが (65) の例である（下記 (68b)）．[11]

(68) a. (62) の構造

$[_{\text{PfmP}} \{ \text{if} \ldots [_{\text{T}} +\text{Pres}] \ldots \} [_{\text{Pfm}} \text{Mod}] [_{\text{TP}} \ldots]]$

licensing of future reading

b. (65) の構造

$[_{\text{PfmP}} \{ \text{if} \ldots \text{will} \ldots \} \text{Pfm} [_{\text{TP}} \ldots]]$

このように，Pfm が随意的に法演算子を含むと考えると，条件の if 節が未来の出来事・状態を指す場合の二種類の例外的現象を，一般的現象と同一

---

11. この場合，認識様態の if 節は何の制限要素となるのかが問題となる．これは，因果関係の if 節についても，下記の例のように主節が法助動詞を含まない場合にどのみち生ずる問題である．

(i) If I drink too much milk, I get a rush. (Dancygier (1998: 63))

このような例では，主節が非顕在的法演算子を含むと考えることができる (5.3.3.4 節を参照)．(65) の場合にも，PfmP の主要部は法演算子を含んでいるが，その法演算子の量化の領域には未来世界が含まれないため，認識様態の if 節の現在時制に対して未来性をもたらさないと考えることができるかもしれない．

第 5 章　法助動詞と条件の if 節　　　　　　　　　　　　　　　221

の認可条件により説明することができる。[12]

12.　条件の if 節内で未来予測の will が生起するのは認識様態の if 節（周縁的 if 節）に限定されるとすると，因果関係の if 節（中心的 if 節）に未来予測の will が生起しないのはなぜか，という問題が残る．上述のように，この問題は，時を表す付加詞節にも見られる現象である．

　　(i)　*We will begin dinner {when / before / after} my father will arrive.
　　　　　　　　　　　　　　　　　　　　　　　　（荒木・小野・中野 (1977: 351)）

また，Jenkins (1972) 等が指摘するように，この制限は未来予測の will に限らず，認識様態の法助動詞一般に見られる制限である．

　　(ii)　*We will begin dinner when my father {may_E / $must_E$} arrive.
　　　　　　　　　　　　　　　　　　　　　　　　（荒木・小野・中野(1977: 351)）
　　(iii)　*If it {$will_E$ / may_E / $must_E$} rain tomorrow, I'll stay home.　　　(ibid.)

さらに，認識様態の文副詞もこれらの節には生起できない．

　　(vi)　*Lily is sad if Conrad probably leaves.　　　　(Doherty (1987: 47))

一方，Jenkins (1972) 等が指摘するように，根源的解釈の法助動詞の場合，因果関係の if 節に生起することができる．（下線は筆者．）

　　(v)　If John may_R be examined by the doctor tomorrow, I will be eternally grateful.　　　　　　　　　　　　　　　　　　　　　　(Jenkins (1972: 96))
　　(vi)　a.　Now if you <u>will</u> excuse me, I am going to go off and stock up on ammo.
　　　　　　　(Bill Bryson, *I'm a Stranger Here Myself*, Broadway Books (1999), p. 197)
　　　　　b.　If a scientific map of mind <u>must</u> include regions for faculties, though, it is not clear that it should also include any indications of capacities—prominently, common sense and science.
　　　　　　　(James McGilvray, *Chomsky: Language, Mind, and Politics*, Polity Press (1999), p. 51)
　　　　　c.　If we <u>can</u> provide evidence for Word Order Economy, we will have an argument for this line of reasoning.
　　　　　　　(Danny Fox, *Economy and Semantic Interpretation*, MIT Press (2000), p. 75)

このように，認識様態の if 節とは異なり，因果関係の if 節や時の付加詞節には，認識様態の法表現一般が生起できない．この制約をどのように説明するかは今後の課題とする．

5.3.3.4. 総称法助動詞と every の量化特性への帰結

ここまで論じてきたように，認識様態の if 節と因果関係の if 節は，ともに，法演算子が量化の領域とする世界の集合を制限する．そのように考えると，下記のような例が問題となる可能性がある．

(69) Every student hates his advisor if his dissertation is a failure.
(von Fintel and Iatridou (2001), (86b))

この例の主節には，因果関係の if 節が制限すべき顕在的な法助動詞が存在しない．これは，本章の分析では，主節に非顕在的法演算子を仮定する必要があることを示している．このことは，一見すると，本章の分析にとっては問題であり，von Fintel and Iatridou が主張するように，因果関係の if 節は，主節の主語となっている普遍量化詞が束縛する世界の集合を制限すると考えるべきであることを示唆しているように思えるかもしれない．しかし，下記のような例は，(69) のような文とは独立して，主節に非顕在的な法演算子が存在することを示唆している．

(70) If I drink too much milk, I get a rash. (Dancygier (1998: 63))

Dancygier (1998) によれば，(70) は一種の総称文と考えることができる．さらに，例えば法助動詞の will は一種の総称的解釈を許す．

(71) Oil will float on water.

これらを考慮すると，(70) の主節は非顕在的な総称法演算子 (Mod_{GEN}) を含むものと考えることができる．[13]

---

13. von Fintel and Iatridou (2001) の枠組みでも，以下のような例を説明するために，非顕在的法演算子を仮定する必要がある．

(i) Every student$_i$ is home because his$_{j/*i}$ light is on.
(von Fintel and Iatridou (2001), (18))

(72) [$_{TP}$ I [$_{ModP}$ {if I drink too much milk} Mod$_{GEN}$ [get a rash]]]

同様に，Mod$_{GEN}$ による分析によれば，(69) は (73) の LF 表示をもつ．

(73) [$_{TP}$ every student$_i$ [$_{ModP}$ {if his$_i$ dissertation is a failure} Mod$_{GEN}$ [$t_{every\ student}$ hates his advisor]]]

Mod$_{GEN}$ による分析が正しいなら，every が個体の集合のみならず，個体と世界のペアの集合を量化の領域とすることができる，とする von Fintel and Iatridou の分析も見直す必要がある．ここで，例文 (74) (= (19)) とその二つの解釈をもう一度見よう．

(74) Every friend of John's is a socialist.
(75) a. Reading A: every$_x$ [x friend of John's in w_0][x socialist in w_0]
  b. Reading B: every$_{x,w}$ [x friend of John's in w][x socialist in w]

(75b) に示されるように，von Fintel and Iatridou は解釈 B を，every が個体と世界のペアの集合を量化の領域とすると仮定して説明している．しか

(ii) [$_{TP}$ Mod-{because his$_{j/*i}$ light is on} [every student$_i$ is home]]

*c-command

(i) の because 節は認識様態の because 節であるので，何らかの法助動詞に伴われて生起すると考える必要がある．このため，ECP に違反しないために every student は非顕在的法助動詞 Mod よりも狭い作用域をとらなければならない．その結果，適正束縛の条件により，every student が his を束縛する解釈が排除される．これに対して，本章の分析では，(i) の構造は (iii) であり，変項束縛に対する適正束縛の条件違反として (i) を説明するために非顕在的法助動詞を仮定する必要はない．

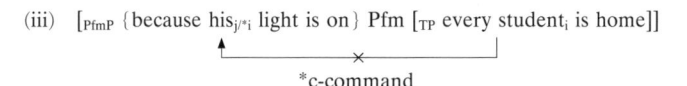

(iii) [$_{PfmP}$ {because his$_{j/*i}$ light is on} Pfm [$_{TP}$ every student$_i$ is home]]

*c-command

5.3.3.2 節で論じたように，because 節が法助動詞に伴われて生起すると考えるべき独立した根拠は存在しないので，(i) のような例の説明のために非顕在的法助動詞を仮定するのはさらに不自然であると思われる．

し，Mod_GEN による分析を用いるなら，解釈 B は併合 (absorption) の帰結として説明することができる (cf. Higginbotham and May (1981))．

まず，(74) は (76a) の構造をもつと考えよう．

(76) a. [_TP every friend of John's Mod_GEN [is a socialist]]
b. [every x: x is a friend of John's] [Mod_GEN w: w is a possible world] [x is a socialist in w]
c. [every x, Mod_GEN w: x is a friend of John's & w is a possible world] [x is a socialist in w]

(76a) の構造から，解釈 A に対応する構造 (76b) が派生される．さらに，(76b) において，every と Mod_GEN に併合操作が適用されると，解釈 B に対応する構造 (76c) が派生される．every と同様，Mod_GEN も一種の普遍量化子と考えると，これらに併合操作が適用されると考えることは，不自然ではないと思われる．

このように，認識様態の if 節と因果関係の if 節を，いずれも，法演算子の制限要素とする分析に基づくと，if 節が制限すべき顕在的法助動詞が存在しない場合は非顕在的法演算子が存在すると考えられる．そのように考えるならば，every が個体と世界のペアの集合を量化の領域とすることができるとする von Fintel and Iatridou の分析を仮定する必要はなくなる．

5.3.4. 5.3 節のまとめ

本節では，遂行句 PfmP の主要部は，随意的に抽象的法演算子を含み，認識様態の if 節はその抽象的法演算子の制限要素となると提案した．この提案に基づき，以下の主張を行った．

(77) a. 認識様態の if 節と認識様態の because 節は，共に発話行為に関わる付加詞であり，LF では PfmP の領域に存在する．これに対して，因果関係の if 節と因果関係の because 節は

LF で TP の領域に存在する．
b. 二つのタイプの if 節は，どちらも法演算子の制限要素である．
c. 二つのタイプの because 節は，どちらも二つの出来事・状態を項とし，二つの項の間に因果関係が存在することを指定する二項述語である．
d. 未来の事象を指す if 節の二つの例外現象は，いずれも PfmP の主要部に存在する抽象的法演算子により説明される．
e. 当該の現象の説明に ECP は不要である．

5.4. ECP の妥当性再考

前節で，ECP は破棄可能であることを見た．本節では，ECP の妥当性について再度検討する．

(78) 認識様態包含原理 (The Epistemic Containment Principle (ECP))
An epistemic modal cannot intervene between a quantifier and its trace.

上述のように，この原理は量化表現である主語が認識様態の法助動詞よりも広い作用域をもつことを禁ずるために提案された．しかし，ここまで論じてきたように，if 節における代名詞束縛に関わる現象を説明するためにはこの原理は必要ではなく，また，この原理にはいくつかの問題点が存在している．したがって，この原理に直接関わる基本的データを再検討する必要がある．
　von Fintel and Iatridou (2001) は，下記 (79) のような例を指摘して，量化表現の主語は認識様態の法助動詞よりも広い作用域をとることができないと主張している．

(79) #Every student may be the tallest person in the department.
(von Fintel and Iatridou (2001), (22))

彼らの主張によれば，(79) は，妥当な解釈である (80a) が ECP により排

除され，語用論的に奇妙な解釈 (80b) のみが存在するため，語用論的に変則的な文となる．

(80) a. every student x (may (x be the tallest))　　every > may
　　　　sensible, *ECP

　　b. may (every student be the tallest)　　may > every
　　　　nonsense, ^{OK}ECP

しかし，いくつかの文献において，ECP の予測に反して，量化表現の主語と認識様態の法助動詞との間に作用域の多義性が存在することが指摘されている．例えば，Kroch (1979) は，(81) および (82) の例をあげて，普遍量化子を伴う主語は認識様態の法助動詞 may よりも広い作用域をもつことができることを観察している (4.3 節の Brennan の観察も参照)．

(81) a. All of the horses entered may win the race.
　　　　all > may　　　　　　　　　　　　　　(Kroch (1979: 82))
　　b. All of these candidates may win the next presidential election.
　　　　all > may　　　　　　　　　　　　　　(Kroch (1979: 158))
(82)　(Because of Watergate) all of the offices may go to the Democrats.
　　　　may > all　　　　　　　　　　　　　　(Kroch (1979: 82))

(82) においては，認識様態の解釈の may が普遍量化子 all を伴う主語よりも広い作用域をもつ解釈が優勢であるが，(81a) と (81b) においては，主語が may よりも広い作用域をもつ解釈が優勢である．

また，Butler (2004) は，下記 (83a) の解釈として量化主語 each dog が認識様態の法助動詞 might より広い作用域をもつことを観察し，(83b) のパラフレーズを与えている (Butler (2004: 58-59))．

(83) a. Each dog might bark.　　　　　　　　　(Butler (2004: 59))

b. For each *x* such that *x* is a dog, it is a possible assumption that *x* barks / will bark.

さらに，Wurmbrand (1999) は，(84) が多義的であることを指摘して，存在量化子が認識様態の解釈の must よりも広い作用域をもつことができることを指摘している．

(84) Somebody from New York must have won in the lottery.

(Wurmbrand (1999: 607))

Wurmbrand の観察によれば，(84) は (85) に示す二つの解釈が可能であり，多義的である．

(85) a. There is somebody from New York and in view of the evidence available it is necessarily the case that he won the lottery.

(somebody > must)

b. In view of the evidence available it is necessarily the case that somebody from New York won the lottery.

(must > somebody)

(85a) の解釈では somebody が must よりも広い作用域をもつので，somebody は特定的な解釈を受ける．

上記 (81a, b) の例に関しては，これらの例が未来性を含んでいるので，von Fintel and Iatridou (2001) の一般化を崩すことにはならないと議論することも不可能ではない．von Fintel and Iatridou の所見によれば，未来法助動詞の will と量化表現の主語は，多義的作用域関係を示す．

(86) a. Most of our students will be professors in a few years.

most of our students > will

(von Fintel and Iatridou (2001), (5))

b. Most of our students will be foreigners in a few years.
will ＞ most of our students

(von Fintel and Iatridou (2001), (6))

しかしながら，Wurmbrand があげている (84) は，未来性を含まない純粋な認識様態の例である．さらに，以下の日本語の例を見よう．

(87) a. 今では，我々のほとんどの学生が教授になっているかもしれない．
ほとんどの学生 (most of our students) ＞かもしれない (may)
b. 今では，我々のほとんどの学生が外国人になっているかもしれない．
かもしれない (may) ＞ほとんどの学生 (most of our students)

英語の may に相当する日本語の法表現「かもしれない」は，量化表現の主語「ほとんどの学生」に対して，狭い作用域をとる場合 (87a) と，広い作用域をとる場合 (87b) が存在し，原理的に多義的である．付加詞「今では」が示すように，これらの例にも未来性は含まれない．

このように，量化子を伴う主語は，量化子が普遍量化子であるか存在量化子であるかを問わず，認識様態の解釈をもつ法助動詞よりも広い作用域をもつことが可能である．

さらに，主語が不定名詞句である (88) の例を見よう．

(88) a. John may have seen Bill catch a fish.

(Jackendoff (1972: 297))

b. A unicorn may appear on your doorstep.　　(ibid.)

Jackendoff (1972) によれば，(88a) の a fish, (88b) の a unicorn は非特定的な解釈に加えて，特定的な解釈が可能である．Diesing (1992b) の分析に従えば，不定名詞句が特定的な解釈をもつ場合，法助動詞よりも高い位置

に生起する．例えば，(88a) の a fish は，特定的な解釈を受ける場合，QR によって埋め込まれた節の目的語の位置から繰り上げられ，主節の TP に付加される．

(89)　[$_{TP}$ a fish$_i$ [$_{TP}$ John may have [$_{VP}$ seen [Bill catch t_i]]]]

(89) の構造では，may は a fish とその痕跡の間に介在している．a fish のような不定名詞句を（存在）量化表現と見なすべきかいなかは議論の分かれるところであるが，QR によって繰り上げられる名詞句を演算子と見なすならば，(89) の構造では，ECP の予測に反して認識様態の法助動詞が演算子とその痕跡の間に介在している．[14]

ここで上記の (79)（= (90a)）と ECP によって排除される解釈 (80a)（= (90b)）をもう一度見てみよう．

(90)　a.　#Every student may be the tallest person in the department.
　　　b.　every student x (may (x be the tallest))　　every > may
　　　　　sensible, *ECP

von Fintel and Iatridou によれば，(90b) の解釈は意味的には理解可能であるが ECP によって排除されると主張されている．しかし，「背の高さ」には個人差があるのが普通であるので，語用論的には，「学科で一番背が高い」可能性がすべての学生に存在するとは考えにくい．したがって，(90b) の解釈は，論理的にはありうる解釈であるとしても，語用論的には不自然な解釈として排除されていると考えることができる．

下記の例を見ると，(90a) の不適格性に対するこの見解が妥当であることが裏づけられる．

---

14. 不定名詞句を QR が適用される存在量化表現とみなすべきかいなかに関しては，Reinhart (2006) の議論を参照．

(91) Everyone might be the murderer.　　　　(Butler (2004: 160))

Butler (2004: 160) の観察によれば，(91) の everyone には分配的 (distributive) 読みの (92a) の解釈と，集団的 (collective) 読みの (92b) の解釈が存在する．

(92) a. For every person x, there exists a possible situation where person x is the murderer.
　　　b. It is possible that the whole group of people committed the murderer collectively.

分配的読みでは個々人に殺人者の可能性があることを述べており，集団読みでは全員が共謀して殺人を行った可能性があることを述べている．Butler は，集団的読みは，everyone と might の作用域関係とは独立した要因によってもたらされる解釈とも考えられるのに対して，分配的読みは，普遍量化表現 everyone が可能演算子 might より広い作用域をもつことによる解釈であると論じている (Butler (2004: 160))．[15] すなわち，(92a) では，ECP による予測に反して，everyone が might より広い作用域をもつがゆえに，分配的解釈が与えられる．

　von Fintel and Iatridou の例 (90a) と Butler の例 (91) は，(90a) の述語が (be) the tallest person であるのに対して，(91) の述語が (be) the murderer である点で異なっている．「学科で一番背が高い」とは異なり，明白なアリバイがない限り，「殺人者」である可能性は誰にでもあり得る．したがって，(91) では，everyone が might より広い作用域をもつ解釈が

---

15. さらに，Butler は，普遍量化表現は可能性（すなわち存在量化）の認識様態法助動詞よりも常に広い作用域を持つと主張している．しかし，下記 (i)（=(82)）のような例があるので，この主張の妥当性についてはさらに検討が必要である．

　(i) (Because of Watergate) all of the offices may go to the Democrats.
　　　may > all

不自然になることはない．

以上を考慮すると，ECP は，基本的データの点で十分な動機づけをもつとは言い難い．前節で，当該の現象の説明に ECP は不要であることを論じた．したがって，ECP を保持すべき理由は存在せず，破棄すべきであると結論することができる．

5.5. まとめ

本章では，認識様態の if 節における代名詞束縛現象の考察を通して，このタイプの if 節は，TP の外部に生起する遂行句 PfmP に含まれる抽象的法演算子の制限要素であることを論じた．この分析は，if 節が未来事象を表す場合の二種類の例外的現象を説明し，認識様態の because 節の分析にも適用可能であることを示した．議論の帰結の一つとして，量化子を含む主語と認識様態の法助動詞の共起に関する von Fintel and Iatridou の制約は不要であることを論じた．

参考文献

Aarts, Bas (2001) *English Syntax and Argumentation*, 2nd ed., Palgrave, New York.
Abusch, Dorit (1988) "Sequence of Tense, Intensionality and Scope," *WCCFL* 7, 1-14.
Abusch, Dorit (2004) "On the Temporal Composition of Infinitives," *The Syntax of Time*, ed. by Jacqueline Guéron and Jacqueline Lecarme, 27-53, MIT Press, Cambridge, MA.
Acquaviva, Paolo (1997) *The Logical Form of Negation: A Study of Operator Variable Structures in Syntax*, Garland, New York.
Adger, David (2003) *Core Syntax: A Minimalist Approach*, Oxford University Press, Oxford.
Akmajian, Adrian, Susan Steele and Thomas Wasow (1979) "The Category AUX in Universal Grammar," *Linguistic Inquiry* 10, 1-64.
Akmajian, Adrian and Thomas Wasow (1975) "The Constituent Structure of VP and AUX and the Position of the Verb *Be*," *Linguistic Analysis* 1, 205-245.
Allwood, Jens, Lars-Gunnar Andersson and Östen Dahl (1977) *Logic in Linguistics*, Cambridge University Press, Cambridge.
荒木一雄・小野経男・中野弘三 (1977)『助動詞』研究社, 東京.
Baker, Carl L. (1991) "The Syntax of English *Not*: The Limits of Core Grammar," *Linguistic Inquiry* 22, 387-429.
Baker, Carl L. (1995) *English Syntax*, 2nd ed., MIT Press, Cambridge, MA.
Banfield, Ann (1973) "Narrative Style and the Grammar of Direct and Indirect Speech," *Foundations of Linguistics* 10, 1-39.
Bellert, Irena (1977) "On Semantic and Distributional Properties of Sentential Adverbs," *Linguistic Inquiry* 8, 337-351.
Bhatt, Rajesh (1998) "Obligation and Possession," *MIT Working Papers in Linguistics* 32: *The Proceedings of the UPenn/MIT Workshop on Argument Structure and Aspect*, ed. by Heidi Harley, 21-40.
Bhatt, Rajesh (1999) *Covert Modality in Non-finite Contexts*, Doctoral dissertation, University of Pennsylvania.
Bhatt, Rajesh and Roumyana Pancheva (2001) "Conditionals," ms., University

of Texas, Austin, and University of Southern California.

Bobaljik, Jonathan David (2002) "A-chains at the PF-Interface: Copies and 'Covert' Movement," *Natural Language and Linguistic Theory* 20, 197-267.

Bošković, Željko (1994) "D-structure, Theta-criterion, and Movement into Theta-positions," *Linguistic Analysis* 24, 247-286.

Bošković, Željko (1997) *The Syntax of Nonfinite Complementation: An Economy Approach*, MIT Press, Cambridge, MA.

Bouchard, Denis (1995) *The Semantics of Syntax: A Minimalist Approach to Grammar*, University of Chicago Press, Chicago.

Bouchard, Denis (1997) "The Syntax of Sentential Negation in French and English," *Negation and Polarity: Syntax and Semantics*, ed. by Danielle Forget, Paul Hirschbüler, France Martineau and María-Luisa Rivero, 29-52, John Benjamins, Amsterdam.

Brennan, Virginia M. (1993) *Root and Epistemic Modal Auxiliary Verbs*, Doctoral dissertation, University of Massachusetts, Amherst. [Reproduced by Graduate Linguistic Student Association, Department of Linguistics, University of Massachusetts, Amherst.]

Burton, Strang and Jane Grimshaw (1992) "Coordination and VP-internal Subjects," *Linguistic Inquiry* 23, 305-313.

Butler, Jonny (2003) "A Minimalist Treatment of Modality," *Lingua* 113, 967-996.

Butler, Jonny (2004) *Phase Structure, Phrase Structure, and Quantification*, Doctoral dissertation, University of York.

Chiba, Shuji (1987) *Present Subjunctives in Present-Day English*, Shinozaki Shorin, Tokyo.

千葉修司 (2000)「英語の仮定法について」『先端的言語理論の構築とその多角的な実証 (4-A)』147-172, 神田外語大学.

Chierchia, Gennaro (1995) "Individual-level Predicates as Inherent Generics," *The Generic Book*, ed. by Gregory N. Carlson and Francis Pelletier, 176-223, University of Chicago Press, Chicago.

Chierchia, Gennaro and Sally McConnell-Ginet (1990) *Meaning and Grammar: An Introduction to Semantics*, MIT Press, Cambridge, MA.

Chomsky, Noam (1957) *Syntactic Structures*, Mouton, The Hague.

Chomsky, Noam (1986a) *Barriers*, MIT Press, Cambridge, MA.

Chomsky, Noam (1986b) *Knowledge of Language: Its Nature, Origin, and Use*, Praeger, New York.

Chomsky, Noam (1991) "Some Notes on Economy of Derivation and Representation," *Principles and Parameters in Comparative Grammar*, ed. by Robert Freiden, 417-454, MIT Press, Cambridge, MA.

Chomsky, Noam (1993) "A Minimalist Program for Linguistic Theory," *The View from Building 20: Essays in Linguistics in Honor of Sylvain Bromberger*, ed. by Ken Hale and Samuel J. Keyser, 1-52, MIT Press, Cambridge, MA.

Chomsky, Noam (1995) *The Minimalist Program*, MIT Press, Cambridge, MA.

Chomsky, Noam (1998) "Minimalist Inquiries: The Framework," *MIT Occasional Papers in Linguistics* 15. [Reprinted in *Step by Step: Essays on Minimalist Syntax in Honor of Howard Lasnik*, ed. by Roger Martin, David Michaels and Juan Uriagereka (2000), 89-155, MIT Press, Cambridge, MA.]

Chomsky, Noam (2001a) "Derivation by Phase," *Ken Hale: A Life in Language*, ed. by Michael Kenstowicz, 1-52, MIT Press, Cambridge, MA.

Chomsky, Noam (2001b) "Beyond Explanatory Adequacy," *MIT Occasional Papers in Linguistics* 20, 1-28. [Reprinted in *Structures and Beyond*, ed. by Adriana Belletti (2004), 104-131, Oxford University Press, Oxford.]

Chomsky, Noam (2006) "On Phases," *Foundational Issues in Linguistic Theory: Essays in Honor of Jean-Roger Vernaud*, ed. by Robert Freidin, Carlos Otero and Maria Luisa Zubizarreta, 133-166, MIT Press, Cambridge, MA.

Chomsky, Noam and Howard Lasnik (1977) "Filters and Control," *Linguistic Inquiry* 8, 425-504.

Chomsky, Noam and Howard Lasnik (1993) "The Theory of Principles and Parameters," *Syntax: An International Handbook of Contemporary Research*, ed. by J. Jacobs, A. von Stechow, W. Sternefeld and T. Vennemann, 506-569, Walter de Gruyter, Berlin.

Close, Reginald A. (1975) *A Reference Grammar for Students of English*, Longman, London.

Close, Reginald A. (1980) "*Will* in *If*-clauses," *Studies in English Linguistics for Randolph Quirk*, ed. by Sydney Greenbaum, Geoffrey Leech and Jan Svartvik, 100-109, Longman, London.

Comrie, Bernard (1976) *Aspect*, Cambridge University Press, Cambridge.

Comrie, Bernard (1985) *Tense*, Cambridge University Press, Cambridge.

Culicover, Peter W. (1971) *Syntactic and Semantic Investigations*, Doctoral dissertation, MIT.

Dancygier, Barbara (1998) *Conditionals and Prediction: Time, Knowledge, and Causation in Conditional Constructions*, Cambridge University Press, Cambridge.

Dancygier, Barbara and Eve Sweetser (2005) *Mental Spaces in Grammar: Conditional Constructions*, Cambridge University Press, Cambridge.

Davies, Eirlys E. (1986) *The English Imperatives*, Croom Helm, London.

Declerck, Renaat (1984) "'Pure Future' *Will* in *If*-clauses," *Lingua* 63, 279-312.
Declerck, Renaat (1991) *Tense in English: Its Structure, and Use in Discourse*, Routledge, London.
Demirdache, Hamida and Myriam Uribe-Etxebarria (2000) "The Primitives of Temporal Relations," *Step by Step: Essays on Minimalist Syntax in Honor of Howard Lasnik*, ed. by Roger Martin, David Michaels and Juan Uriagereka, 157-186, MIT Press, Cambridge, MA.
Demirdache, Hamida and Myriam Uribe-Etxebarria (2004) "The Syntax of Time Adverbs," *The Syntax of Time*, ed. by Jacqueline Guéron and Jacqueline Lecarme, 143-179, MIT Press, Cambridge, MA.
Diesing, Molly (1992a) "Bare Plural Subjects and the Derivation of Logical Representations," *Linguistic Inquiry* 23, 353-380.
Diesing, Molly (1992b) *Indefinites*, MIT Press, Cambridge, MA.
Doherty, Monika (1987) *Epistemic Meaning*, Springer, Berlin.
Dowty, David (1979) *Word Meaning and Montague Grammar*, D. Reidel, Dordrecht.
Emonds, Joseph (1978) "The Verbal Complex V'-V in French," *Linguistic Inquiry* 9, 151-175.
Enç, Mürvet (1987) "Anchoring Conditions for Tense," *Linguistic Inquiry* 18, 633-657.
Enç, Mürvet (1996) "Tense and Modality," *The Handbook of Contemporary Semantic Theory*, ed. by Shalom Lappin, 345-358, Blackwell, Oxford.
Enç, Mürvet (2004) "Rethinking Past Tense," *The Syntax of Time*, ed. by Jacqueline Guéron and Jacqueline Lecarme, 203-217, MIT Press, Cambridge, MA.
Epstein, Samuel D. and T. Daniel Seely (2002) "Rule Application as Cycles in a Level-free Syntax," *Derivation and Explanation in the Minimalist Program*, ed. by Samuel D. Epstein and T. Daniel Seely, 65-89, Blackwell, Oxford.
Ernst, Thomas (1992) "The Phrase Structure of English Negation," *The Linguistic Review* 9, 109-144.
Ernst, Thomas (2002) *The Syntax of Adjuncts*, Cambridge University Press, Cambridge.
Fernald, Theodore (2000) *Predicates and Temporal Arguments*, Oxford University Press, Oxford.
Fiengo, Robert (1980) *Surface Structure: The Interface of Autonomous Components*, Harvard University Press, Cambridge, MA.
von Fintel, Kai and Sabine Iatridou (2001) "On the Interactions of Modals, Quantifiers, and *If*-clauses," ms., MIT.

von Fintel, Kai and Sabine Iatirdou (2002a) "If and When *If*-clauses Can Restrict Quantifiers," ms., MIT.
von Fintel, Kai and Sabine Iatridou (2002b) "Epistemic Containment," ms., MIT.
von Fintel, Kai and Sabine Iatridou (2003) "Epistemic Containment," *Linguistic Inquiry* 34, 173-198.
Flagg, Elissa J. (2001) "'You' Can't Say That: Restrictions on Overt Subjects in the English Imperative," *CLS* 37, 161-173.
Fox, Danny (2000) *Economy and Semantic Interpretation*, MIT Press, Cambridge, MA.
Gamut, L. T. F. (1991) *Logic, Language, and Meaning, Volume 2: Intensional Logic and Logical Grammar*, University of Chicago Press, Chicago.
Giorgi, Alessandora and Fabio Pianesi (1997) *Tense and Aspect: From Semantics to Morphosyntax*, Oxford University Press, New York.
Glasbey, Sheila (1998) "Progressives, States and Backgrounding," *Events and Grammar*, ed. by Susan Rothstein, 105-124, Kluwer, Dordrecht.
Goodman, Fred (1973) "On the Semantics of Futurate Sentences," *Ohio Working Papers in Linguistics* 16, 76-89.
Groat, Erich and John O'Neil (1996) "Spell-out at the LF Interface," *Minimal Ideas:Syntactic Studies in the Minimalist Framework*, ed. by Werner Abraham, Samuel D. Epstein, Höskluder Thráinsson and C. Jan-Wouter Zwart, 113-139, John Benjamins, Amsterdam.
Groefsema, Marjolein (1995) "*Can, May, Must* and *Should*: A Relevance Theoretic Account," *Journal of Linguistics* 31, 53-79.
Guéron, Jacqueline and Jacqueline Lecarme, eds. (2004) *The Syntax of Tense*, MIT Press, Cambridge, MA.
Haegeman, Liliane (1983) *The Syntax of* Will *in Present-Day British English: A Unified Account*, Koninklijke Academie, Brussels.
Haegeman, Liliane (1995) *The Syntax of Negation*, Cambridge University Press, Cambridge.
Haegeman, Liliane (2003) "Conditional Clauses: External and Internal Syntax," *Mind and Language* 18, 317-339.
Haegeman, Liliane and Jacqueline Guéron (1999) *English Grammar: A Generative Perspective*, Blackwell, Oxford.
Haegeman, Liliane and Herman C. Wekker (1984) "The Syntax and Interpretation of Future Conditionals in English," *Journal of Linguistics* 20, 45-55.
Hale, Ken (1984) "Notes on World View and Semantic Categories: Some Warlpiri Examples," *Features and Projections*, ed. by Pieter Muysken and Henk van Riemsdijk, 233-254, Foris, Dordrecht.

Han, Chung-hye (1998) *The Structure and Interpretation of Imperatives: Mood and Force in Universal Grammar*, Doctoral dissertation, University of Pennsylvania.

Higginbotham, James (2002) "Why Is Sequence of Tense Obligatory?" *Logical Form and Language*, ed. by Gerhard Preyer and George Peter, 207–227, Oxford University Press, Oxford.

Higginbotham, James and Robert May (1981) "Questions, Quantifiers and Crossing," *The Linguistic Review* 1, 41–79.

Hitzeman, Janet (1993) *Temporal Adverbials and the Syntax-Semantics Interface*, Doctoral dissertation, University of Rochester.

Hitzeman, Janet (1994) "A Reichenbachian Account of the Interaction of the Present Perfect with Temporal Adverbials," *NELS* 25, Volume One: *Papers from the Main Sessions*, 239–253.

Hitzeman, Janet (1997) "Semantic Partition and the Ambiguity of Sentences Containing Temporal Adverbials," *Natural Language Semantics* 5, 87–100.

Hofmann, T. R. (1966) "Past Tense Replacement and the Modal System," *Harvard Computation Laboratory Report to the National Science Foundation on Mathematical Linguistics and Automatic Translation*, Number NSF-17. [Recited in *Syntax and Semantics* 7: *Notes from the Linguistic Underground*, ed. by James D. McCawley (1976), 85–100, Academic Press, New York.]

Hornstein, Norbert (1977) "Toward a Theory of Tense," *Linguistic Inquiry* 8, 521–557.

Hornstein, Norbert (1981) "The Study of Meaning in Natural Language: Three Approaches to Tense," *Explanation in Linguistics*, ed. by Norbert Hornstein and David Lightfoot, 116–151, Longman, London.

Hornstein, Norbert (1990) *As Time Goes By: Tense and Universal Grammar*, MIT Press, Cambridge, MA.

Hornstein, Norbert, Jairo Nunes and Kleanthes K. Grohmann (2005) *Understanding Minimalism*, Cambridge University Press, Cambridge.

Huddleston, Rodney D. (1969) "Some Observations on Tense and Deixis in English," *Language* 45, 777–806.

Huddleston, Rodney D. (1974) "Further Remarks on the Analysis of Auxiliaries as Main Verbs," *Foundations of Language* 11, 215–229.

Huddleston, Rodney D. (1977a) "Past Tense Transportation," *Journal of Linguistics* 13, 43–52.

Huddleston, Rodney D. (1977b) "The Futurate Construction," *Linguistic Inquiry* 8, 730–736.

Huddleston, Rodney D. (1995a) "The Case against a Future Tense in English," *Studies in Language* 19, 399–446.

Huddleston, Rodney D. (1995b) "The English Perfect as a Secondary Past Tense," *The Verb in Contemporary English*, ed. by Bas Aarts and Charles F. Meyer, 102-122, Cambridge University Press, Cambridge.

Huddleston, Rodney and Geoffrey K. Pullum (2002) *The Cambridge Grammar of the English Language*, Cambridge University Press, Cambridge.

Iatridou, Sabine (1990) "About AgrP," *Linguistic Inquiry* 21, 551-577.

Iatridou, Sabine (1991) *Topics in Conditionals*, Doctoral dissertation, MIT.

Iatridou, Sabine (2000) "The Grammatical Ingredients of Counterfactuality," *Linguistic Inquiry* 31, 231-270.

今井邦彦・中島平三 (1978)『文II』研究社, 東京.

Jackendoff, Ray S. (1972) *Semantic Interpretation in Generative Grammar*, MIT Press, Cambridge, MA.

James, Francis (1986) *Semantics of the English Subjunctive*, University of British Columbia Press, Vancouver.

Jenkins, Lyle (1972) *Modality in English Syntax*, Doctoral dissertation, MIT. [Reproduced by the Indiana University Linguistics Club.]

Johnston, Michael (1994a) *The Syntax and Semantics of Adverbial Adjuncts*, Doctoral dissertation, University of California, Santa Cruz.

Johnston, Michael (1994b) "The Role of Aspect in the Composition of Temporal Adverbial Clauses with Adverbs of Quantification," *NELS* 25, Volume One: *Papers from the Main Sessions*, 319-333.

Johnston, Michael (1994c) "*When*-clauses, Adverbs of Quantification, and Focus," *WCCFL* 13, 549-564.

Julien, Marit (2001) "The Syntax of Complex Tenses," *The Linguistic Review* 18, 125-167.

Kamp, Hans and Uwe Reyle (1993) *From Discourse to Logic: Introduction to Modeltheoretic Semantics of Natural Language, Formal Logic and Discourse Representation Theory*, Kluwer, Dordrecht.

Kaneko, Yoshiaki (1981) "Studies on the Temporal Interpretation in English," Master's thesis, Tohoku University.

Kaneko, Yoshiaki (1982) "A Study on the Interpretive System of Tense in English," *Explorations in English Linguistics* 1, 27-42, Tohoku University.

Kaneko, Yoshiaki (1983) "On the Temporal Interpretation of Infinitival Complement Clauses,"『英文学研究』60-1, 105-118.

金子義明 (1993)「書評：三原健一著『時制解釈と統語現象』」『英語青年』第139巻第2号, 93-94, 研究社, 東京.

Kaneko, Yoshiaki (1997) "On English Modal Sentences: Interaction of Lexical, Constructional, and Situational Meanings," *The Annual Reports of the Faculty of Arts and Letters, Tohoku University*, 46, 217-242.

Kaneko, Yoshiaki (1998) "Feature Checking in English Sentence Negation,"『言語の内在と外在』平野日出征・中村捷（編）, 203-228, 東北大学文学部.

Kaneko, Yoshiaki (1999a) "Toward Eliminating C-command from Syntactic Operations," *The Annual Reports of the Faculty of Arts and Letters, Tohoku University*, 48, 257-272.

Kaneko, Yoshiaki (1999b) "Toward Eliminating C-command from Linguistic Theory," *Explorations in English Linguistics* 14, 1-31, Tohoku University.

金子義明 (1999c)「英語法助動詞の意味解釈-語彙特性，語用論，叙述様式のインターフェイス」『ことばの核と周縁——日本語と英語の間』黒田成幸・中村捷（編）, 321-355, くろしお出版, 東京.

Kaneko, Yoshiaki (2002) "Conditional *If*-clauses and the Performative Modal in COMP," *LP2000 Proceedings On-Line*, 1-25. [URL: http://www.adn.nu/~ad31175/lp2002/lp2002main.htm/]

Kaneko, Yoshiaki (2004) "A Derivational Approach to Temporal Interpretation in English," *Explorations in English Linguistics* 19, 41-91, Tohoku University.

金子義明 (2005)「時制の一致現象と派生的時制解釈システム」『東北大学文学研究科研究年報』54号, 109-128, 東北大学大学院文学研究科.

金子義明 (2006)「英語における時制解釈の統語論・意味論のインターフェイス」『東北大学文学研究科研究年報』55号, 159-190, 東北大学大学院文学研究科.

金子義明 (2007)「英語における命令文および仮定法節の時制解釈について」『東北大学文学研究科研究年報』56号, 309-336, 東北大学大学院文学研究科.

金子義明・遠藤喜雄 (2001)『機能範疇』研究社, 東京.

Kayne, Richard S. (1994) *The Antisymmetry of Syntax*, MIT Press, Cambridge, MA.

Kennedy, Christopher (1997) "Antecedent-contained Deletion and the Syntax of Quantification," *Linguistic Inquiry* 28, 662-688.

Kiss, Katalin É. (1996) "Two Subject Positions in English," *The Linguistic Review* 13, 119-142.

Klein, Wolfgang (1994) *Time in Language*, Routledge, London.

Klinge, Alex (1993) "The English Modal Auxiliaries: From Lexical Semantics to Utterance Interpretation," *Journal of Linguistics* 29, 315-357.

Koopman, Hilda and Dominique Sportiche (1982) "Variables and the Bijection Principle," *The Linguistic Review* 2, 139-160.

Kratzer, Angelika (1981) "The Notional Category of Modality," *Words, Worlds, and Contexts: New Approaches in World Semantics*, ed. by Hans-Jürgen Eikmeyer and Hannes Rieser, 38-74, Walter de Gruyter, Berlin.

Kratzer, Angelika (1986) "Conditionals," *Papers from the Parasession on Pragmatics and Grammatical Theory at the Twenty-Second Regional Meeting of the Chicago Linguistic Society*, ed. by Anne M. Farley, Peter T. Farley and

Karl-Erik McCullough, 1–15, Chicago Linguistic Society, Chicago.
Kratzer, Angelika (1991) "Modality," *Semantics: An International Handbook of Contemporary Research*, ed. by Arnim von Stechow and Dieter Wunderlich, 639–650, Walter de Gruyter, Berlin.
Kratzer, Angelika (1995) "Stage and Individual Level Predicates," *The Generic Book*, ed. by Gregory N. Carlson and Francis J. Pelletier, 125–175, University of Chicago Press, Chicago.
Krifka, Manfred, Francis Jeffry Pelletier, Gregory N. Carlson, Alice ter Meulen, Gennaro Chierchia and Godehard Link (1995) "Genericity: An Introduction," *The Generic Book*, ed. by Gregory N. Carlson and Francis J. Pelletier, 1–124, University of Chicago Press, Chicago.
Kroch, Anthony (1979) *The Semantics of Scope in English*, Garland, New York.
Kuroda, S.-Y. (1972) "The Categorical and Thetic Judgment," *Foundations of Language* 9, 153–185.
Laka, Itziar (1990) *Negation in Syntax: On the Nature of Functional Categories and Projections*, Doctoral dissertation, MIT.
Lakoff, Robin (1972) "The Pragmatics of Modality," *CLS* 8, 229–246.
Larson, Richard K. (1991) "*Promise* and the Theory of Control," *Linguistic Inquiry* 22, 103–139.
Lasnik, Howard (1981) "Restricting the Theory of Transformation: A Case Study," *Explanation in Linguistics*, ed. by Norbert Hornstein and David Lightfoot, 152–173, Longman, London.
Lasnik, Howard (1995) "Verbal Morphology: *Syntactic Structures* Meets the Minimalist Program," *Evolution and Revolution in Linguistic Theory: Essays in Honor of Carlos Otero*, ed. by H. Campos and P. Kempchinsky, 251–275, Georgetown University Press.
Lasnik, Howard (2000) *Syntactic Structures Revisited: Contemporary Lectures on Classic Transformational Theory*, MIT Press, Cambridge, MA.
Lewis, David (1975) "Adverbs of Quantification," *Formal Semantics of Natural Language*, ed. by Edward Keenan, 3–15, Cambridge University Press, Cambridge.
Markman, Vita G. (2005) *The Syntax of Case and Agreement: Its Relationship to Morphology and Argument Structure*, Doctoral dissertation, Rutgers, The State University of New Jersey.
Martin, Roger (1996) *A Minimalist Theory of PRO and Control*, Doctoral dissertation, University of Connecticut, Storrs.
Martin, Roger (2001) "Null Case and the Distribution of PRO," *Linguistic Inquiry* 32, 141–166.
Matthews, Richard (2003) "Modal Auxiliary Constructions, TAM and Interro-

gatives," *Modality in Contemporary English*, ed. by Roberta Facchinetti, Manfred Krug and Frank Palmer, 47–70, Mouton de Gruyter, Berlin.

McCawley, James D. (1971) "Tense and Time Reference in English," *Studies in Linguistic Semantics*, ed. by C. J. Fillmore and D. T. Langendoen, 96–113, Holt, Rinehart, and Winston, New York.

McDowell, Joyce P. (1987) *Assertion and Modality*, Doctoral dissertation, University of Southern California.

McNally, Louise (1992) "VP Coordination and the VP-internal Subject Hypothesis," *Linguistic Inquiry* 23, 336–341.

Merchant, Jason (2001) *The Syntax of Silence: Sluicing, Islands, and the Theory of Ellipsis*, Oxford University Press, Oxford.

三原健一 (1992)『時制解釈と統語現象』くろしお出版, 東京.

Mittwoch, Anita (1977) "Equi or Raising or Both—Another Look at the Root Modals and at Permissive *Allow*," *Papers in Linguistics* 10, 1–2.

三浦俊彦 (1997)『可能世界の哲学——「存在」と「自己」を考える——』日本放送出版協会, 東京.

中村　捷 (1999)「英語の不定詞補文動詞の意味構造と推論規則」『ことばの核と周縁——日本語と英語の間』黒田成幸・中村捷（編）, 287–320, くろしお出版, 東京.

中右　実 (1994)『認知意味論の原理』大修館書店, 東京.

Newmeyer, Frederick (1970) "The 'Root Modal': Can It Be Transitive?" *Studies Presented to Robert B. Lees by His Students*, ed. by Jerrold M. Sadock and Anthony L. Vanek, 189–196, Linguistic Research, Edmonton.

Nilsen, Øystein (2003) *Eliminating Positions: Syntax and Semantics of Sentence Modifiers*, Doctoral dissertation, Utrecht University. [URL: http://ling.auf.net/lingBuzz/000014]

Ogihara, Toshiyuki (1996) *Tense, Attitudes, and Scope*, Kluwer, Dordrecht.

Ouhalla, Jamal (1990) "Sentential Negation, Relativized Minimality, and the Aspectual Status of Auxiliaries," *The Linguistic Review* 7, 183–231.

Palmer, F. R. (1974) *The English Verb*, Longman, London.

Palmer, F. R. (1990) *Modality and the English Modals*, 2nd ed., Longman, London.

Papafragou, Anna (1998) "Inference and Word Meaning: The Case of Modal Auxiliaries," *Lingua* 105, 1–47.

Papafragou, Anna (2000) *Modality: Issues in the Semantics-Pragmatics Interface*, Elsevier, Amsterdam.

Parsons, Terence (1990) *Events in the Semantics of English: A Study in Subatomic Semantics*, MIT Press, Cambridge, MA.

Perkins, Michael R. (1982) "The Core Meanings of the English Modals," *Journal of Linguistics* 18, 245–273.

Perlmutter, David M. (1970) "The Two Verbs *Begin*," *Readings in English Transformational Grammar*, ed. by Roderick A. Jacobs and Peter S. Rosenbaum, 107-119, Ginn and Company, Waltham, MA.

Perlmutter, David M. (1971) *Deep and Surface Structure Constraints in Syntax*, Holt, Rinehart, and Winston, New York.

Pesetsky, David (1989) "Language Particular Processes and the Earliness Principle," ms., MIT.

Pesetsky, David (1991) "Zero Syntax II: An Essay on Inifinitives," ms., MIT.

Pesetsky, David, and Esther Torrego (2004) "Tense, Case, and the Nature of Syntactic Categories," *The Syntax of Time*, ed. by Jacqueline Guéron and Jacqueline Lecarme, 495-537, MIT Press, Cambridge, MA.

Pollock, Jean-Yves (1989) "Verb Movement, UG and the Structure of IP," *Linguistic Inquiry* 20, 365-424.

Pollock, Jean-Yves (1997) "Notes on Clause Structure," *Elements of Grammar: Handbook of Generative Syntax*, ed. by Liliane Haegeman, 237-279, Kluwer, Dordrecht.

Portner, Paul (2003) "The (Temporal) Semantics and (Modal) Pragmatics of the Perfect," *Linguistics and Philosophy* 26, 459-510.

Postal, Paul M. (1974) *On Raising*, MIT Press, Cambridge, MA.

Potsdam, Eric (1997) "NegP and Subjunctive Complements in English," *Linguistic Inquiry* 28, 533-541.

Potsdam, Eric (1998) *Syntactic Issues in the English Imperatives*, Garland, New York.

Prince, Ellen F. (1982) "The Simple Futurate: Not Simply Progressive Futurate Minus Progressive," *CLS* 18, 453-465.

Quirk, Randolph, Sidney Greenbaum, Geoffrey Leech and Jan Svartvik (1985) *A Comprehensive Grammar of the English Language*, Longman, London.

Radford, Andrew (2004) *Minimalist Syntax: Exploring the Structure of English*, Cambridge University Press, Cambridge.

Ramchand, Gillian (1996) "Two Subject Positions in Scottish Gaelic: The Syntax-Semantics Interface," *Natural Language Semantics* 4, 165-191.

Ransom, Evelyn N. (1974) *A Semantic and Syntactic Analysis of Noun Complement Constructions in English*, Doctoral dissertation, University of Illinois at Urbana-Champaign.

Reichenbach, Hans (1947) *Elements of Symbolic Logic*, Macmillan, New York. [Reprinted by Dover Publications, New York, 1980.]

Reinhart, Tanya (2006) *Interface Strategies: Optimal and Costly Computations*, MIT Press, Cambridge, MA.

Reuland, Eric (1988) "Indefinite Subjects," *NELS* 18, 375-394.

Roberts, Craige (1996) "Anaphora in Intensional Contexts," *The Handbook of Contemporary Semantic Theory*, ed. by Shalom Lappin, 215-246, Blackwell, Oxford.

Roberts, Ian (1998) "*Have/be* Raising, Move F, and Procrastinate," *Linguistic Inquiry* 29, 113-125.

Ross, John Robert (1969) "Auxiliaries as Main Verbs," *Studies in Philosophical Linguistics*, Series One, ed. by William Todd, 77-102, Great Expectations, Evanston, IL.

Ross, John Robert (1970) "On Declarative Sentences," *Readings in English Transformational Grammar*, ed. by Roderick A. Jacobs and Peter S. Rosenbaum, 222-272, Ginn and Company, Waltham, MA.

Ruhl, Charles (1989) *On Monosemy: A Study in Linguistic Semantics*, State University of New York Press, Albany, NY.

Rupp, Laura (2003) *The Syntax of Imperatives in English and Germanic: Word Order Variation in the Minimalist Framework*, Palgrave Macmillan, New York.

Rutherford, William E. (1970) "Some Observations Concerning Subordinate Clauses in English," *Language* 46, 97-115.

Sadock, Jerrold M. (1974) *Toward a Linguistic Theory of Speech Acts*, Academic Press, New York.

Saito, Mamoru and Naoki Fukui (1998) "Order in Phrase Structure and Movement," *Linguistic Inquiry* 29, 439-474.

Schmerling, Susan F. (1978) "Synonymy Judgments as Syntactic Evidence," *Syntax and Semantics 9: Pragmatics*, ed. by Peter Cole, 299-313, Academic Press, New York.

島 越郎 (1999)「付加詞併合の非循環的適用」『ことばの核と周縁──日本語と英語の間』黒田成幸・中村捷 (編), 357-380, くろしお出版, 東京.

Shima, Etsuro (2003) "Present and Past Tenses in Future Contexts," *Explorations in English Linguistics* 18, 13-37, Tohoku University.

Smith, Carlota S. (1976a) *A Theory of Auxiliary* HAVE *in English*, Distributed through the Indiana University Linguistics Club.

Smith, Carlota S. (1976b) "Present Curiosities," *CLS* 12, 568-581.

Smith, Carlota S. (1978) "The Syntax and Interpretation of Temporal Expressions in English," *Linguistics and Philosophy* 2, 43-99.

Smith, Carlota S. (1981a) "Semantic and Syntactic Constraints on Temporal Interpretation," *Syntax and Semantics* 14: *Tense and Aspect*, ed. by Philip J. Tedeschi and Annie Zaenen, 213-237, Academic Press, New York.

Smith, Carlota S. (1981b) "The Futurate Progressive: Not Simply Future + Progressive," *CLS* 17, 369-382.

Smith, Carlota S. (1983) "A Theory of Aspectual Choice," *Language* 59, 479-501.
Smith, Carlota S. (1991) *The Parameter of Aspect*, Kluwer, Dordrecht.
Smith, Carlota S. (1997) *The Parameter of Aspect*, 2nd ed., Kluwer, Dordrecht.
Smith, Carlota S. (2003) *Modes of Discourse: The Local Structure of Texts*, Cambridge University Press, Cambridge.
Smith, Carlota S. (2004) "The Domain of Tense," *The Syntax of Time*, ed. by Jacqueline Guéron and Jacqueline Lacarme, 597-619, MIT Press, Cambridge, MA.
Smith, Neil (1989) *The Twitter Machine: Reflections on Language*, Basil Blackwell, Oxford.
Sobin, Nicholas J. (1974) *Aspects of the Temporal Interpretation of English Sentences*, Doctoral dissertation, University of Texas at Austin.
Stowell, Tim (1982) "The Tense of Infinitive," *Linguistic Inquiry* 13, 561-570.
Stowell, Tim (1993) "Syntax of Tense," ms., University of California, Los Angeles.
Stowell, Tim (1995) "What Do the Present and Past Tenses Mean?" *Temporal Reference, Aspect, and Actionality*, Vol. 1: *Semantic and Syntactic Perspectives*, ed. by P. Bertinetto, V. Bianchi, J. Higginbotham and M. Squartini, 381-396, Rosenberg and Sellier, Torino.
Stowell, Tim (1996) "The Phrase Structure of Tense," *Phrase Structure and the Lexicon*, ed. by Johan Rooryck and Laurie Zaring, 277-291, Kluwer, Dordrecht.
Swart, Henriëtte de (1998) "Aspect Shift and Coercion," *Natural Language and Linguistic Theory* 16, 347-385.
Sweetser, Eve (1990) *From Etymology to Pragmatics: Metaphorical and Cultural Aspects of Semantic Structure*, Cambridge University Press, Cambridge.
Tedeschi, Philip J. (1976) *If: A Study of English Conditional Sentences*, Doctoral dissertation, University of Michigan.
Thompson, Ellen (1995a) "Temporal Ambiguity of Clausal Adjuncts and the Syntax of Simultaneity," *NELS* 25, 473-487.
Thompson, Ellen (1995b) "The Structure of Tense and the Syntax of Temporal Adverbs," *WCCFL* 13, 499-514.
Thompson, Ellen (1996) *The Syntax of Tense*, Doctoral dissertation, University of Maryland.
Thompson, Ellen (1999) "The Temporal Structure of Discourse: The Syntax and Semantics of Temporal *Then*," *Natural Language and Linguistic Theory* 17, 123-160.
Thompson, Ellen (2005) *Time in Natural Language: Syntactic Interfaces with*

Semantics and Discourse, Mouton de Gruyter, Berlin.
Travis, Lisa (1984) *Parameters and Effects of Word Order Variation*, Doctoral dissertation, MIT.
Uriagereka, Juan (1999) "Multiple Spell-out," *Working Minimalism*, ed. by Samuel D. Epstein and Norbert Hornstein, 251-282, MIT Press, Cambridge, MA.
Vlach, Frank (1981) "The Semantics of the Progressive," *Syntax and Semantics 14: Tense and Aspect*, ed. by Philip Tedeschi and Annie Zaenen, 271-292, Academic Press, New York.
Warner, Anthony R. (1993) *English Auxiliaries: Structure and History*, Cambridge University Press, Cambridge.
Wekker, Herman Chr. (1976) *The Expression of Future Time in Contemporary British English*, North-Holland, Amsterdam.
Werner, Thomas A. (2003) *Deducing the Future and Distinguishing the Past: Temporal Interpretation in Modal Sentences in English*, Doctoral dissertation, Rutgers, State University of New Jersey.
Wurmbrand, Susi (1998) *Infinitives*, Doctoral dissertation, MIT.
Wurmbrand, Susi (1999) "Modal Verbs Must Be Raising Verbs," *WCCFL* 18, 599-612.
Wurmbrand, Susi (2006) "Infinitives Are Tenseless," ms., University of Connectcut. [To appear in *U. Penn Working Papers in Linguistics* 13.1.]
安井　稔 (1982)『英文法総覧』開拓社, 東京.
Zagona, Karen (1988) *Verb Phrase Syntax: A Parametric Study of English and Spanish*, Kluwer, Dordrecht.
Zanuttini, Raffaella (1991) *Syntactic Properties of Sentential Negation: A Comparative Study of Romance Languages*, Doctoral dissertation, University of Pennsylvania.
Zanuttini, Raffaella (1996) "On the Relevance of Tense for Sentential Negation," *Parameters and Functional Heads: Essays in Comparative Syntax*, ed. by Adrianna Belletti and Luigi Rizzi, 181-207, Oxford University Press, New York.
Zubizarreta, Maria L. (1982) *On the Relationship of the Lexicon to Syntax*, Doctoral dissertation, MIT.
Zubizarreta, Maria L. (1983) "On the Notion of 'Adjunct Subject' and a Class of Raising Predicates," *MIT Working Papers in Linguistics 5: Papers in Grammatical Theory*, 195-232.

索　引

1. 数字はページ数を表す．
2. あいうえお順で示し，英語などで始まるものは最後に一括してある．

[あ行]

意志 (volition)　143
一対一対応の原則 (Bijection Principle)　198
一致 (agreement)　13
イディオム　151, 159
因果関係　196, 212, 214
因果関係の because 節　212-215
因果関係の if 節　196-200, 202, 209-211, 219, 221, 222
インターフェース　6
演算子 (operator)　71

[か行]

外延 (extension)　175, 177
外的併合 (external Merge)　7
開放述語 (open predicate)　170
開放条件文 (open condition)　126
核作用域 (nuclear scope)　71, 74, 76
拡大投射原理 (Extended Projection Principle = EPP)　13
過去完了形　67, 68, 115, 134, 136
過去形形態素　14, 24, 129
過去時制　105, 109
過去時制の代用　135

過去分詞形態素　15
仮想条件文 (hypothetical condition)　126
仮定条件節 (hypothetical conditional)　201-203
仮定法過去　125-141
仮定法過去完了　134, 136, 138
仮定法現在　35-41, 121-125
可能演算子　164, 230
可能性 (possibility)　162
可能世界 (possible world)　162, 167
完全解釈の原理 (Principle of Full Interpretation)　169
完了形　89
完了形解釈再順序づけ規則　89, 91-94, 135-141
完了助動詞　33-35, 39, 40, 48, 55, 85, 121, 127, 134-137
完了相 (perfect aspect)　14, 17
関連性条件節 (relevance conditional)　201-203
帰結節　125, 130
擬似分裂文 (pseudo-cleft)　62, 73
機能範疇 (functional category)　13, 14, 17, 41, 182, 183, 205
規範世界 (normative world)　167
義務 (obligation)　143, 155

247

義務的 (deontic)　143, 170, 190
疑問文　29
許可 (permission)　143, 155
極小主義プログラム (Minimalist Program = MP)　5
局所性条件　53
虚辞 (expletive)　150, 158
空虚な量化 (vacuous quantification)　199
繰り上げ述語 (raising predicate)　145, 179
経験の解釈　68, 69, 72
傾向 (disposition)　143
計算列 (numeration)　6, 8
繋辞 (copula)　17, 33
継続の解釈　67-69, 72, 77
形態的融合 (morphological merger)　15, 16
現在完了形　45, 48-51, 67, 72
現在形形態素　14, 21, 22, 129
現在形未来表現 (futurate)　95-104, 112, 131
現在形未来表現規則　98, 102, 104, 113
現在時制　131, 216
現在進行形　58
顕在 (overt) 部門　7
現在分詞形態素　15
言表的 (de dicto)　175-177
原理とパラメータ (principles-and-parameters) モデル　5
語彙項目 (lexical item)　6
語彙目録 (lexicon)　6
構成素統御 (c-command)　10, 16, 63, 64, 184-187, 203
構成素否定 (constituent negation)　27, 40
肯定　14, 26

語順　9-12
個体 (individual)　197
個体型 (の読み)　147, 157, 160, 170
個体レベル (individual-level)　177-183, 186, 187
コピー (copy)　169
語用論　58, 154-157, 165, 206, 226, 229
根源的 (root)　143, 147-153, 157, 159-163, 167, 178, 185, 187, 193, 221
痕跡 (trace)　169
コントロール述語 (control predicate)　145, 158, 179

[さ行]

再構成 (reconstruction)　214
最後の手段 (last resort)　24, 34, 39
最小句構造 (bare phrase structure = BPS) 理論　7-9
最小投射 (minimal projection)　8
最大投射 (maximal projection)　8
最短移動 (shortest movement) の制約　18, 40, 65
作用域 (scope)　62, 63, 172-174, 191, 194, 213, 225-228, 230
指示時 (reference time = RT)　44, 46, 52, 53, 120, 124, 130
事象　59, 68
事象時 (event time = ET)　44, 46, 59
事象条件節 (event-conditional)　201-202
事象的 (de re)　175
時制構造　45-49
時制接辞形態素　14, 15, 24, 26, 29, 38
時制素性　14, 31, 36-38, 119, 123, 129
時制の一致 (sequence of tense = SOT)　104-119

索　引　　249

写像仮説（mapping hypothesis）　71, 179
周縁的 if 節　218-219, 221
集合併合（Set Merge）　12
集団的（collective）　230
樹形図分離（tree splitting）　71
主語　13, 29, 32
主語・助動詞倒置（Subject-Aux Inversion = SAI）　29, 30
主題標示（θ-mark）　145, 154, 160
主題役割（θ-role）　154, 155, 157
受動態　17, 33
主要部（head）　8, 16, 28, 53
主要部付加の制約　28
照応形（anaphor）　203
条件節　125, 130, 131, 201
焦点（focus）　187
叙実的条件節（factual conditional）　201
叙述の主題　169
助動詞　17, 22, 25, 29
進行形　58-60
進行助動詞　33, 34
進行相（progressive aspect）　15, 17
遂行句（performative phrase = PfmP）　205-208, 215, 217, 220
遂行節（performative clause）　46, 103, 205
遂行分析（performative analysis）　205
遂行法助動詞　206
ステージレベル（stage-level）　177-180, 183, 184, 187
制限（restriction）　165, 206
制限節　189, 192
制限部（restrictor）　71, 74, 165, 179, 184-186
世界　197-200

接近可能（accessible）　164
接近可能関係（accessibility relation）　165
接辞移動（affix hopping）　16
接辞形態素　14-17, 32, 38
接辞の融合制約　15, 30, 39
接尾辞　15
全域的（across-the-board）　152, 180
線形順序（linear ordering）　10
線形対応公理（Linear Correspondence Axiom = LCA）　10
前提（presupposition）　126
前提条件節（premise-conditional）　201-202
早期適用の原理（Earliness Principle）　47
総称演算子（generic operator = Gen）　179, 181, 183-186
総称極性項目（generic polarity item）　180
総称的（generic）　73, 149, 178, 179, 183-186
総称文　73, 222
総称法演算子　222
存在（existential）　178, 179, 183-187
存在閉包（existential closure）　72, 76, 179, 183
存在量化（existential quantification）　162, 163, 167, 179
存在量化子（existential quantifier）　164, 179, 183-187, 213, 227

[た行]

態感応的（voice-sensitive）　145, 147, 171
態中立的（voice-neutral）　145, 147,

149, 171
代入（substitution）　12
代名詞束縛　189, 196, 208, 215
多義性（polysemy）　143
多義的分析　162
単純現在時制形　103, 114
断定（assertion）　204
直示的（deictic）　50, 51
直示的時制　106, 109, 117
直説法（indicative mood）　14, 31, 37, 38, 46, 103, 127, 207
直接話法　105
中間投射（intermediate projection）　8
中心的 if 節　218-219
対併合（Pair Merge）　12
定（definite）　175-177
定記述（definite description）　175
定形節（finite clause）　13, 103
定形補文　104
定言判断（categorical judgment）　170
定立判断（thetic judgment）　170
適正束縛　191, 193-194, 213, 215, 223
転移の解釈（shifted reading）　106, 108, 112, 114, 115
等位構造制約（Coordinate Structure Constraint＝CSS）　151-153, 180
等位接続　151-153, 180
統語対象（syntactic object）　7, 9
動詞句前置　74
同時の解釈（simultaneous reading）　106, 109, 112-114
投射（projection）　8
統率・束縛（Government-Binding＝GB）理論　5
動的（dynamic）　143, 148, 170
透明（transparent）　175
時の付加詞　50, 51, 60, 67-78

時の付加詞節　61, 62, 131, 216, 221
時の付加詞の解釈原理　67, 75
特定的（specific）　67-74, 76, 78, 183, 187, 188, 227, 228, 229

[な行]

内的併合（internal Merge）　7
内包（intension）　175
二重接触（double-access）　106, 117, 118
認識様態（epistemic）　143, 162, 167, 170, 178, 185-187, 189-192, 194, 196, 200, 212, 221, 225-229
認識様態の because 節　212-215, 223
認識様態の if 節　196, 201-211, 217, 219-221
認識様態包含原理（Epistemic Containment Principle＝ECP）　191-194, 210, 223, 225, 226, 229-231
能力（ability）　143

[は行]

排出（Spell-Out）　6
発語内行為（illocutionary act）　206, 215
発話行為（speech act）　189, 204-206
発話時（speech time＝ST）　44, 46, 103, 106, 129, 207
パラメータ　12
非顕在（covert）部門　7
非状態事象の制約　103, 104, 114
非状態動詞　103, 114, 118
非直示的時制　106, 109, 117, 123
必然演算子　164
必然性（necessity）　162

否定　14
否定疑問文　30
否定辞　22, 39
否定命令文　34
非特定的　68-74, 76, 78, 187
評価時 (evaluation time = EvT)　46, 50, 55, 81, 106, 107, 123, 129, 207
標示 (label)　7, 11
フェイズ (phase)　7
付加 (adjunction)　12, 20, 21, 27
付加詞 (adjunct)　16, 22, 26-29
付加詞節現在時制の未来解釈　131, 216
不定 (indefinite)　177, 180
不定詞節　14, 81
不定詞補文　79, 157
不透明 (opaque)　175-177
普遍量化 (universal quantification)　162, 163, 167, 230
普遍量化子 (universal quantifier)　164, 213, 224, 226
文解釈機構　159
分配的 (distributive)　230
文否定 (sentence negation)　22, 62-64
文副詞　19-22
併合 (absorption)　224
併合操作 (Merge)　6-9
変項 (variable)　170, 191
変項束縛　191-193
法演算子 (modal operator)　164, 165, 189, 191, 198, 206, 217, 220, 222
包括性条件 (Inclusiveness Condition)　8
法関係 (modal relation)　164, 167
法基盤 (modal base)　164-165
法助動詞 (modal auxiliary)　14, 31, 36, 119, 123, 129, 143, 167, 170, 189, 192-194, 214, 220-222, 225-229

補文標識 (complementizer)　29, 103, 119, 123, 129

[ま行]

未来完了形　55, 57, 58, 68
未来指示性　216
未来時制　52, 54, 55
未来性　131, 139, 216, 227
未来表現　51-58, 69
無冠詞複数形 (bare plural)　177-179
命題型 (の読み)　147, 157, 160, 170
命令文　31-35, 119-121, 156
命令法 (imperative mood)　31, 37, 38
メタファーによる拡張　163
モダリティ (modality)　166-168, 170, 188, 194

[や行]

様相論理 (modal logic)　162

[ら行]

量化 (quantification)　162, 172, 197
量化子 (quantifier)　164, 179
量化主語　172-174, 226
量化の領域　191, 197-199, 210, 214, 223
量化表現　190-192, 225, 229
隣接条件　16, 22, 24, 25, 33
例外的格標示 (exceptional Case-marking = ECM)　158, 159
連鎖 (chain)　169

[わ行]

話題 (topic) 64
話題化 (topicalization) 203

[英語など]

Aff 23, 27
[+Aff(irmative)] 14, 23
α移動 (Move-α) 6
Aux 17, 18
[+Aux] 17, 19, 25, 32
be 15, 33-35, 39, 40
because 節 211-215
CERTAIN タイプ 80, 82
D 構造 (D-structure) 5
do 支持 (*do*-support) 22, 24-31, 34, 35, 39, 40
ECP → 認識様態包含原理
[+Emph(atic)] 27, 35
EN 15-17
ET → 事象時
EvT → 評価時
have 15, 17, 33-35, 39, 40, 46, 85, 135
HOPE タイプ 80, 82
if 節 125, 131, 189-192, 195, 196, 211, 216, 218
[Imp(erative)] 31
ING 15-17
LF (logical form) 5, 169, 206, 212
LF 構造 170, 187, 188, 192
Mod 14, 15, 17, 31, 36, 52, 119, 120, 123, 130, 206, 222
Neg 23, 26, 30
[+Neg(ative)] 14, 23
NegP 25, 27-29, 40, 63
not 22-31, 34, 39, 40
n't 27, 28, 34, 40
PAST 14, 15, 24, 129
[+Past] 14, 47
Perf 14, 15, 46
[±Perf(ect)] 15, 17, 46, 47, 86
PerfP 14, 16, 17, 46
PF (phonetic form) 6, 16, 26, 27, 29, 33, 34
PfmP → 遂行句
φ素性 13
PRES 14, 15, 22, 129
[+Pres(ent)] 14, 47
Prog 14-17
QR (quantifier raising) 173, 229
RT → 指示時
S 構造 (S-structure) 5
SEEM タイプ 80, 82, 117
Σ 14, 23
ΣP 14, 23
SOT 調整規則 109-113, 115-117
SOT 認可 107, 109-112, 115, 116
ST → 発話時
T 13, 17
T への繰り上げ 17-22, 25-27, 29-31, 34, 35
θ 基準 (θ-criterion) 161
though 移動 62
TRISP (Temporal Restriction Imposed by SOT Predicates) 109, 117, 118
ν 13
VP 前置 62, 203
VP 内主語の仮説 (VP-internal subject hypothesis) 151
will 51-58, 216-221, 222, 227
X′ 理論 9

著者紹介

金 子 義 明 （かねこ　よしあき）

　1956 年福島県生まれ．東北大学文学部卒業．東北大学大学院文学研究科前期課程修了（英語学専攻）．博士（文学）．弘前大学，茨城大学を経て，現在，東北大学大学院文学研究科教授．2000～2001 年 MIT 言語学科客員研究員．

　著書：『生成文法の基礎——原理とパラミターのアプローチ』（共著，研究社），『生成文法の新展開——ミニマリスト・プログラム』（共著，研究社），『機能範疇』（共著，研究社）など．

　論文：On the Temporal Interpretation of Infinitival Complement Clauses (『英文学研究』60 巻 1 号，1983 年), On Exceptional Case-marking in Japanese and English (*English Linguistics* 5, 1988 年), On *Tough* Constructions: A GB Approach (*Tough* Constructions in English and Japanese: Approaches from Current Linguistic Theories, くろしお出版，1996 年) など．

英語助動詞システムの諸相
——統語論・意味論インターフェース研究——

© 2009 Yoshiaki Kaneko
ISBN978-7589-2144-2　C3082

著作者　　金 子 義 明
発行者　　長 沼 芳 子
印刷所　　日之出印刷株式会社

2009 年 3 月 24 日　第 1 版第 1 刷発行

発行所　　株式会社　開 拓 社
　　　　　〒113-0023　東京都文京区向丘 1-5-2
　　　　　電話　(03) 5842-8900　(代表)
　　　　　振替　00160-8-39587
　　　　　http://www.kaitakusha.co.jp

Ⓡ〈日本複写権センター委託出版物〉
本書(誌)を無断で複写複製（コピー）することは，著作権法上の例外を除き，禁じられています．コピーされる場合は，事前に日本複写権センター（JRRC）の許諾を受けてください．
　　JRRC〈http://www.jrrc.co.jp　eメール: info@jrrc.or.jp　電話: 03-3401-2382〉